Students in the major of higher vocational economy class work practice and exploration

高职院校经济类专业学生工作实践与探索

石晓春 王 楠 王子华 苏传民 郭轩霆 著

经济管理出版社
ECONOMY & MANAGEMENT PUBLISHING HOUSE

图书在版编目（CIP）数据

高职院校经济类专业学生工作实践与探索/石晓春等著.—北京：经济管理出版社，
2019.8
ISBN 978 - 7 - 5096 - 6698 - 2

Ⅰ.①高…　Ⅱ.①石…　Ⅲ.①高等职业教育—学生工作—研究　Ⅳ.①G718.5

中国版本图书馆 CIP 数据核字（2019）第 125034 号

组稿编辑：王光艳
责任编辑：李红贤
责任印制：黄章平
责任校对：张晓燕

出版发行：经济管理出版社
　　　　　（北京市海淀区北蜂窝 8 号中雅大厦 A 座 11 层　100038）
网　　　址：www. E - mp. com. cn
电　　　话：（010）51915602
印　　　刷：三河市延风印装有限公司
经　　　销：新华书店
开　　　本：710mm×1000mm/16
印　　　张：17
字　　　数：296 千字
版　　　次：2019 年 8 月第 1 版　2019 年 8 月第 1 次印刷
书　　　号：ISBN 978 - 7 - 5096 - 6698 - 2
定　　　价：68.00 元

前　言

习近平总书记在党的十九大报告中指出："青年兴则国家兴，青年强则国家强。青年一代有理想、有本领、有担当，国家就有前途，民族就有希望。中国梦是历史的、现实的，也是未来的；是我们这一代的，更是青年一代的。中华民族伟大复兴的中国梦终将在一代代青年的接力奋斗中变为现实。"大学生是民族的希望，是祖国的未来，把他们培养成中国特色社会主义事业的建设者和接班人，具有重大而深远的战略意义。

学生工作在大学生教学育人中具有十分重要的作用，辅导员是学生的良师益友，在立德树人方面肩负重任，因此，加强和改进大学生思想政治教育，提高学生工作的水平和效果成为当务之急。

大连职业技术学院是隶属大连市政府的公办高职院校，是全国百所示范校之一，现有 12 个学院 51 个专业，在校生 11000 人左右。多年来，全体员工在教育教学中取得了良好的成绩，在全国有一定的声誉，尤其是学生工作，全体学生工作者积极探索、勇于创新，大学生思想政治教育工作卓有成效，一些创新性的做法也得到了推广。

经济管理学院有市场营销、物流管理、国际贸易实务、报关与国际货运四个专业，有在校生近 900 人，多年来学生工作团队认真落实《中共中央　国务院关于进一步加强和改进大学生思想政治教育的意见》精神，学生工作扎实有效，取得了突出成绩，也获得了宝贵的经验，学生工作团队和团队成员获多项荣誉，其中 3 名成员曾获大连市"十佳"优秀辅导员。

为进一步落实习近平总书记对"立德树人"的根本要求，"真正做到以文化人、以德育人，不断提高学生思想水平、政治觉悟、道德品质、文化素养"，团队成员认真梳理学院学生工作的经验，通过认真回顾、研究和反思高职院校经济类专业的学生工作实践编写了本书，希望借此固化工作经验，提升工作成果，并清楚认识工作中的不足，同时把这些内容提供给同行批评借鉴，也可为高职院校经济类专业的学生工作提供一些借鉴。

本书的主要内容从高职院校经济类专业学生工作的理念、队伍建设、载体的开发应用、活动的组织设计、思想政治教育、职业素质培养、校园文化建设、心理健康教育、特殊学生的教育九个方面总结了多年来的理论研究和实践工作探索，每一章都包含两个层面：相关的理论研究是学生工作的理念和依据，是20年来对高职学生工作的理解；对应的实证探索是全体学生工作团队的心血结晶，也是这本书的核心内容和精髓，是多年来的实践经验。

本书的主要特点和特色有以下三个方面：

第一，整体的框架构建。本书按照学生工作的理念、队伍建设、载体和活动设计、五个方面的工作内容的思路进行架构和设计，第一章和第二章明确了学生工作的顶层设计；第三章、第四章探索了学生工作的路径和载体；第五章至第九章分别从五个主要方面阐述了针对高职院校经济类专业学生工作的实践和探索。

第二，理论研究和实践探索相结合，侧重实践探索的总结。本书每一章都包含两个层面的总结，既有学生工作理论方面的总结，也有多年来学院根据高职院校经济类专业学生的特点和岗位要求开展的学生工作的实践经验的总结，重点在实践层面的总结。同时，收集了一些具有代表性的图片，均为经济管理学院的学生参加活动时拍摄的照片，为本院共同所有，记录了宝贵的活动瞬间。

第三，各章的创新是本书最重要的特色和价值。本书汇集了近十年经济管理学院学生工作的实践经验和具体做法，也包含了大连职业技术学院学生工作的经验和成果，既是经济管理学院全体学生工作者的实践探索，也是大连职业技术学院全体学生工作者的智慧的结晶，每一章都有一定意义的创新。

本书由经济管理学院全体学生工作者参与撰写，其中第一章、第二章、第五章由石晓春负责完成，第三章、第四章由王楠负责完成，第六章由郭轩霆、石晓春负责完成，第七章、第八章由王子华负责完成，第九章由苏传民负责完成。全书由石晓春负责统稿。

感谢大连职业技术学院学生处全体领导和老师，经济管理学院的学生工作是在学校层面的整体设计、架构和指导，是学校学生工作的一部分；感谢原经济管理学院郭兆平院长帮助搭建了本书的框架；感谢曾经的经济管理学院学生工作团队成员刘海燕、柳媛媛，她们为经济管理学院的学生工作留下了宝贵的经验；也感谢同行的实践对本书的启示。

目 录

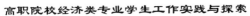

第一章
高职经济类专业学生工作的理念

理念，俗称理论、观念，通常指思想。理念与观念关联，上升到理性高度的观念叫"理念"，是一切行为的基准。无理念，则无知识、无见解；无理念，行为则无从谈起。

教育理念主要是指对教育活动的理性认识及在此基础上形成的教育信念，包括教师的学生观、教学观、知识观、学习观和研究观等。教育理念指导教育行为。教育要先进、强大，也必须有先进的教育理念。学生工作亦然，要有高水平的学生工作，必须有高水平的学生工作理念。一名优秀的学生工作者，首先是有先进的教育理念，其次才能实现真正高质量的教育效果。

第一节 高校学生工作的理念

近年来，我国高等教育事业发展速度突飞猛进，高校学生工作是高校教育管理工作的重要组成部分，肩负着育人的神圣使命，一直以来，各高等学校十分重视学生工作，但是大学生的思想观念也日趋复杂化，导致了传统的学生工作在手段、理念和制度等方面跟不上当今新形势的快速发展，因此我们必须在客观分析当前高校学生工作现状的基础上，认真研究，积极探索和改革，以应对我们在学生工作中面临的挑战。

一、高校学生工作的界定

"学生工作"的概念尽管应用较为普遍，但是在准确含义方面却一直没有权威界定。我国高校学生工作起源于 1953 年，清华大学在高校率先试行政治辅导员制度，当时学生工作主要是辅导学生政治学习和政治活动，学生工作基本等同于思想政治工作。

随着时代的发展，学生工作的内涵已经发生了巨大的变化，现在普遍的观点认为，学生工作应该是在学校教学事务之外，关注学生思想、生活、成长等方面内容的管理、服务、教育工作，它通过非学术性事务和课外活动对学生施加教育影响，具体来说，它通过创设有教育意义的各种课外活动（又称"第二课堂"），来实践教学中的理论，丰富学生校园生活，帮助实现学生的发展。

因此，学生工作是一项内容非常丰富的系统工程，不仅涵盖学生的日常学习和生活，还包括学生日常管理（涉及学生安全、组织活动等）、勤工助学服务、校园文化建设、思想政治教育工作、心理健康教育与咨询、学风建设、科技创新与社会实践、就业指导咨询服务及校园安全稳定等各个方面。

学生工作与教学工作一样都是高校的基础性工作，它们共同的目标都是教育培养学生成长、成功、成才，因此，学生工作开展的情况直接影响人才培养质量的高低。在实施学生工作的过程中，只有紧跟时代发展，改进传统学生工作理念，不断改进工作方式方法，使其符合学生成长规律，才能更好地实现高校培养优秀人才的伟大目标。

二、高校学生工作理念的历史演变

理念就是思想，是行动的指南，有什么样的理念就有什么样的行为。高校学生工作理念是开展学生工作以及确立学生工作模式的指导思想，它具有十分重要的意义，决定着学生工作的目标和方向。马克斯·韦伯关于理念有一个著名的比喻：理念的作用如同扳道工，有助于确定由利益所推动的活动的路线。因此，要做好学生工作，务必先明确理念和指导思想，用正确的理念和指导思想指导学生工作实践。

通过梳理学生工作理念发展的演变历史，可以清晰地理清学生工作理念的发展脉络。从高校学生工作的历史演变来看，中西方对于高校学生工作的功能定位的认识都经历了从管制到服务再到以促进学生的全面发展为目的三个阶段。

管制性教育观表现为对于学生灌输和塑造，在此理念下学生工作者拥有着早期家长式的权力，通过制定严格的规章制度，采用强制手段约束学生的言行以使之符合规范。

随着新人文哲学的产生，服务性学生工作理念应运而生，在我国 20 世纪 80 年代初期，随着"一切为了学生，为了学生的一切，为了一切学生"口号的提出，在各高校当中也逐步确立了"以人为本"的学生工作理念，提出高校学生工作要满足学生的需要，把尊重学生、关心学生、服务学生确立为学生工作的根本目标。这一理念时至今日仍然广为提倡，但却存在着另外一个问题，即全面肯定学生需求没有错误，当一味地迎合学生的个人需求时，学生在学校内的首要任务——发展能力则退居次要地位。

近年来，发展性学生工作理念受到广泛关注，依据此工作理念，将过去学生工作的服务定位转变为旨在积极促进学生发展，将学生的学习发展视为学生工作的当务之急，强调学校所有资源都应予以充分利用以便鼓励学生的学习与个性发展，提出要充分调动学生工作的育人功能，构建全方位、系统化的育人环境，要同教学工作一起共同促进学生全面发展。

三、当代高校学生工作的理念

随着我国经济、政治和社会体制的改革和发展，近年来我国高等教育由精英化教育转向大众化教育，伴随而来的不仅是学生数量的增加，还有学生成分的多元化和学生发展要求的多样化，面对这种新形势，传统的学生工作理念、工作模式与方法已经难以适应新形势的变化，我国高校学生工作必须认真分析问题，积极探索和创新适合我国国情和学生特点的学生工作理念，以便更好地迎接新挑战。笔者认为，当前高校学生工作理念应包含以下几个方面：

（一）"以学生为本位"的学生工作理念

"以人为本"是一种新的管理哲学观，它意味着尊重人，把人当成一切制度安排和政策措施等制定的依据；把增进全社会和每个人的利益总量作为评价一切制度、一切规范及政策措施的终极标准。

高校学生管理必须要树立"以学生为本位"的观念,充分尊重学生的主体地位,不再将学生视为"被管教""被塑造"的对象,而是将学生视为教育活动的主体,尊重学生的权利,尊重学生的人格,尊重学生的需要,根据学生的需要创设情境,激发学生学习动机,鼓励学生自己观察、分析、思考,让学生通过实践自己获得知识和技能。

学生工作在方法上要将原先的灌输模式向关心模式转变。传统的学生教育活动常表现为正面的、强制的、不分对象的硬性灌输,而我们现在所提倡的"关心模式",是一种注重人文关怀、关爱学生的方法模式,就是将"以人为本"的理念应用到学生工作中,通过关心学生、尊重学生、关注学生的精神生活需要来帮助他们解决思想困惑、疏导情绪,使学生能更好地把握人生发展所面临的挑战与选择,以一种积极的心态面对现实和参与竞争。

在高校各项事务中,学生不再是被动服从的受管理者,而是平等的自主管理的参与者。学生工作要给予学生平等的"话语权",要听取学生意见,学生工作者在管理中也要充分利用学生自我管理的积极性,努力实现学生自我管理和自主管理,最终达到学生自我教育的目的。

(二)发展性学生工作理念

关于学生发展的概念,有学者认为是学生在接受相关教育时,身体和心理两个方面的成长状态,是一个从量变逐步到质变的过程。也有专家指出,学生的发展包括学业的进步、心理的健康成长、专业职业能力的形成等几个大的方面,这些成长是学生在高校中接受、利用各种教育资源而受到教育和影响的结果。

高校的学生都是18~23岁的青年,他们思想活跃,乐于接受新事物,这个阶段也是一个人人生观、世界观形成的重要时期,学生工作者通过创设环境,对他们进行人生指导,使学生身心逐渐成熟,人格得到完善,潜能得到发展,这正是社会和家庭对高校提出的要求和期待。因此,高校学生工作一切活动都是以学生作为出发点和归宿,最终目的是服务于人才培养,帮助和促进学生的发展是学生工作的根本目标和价值体现。

学生工作者作为学生个人发展中强有力的影响者,首先应是一名教育专家,在学生发展过程中,借助自己的专业所长,积极影响学生设置合理的发展目标,根据其需要,仔细设计积极的刺激帮助他成长。

发展性学生工作理念注重每一个学生的价值,承认学生每个人都是独特的、具有不同的发展潜能，学生工作者要关注每一个学生的发展和成长，因此强调在工作中不能用统一的标准来衡量学生的发展水平，而应该根据学生实际的特点，确定不同的发展目标，设置不同的情境和刺激，使每个学生都能取得适合自己的发展目标，并在此基础上发展学生的个性。

（三）管理、服务、教育一体的学生工作理念

当前学术界普遍认为学生工作具有管理、服务、教育三大基本职能，通过管理、服务和教育培养以促进学生的全面发展，这是高校学生工作的终极目标。

传统的工作模式侧重学生的管理，这种强迫式的工作模式容易引起学生的抵触情绪，不利于学生的成长，因此要尽快转变观念，由管理型向服务型学生工作转变，要尽量满足学生的需求，为学生成长成才提供全方位的服务。

然而，强调重视服务不等于放弃管理，满足学生的需求也不意味着一味迎合学生，服务是管理的一种方法，只有在服务中管理，在管理中服务，服务与理性密切配合、相互促进，才能适应高校教改的需要。我们要提倡加强对学生发展性的咨询服务，同时也要通过"日常管理"对学生进行必要的纪律约束，让学生明白哪些是应该做的、哪些是不应该做的，因此管理和服务二者缺一不可，这样才能真正达到教育培养学生发展的目的。

高校学生工作要以学生自我教育、自我管理、自我为主的原则开展工作，要积极主动为学生搭建实践和施展才华的舞台，帮助他们设计主题，为他们提供机会，让学生在活动中领悟和锻炼，培养自主能力、合作能力、组织能力、创造能力和终身自我教育能力。

高校学生工作必须把教育、管理、服务、引导与发展有机地结合起来，强化管理、服务、教育、引导相统一，树立学生工作要为学生的全面发展服务的思想，建立完善的教育、管理、服务、引导功能体系，最终落实为学生的全面发展和个性培养，从而真正实现高校学生工作的可持续发展。

（四）依法治校的学生工作理念

实行依法治国，从而保障人权，是当代人类政治文明的主要标志和发展需求。依法治校是高校管理工作一项非常重要的内容，也是我国实施依法治国方略的重要组成部分。在高校教育事业发展迅速的当代社会，实施依法治校蕴藏着深远的意义。

关于依法治校，学术界有两类观点：一类是指各级各类行政机构从外部依法管理和规范学校的行为及与学校相关的事情，同时维护学校的合法权益；另一类是指高校管理者对学校具体的教学和管理工作按照法律的规定进行管理。

学生工作是学校一切工作的生命线，学生工作的法治化成为依法治校的重要组成部分。学生工作者要依据相关法律从事高校学生工作的各项活动，从而使高校学生工作向制度化、规范化方向发展，进而消除高校学生管理中的人治现象和管理的随意性弊端，努力实现高校学生工作的法治化目标。

在传统的高校管理活动中，以往通常是以能够有效地调整和维护正常的学生管理工作的秩序为出发点，而对怎样才能更好地保障学生合法权益不够重视。随着我国法治化建设事业的发展，以往的思想观念受到挑战。

要树立平等的理念，高校和学生作为学生工作中的管理者和被管理者，二者从法律的层面来看是平等的，管理者没有凌驾于被管理者之上，他们都享有法律法规赋予的权利，同时也都应履行法律对其规定的义务。

高校要建立健全各项法规制度，要在符合法律的基础上，借助合法有效的立法手段，把必要的规章制度通过法律法规条文的形式确定下来。学校的规章制度应当做到科学、细致、周全，同时要尊重学生的知情权、选择权，听取广大师生的意见和建议，如果学校的规范性文件有和法律法规矛盾的地方，必须毫无条件地修改或废除。

要积极优化学生工作的法治环境，建立良好的依法治校的校园文化氛围。要在校园内大力开展法制教育，既要对学生也要对学生工作者进行法律法规的宣传教育，把法律法规的学习和宣传纳入高校的日常工作中，并且要长期地贯彻下去。要规范学生工作流程，使学生工作者主动有效地按照法律的规定教育和管理学生，使每一项具体的管理行为符合法律程序，确保高校学生管理权能够获得公正的、科学的履行。

第二节　高职经济类专业学生工作的方法

近十几年来，随着我国高等教育由精英化向大众化转变，高职院校作为改革开放后的新兴教育类型，已经成为高等教育的重要组成部分。据不完全统计，全国已有 1300 多所高职院校，数量上几乎占据了我国高等教育的半壁江山，高职学生也已成为高校学生的重要组成部分。由于高职学生同本科学生相比有其自身的特点，再加上高职院校与本科院校在培养方式和培养目标上都有很大的不同，因此，高职学生的培养理念和方法也应该不完全等同于本科院校，有其独特的规律和特点，需要高职院校的学生工作者积极去探索和研究。

高职经济类专业学生是高职学生的特殊群体，他们思想活跃，与国家和社会日新月异的经济活动联系密切，是大学生中最敏感和富有活力的群体，同时由于他们世界观、价值观还没有完全形成，有时难以辨别当代经济中的是非对错，容易受不良思潮的影响，他们是未来国家和社会经济活动最活跃的力量，他们的行为直接影响未来国家社会的经济领域和经济活动，因此分析他们的思想和行为特点，因势利导地做好他们的思想工作，对培养未来健康、积极向上的经济领域职业人具有重要意义。

一、高职经济类专业学生的培养目标

高职院校人才培养目标是高职院校人才培养的行动指南，是检验高职教育质量的重要指标。教育部于 2011 年 10 月印发的《关于推进高等职业教育改革创新引领职业教育科学发展的若干意见》中指出："高等职业教育以培养生产、建设、服务、管理第一线的高端技型专门人才为主要任务。"2012 年 6 月，教育部根据《中华人民共和国国民经济和社会发展第十二个五年规划纲要》和《国家中长期教育改革和发展规划纲要（2010 – 2020 年)》以及《国家中长期人才发展规划纲要（2010 – 2020 年)》而制定的《国家教育事业发展第十二个五年规划》又强调指出："高等职业教育重点培养产业转型升级和企业技术创新需要的发展型、复合型和创新型的技术技能人才。"因此，必须"完善高等职业教育层次，建立高级技术技能人才和专家级技术技能人才培养制度"。至此，我们可以对高职院校人才培养目标的内涵作如下表述：高职院校人才培养目标是面向生产、建设、管理、服务第一线岗位，培养具有一定理论知识、较为丰富的实践经验、良好的职业道德和一定创新能力的发展型、复合型、创新型技术技能人才。

高职经济类人才培养目标是经济管理类专业人才培养的质量目标和规格要求。现代经济环境下，社会各经济领域需要一大批在生产和服务一线从事经济管理等技术应用工作的专门人才，经济类高等职业教育正是以满足这种需要为导向的，其培养目标为：培养与我国现代化建设要求相适应，符合市场经济发展需要，掌握经济管理的基础理论和专门知识，具有从事经济管理岗位实际工作的全面素质和综合职业能力，在生产、经营、管理、服务等第一线的高级经济管理技术高技能型人才。因此，高职经济类专业人才培养目标有三个要点：一是要满足生产、经营、管理、服务第一线对经济类专门人才的需求；二是培养的是高技能型人才；三是立足于培养具有全面素质和综合职业能力的发展型、复合型、创新型人才。

对高职经济类专业学生的培养要根据高职经济类专业学生的特点，服务于高职经济类专业的人才培养目标。

二、高职经济类专业学生特点

（一）生源素质参差不齐

当前高职学生的生源主要有四个方面：一是普通高考招收的最后一批录取的高考生，这部分高职学生多为高考升学考试中没有考入本科或达到三本线家里经济困难的学生，这些学生在高职学生中算是素质好的；二是五年一贯制初中毕业生，这部分高职学生从初中毕业没有经过高中阶段，直接进入高职学习五年，因此普遍具有文化素质相对较低、自控能力相对较差、自身修养相对不高等特点；三是来自职业中学、技工学校、中等职业学校的对口毕业生，这部分高职学生因为是中职毕业，也许专业技能方面要比其他高职学生稍强，但思想素质不高、行为习惯也不好；四是单独招生的学生，这部分学生或因学习水平不行，即使参加高考也不会取得好成绩，或因为对学习已经厌倦不能坚持到高考而参加了单独招生考试，他的整体素质比高考学生差，比中职和五年制学生要稍好。

虽然高职学生来源于以上四个方面，但不是所有的专业都有这四种类型的学生，以大连职业技术学院经济管理学院为例，大约有25%是单独招生学生，75%是高考生，因为该校是全国百所示范校之一，社会声誉好，再加上大连有地域优势，每年学校高考录取分数线在三本线左右，因此生源素质相对较好。但即使这样，单招学生和高考生在素质上还是有很大差别，不像本科院校，由于录取分数线相差无几，学生素质基本一致，所以高职院校教育、教学难以做到像本科院校那样统一标准。面对素质差异如此大的学生群体，如何因材施教，使每个人都成长为优秀的人才，是高职院校每位教育工作者都要思考的问题。

（二）农村、贫困、单亲家庭、留守儿童学生多

从地域环境来讲，高职学生中农村生源占很大比例，以大连职业技术学院经济管理学院为例，2016 级新生中农村生源占 70%。客观地讲，农村的中小学无论是从学校环境上还是学校的师资上，跟城市的中小学教学质量都存在一定的差距。除此之外，农村学生的部分家长素质也相对不高，很多学生的父母在农村基本初中一毕业甚至初中没毕业就下地务农了，20 岁左右结婚生子，结果是他们自己没长大就当了父母，再加上文化素质低，所以根本不懂得如何教育孩子，也做不到指导孩子确立人生目标。甚至还有一部分家长常年在外地打工，将孩子委托老人照顾，由于农村的姥姥姥爷或爷爷奶奶本身文化素质低、教育观念落后，很多孩子成为留守儿童，因此他们在人格形成最关键的时期的教育是缺失的，这对他们的成长有很大的影响。

农村生源中一部分学生来自于农村贫困家庭。虽然国家大力发展职业教育，但对于社会上大部分人来说，还是会认为高职院校毕竟是专科学校，因此，有条件的家长有时还是宁愿自己的孩子去读三本，真正进入高职的除了少部分家长就是希望孩子学习职业技能以外，很多是因为家里贫困。每年经济管理学院新生中大约 35% 以上的学生都带着当地政府开的贫困证明。

同我们过去的观念不同，以往我们认为有钱的家庭婚姻不稳定，但现在事实是贫困家庭婚姻不稳定的更多，我们曾经做过调查，经济管理学院 2015 级新生中，40% 以上来自单亲家庭。

这些集中于高职学校的来自特殊家庭的学生是大学生中一个特殊的群体，他们敏感，甚至有一些学生不愿意向别人透露自己的家庭情况，特殊的成长环境使他们形成特殊的情感体验和心理需求，需要学生工作者去主动关心和关注。

（三）独生子女环境造成以自我为中心

从年龄上看，目前在校的高职院校的学生大多出生于 1997 年到 1999 年之间，2018 年的新生已经是“00 后”的孩子。他们大多是独生子女，家长的过分溺爱使其存在依赖性强、独立性差，自律性不强、自理能力差等特点，因此在人际关系上有时难以和别人友好相处和合作，当遇到压力或面临冲突的时候，不少学生只会用放纵来宣泄，如通过逃课或沉迷网络来逃避现实。

由于网络和智能手机的盛行，他们可以很快地获得国内、国外的前沿信息以及一些多元化思想。因此，他们的人生态度、价值取向、道德观念等都与80后有很大代沟。

他们有很强的自我意识，希望尽快摆脱社会和成人对他们的监管，但是由于分辨能力有限，加上自控能力较差，在缺乏引导的情况下，往往表现出特立独行，并把这推崇为"潇洒"。有的学生存在严重的虚荣心，互相攀比显富，盲目追求名牌，对校园风气产生了消极的影响。

（四）注重自身权益，具有很强的维权意识

随着时代的发展，整个社会人们的法律意识都在不断增强，人们越来越重视保护自己的权利不被侵犯，当自己权利受到侵犯时，越来越多的人会拿起法律武器维护自己的权益，这是时代的进步，而这种进步不可避免地会影响走在时代前沿的高职经济类专业学生，原因有以下几点：

一是当前高等教育的发展使高等职业教育不像基础教育那样实行免费教育，缴费上学使教育与学生之间无形之中产生了类似契约的教育合同关系，这种关系类似于市场经济下的企业与顾客的关系，经济类专业学生最早意识到自己是"顾客"，认为学校提供良好的服务是自己的权利。二是当代互联网的发展使学生越来越受到多元思潮的影响，如权利观念、自由观念、平等观念等更深刻地影响着思想活跃的大学生，高职经济类专业学生站在市场经济的前沿，他们是大学生中思想最活跃的群体，因而也是权利意识觉醒最早的群体。三是由于高职学校发展较晚，国家对高职院校投入不足，高职学校的生活环境、师资力量、文化氛围等各项软硬条件与本科相比有一定差距，这不仅与学生理想中的大学有很大差距，而且通过对比高职学生会产生强烈的失落感和不平衡感，对学校也或多或少产生了不满情绪，当学校所提供的服务没有达到他们的满意时，他们会第一时间提出质疑。因此，无论是对社会上的事还是针对学校的事，一旦经济类专业学生不满意或影响了学生的权益，他们就会通过多种方式表达出来，甚至通过法律的形式维权。这是一种进步，但也确实反映出学生思想还不成熟，对权利和义务的理解有偏差，看问题的角度还比较片面，还欠缺对社会知识和法律知识的储备和理解等问题。

高职学生维护个人权益的内容除社会问题外，针对高校的主要是教学质量、教学管理和日常消费权益等几方面展开的，当遇到不满意的事情时，高职学生最常采用的方式就是吐槽，有些同学将问题发到网上，期望依靠网络舆论解决问题，因此，需要学生工作者积极引导，让学生通过正规渠道反映问题和解决问题。

（五）尚未养成良好的学习习惯，自身素质一般

由于高职学生是本科之后录取，所以他们的高考分数普遍偏低，再加上历史、社会、现实等方面的原因，高职教育在我国还没有被普遍认同，因此除非不得已，学生和家长都不愿意报考高职院校。一些高职院校为了招满学生，不得不降分录取，有些学校甚至达到只要想念书就能录取的水平，即使像大连职业技术学院这样的国家示范性高职院校，录取分数也仅在三本左右，而单独招生的学生文化水平则更低。

高考分数是对一个学生以往理想信念和学习习惯的反映，虽然我们反对应试教育，反对片面用高考分数对学生定性的观念，但较低的分数也部分反映出一些高职学生自律性不强、没有形成浓厚学习兴趣和良好学习习惯的现状，因此即使进入大学后，部分学生学习积极性很差，他们上课主要靠学校考勤纪律的约束，或是为了应付考试。尤其是经济类专业，学生觉得专业难度不大，可以不用像工科学生一样天天学习，只要期末考试前恶补一下考试就可以过，因此旷课、上课不听讲、迷恋网吧整夜不归成为高职院校一部分学生经常发生的现象。

很多老师有这样的体会，觉得现在的课越来越难上，即使在大连职业技术学院这样生源较好的学校，单招学生、五年制和三校生学生与高考的学生相比还差很多，而且由于当前生源的减少，未来我们面临着在一定时期内生源质量会逐年下滑的局面，这给我们的教学、学生工作和思想政治教育带来很大的挑战。

高职学生虽然在思想、学习习惯、学习成绩方面不如普通高校的大学生，但也有自己明显的优势，他们比较活跃，动手能力、专业技能、适应性较强，在实践课程中的动手操作能力、学生社团的工作能力以及在校园第二课堂中所表现出的热情和能力值得肯定。

（六）价值观尚未完全形成，对自我认知不客观

高职学生年龄在18~21岁，这个年龄阶段的青年人生观、世界观和价值观已经初步形成，但还未完全稳定和成熟，会受到外界各方面的影响而有很大变化，是世界观、价值观成型的时期。尤其是经济类专业学生，他们无论在课堂上

还是在课外，都接触了大量的现代经济活动，市场经济的负面效应必然会影响他们价值观的形成。高职经济类专业学生价值观的特点具体表现在以下几个方面：

一是高职经济类专业学生总体上价值观的主流与社会价值导向大体一致，主流积极向上。他们的政治取向和国家的政治导向是一致的，热爱国家，热爱社会主义制度，对国家政治经济未来的发展持乐观态度，许多同学积极申请加入中国共产党。他们看重个人事业成就，努力奋斗不断进步，但对未来却缺少清晰的规划，缺少远大的理想和目标。

二是自我意识增强，对人生重大问题能够做出自己独立的判断。进入大学的学生基本已年满18周岁，独立在校的生活也使他们越来越有成人意识，他们希望得到社会和他人的认可和接受，对人生的重大问题也大多靠自己独立做出判断，家长和老师对其的影响作用在逐渐减小，社会和同龄伙伴对其影响逐渐加大。

三是价值观偏重自我价值的实现和个人实际利益的获得。当代高职经济类专业学生个人本位倾向较重，他们有较高的成就动机，但社会责任感相对较弱，把个人利益的考虑放在集体和国家利益之前，这一点尤其在择业中表现得比其他专业更为明显，他们很多人对自己的未来没有明确的规划，缺少远大的理想和目标，选择岗位时多以个人薪酬收入作为头等因素，有些学生还有一夜暴富的思想，绝大多数经济类同学不愿从事普通劳动者的工作。他们重视现实的物质利益，重索取、轻奉献，有些学生为了追求功利性而放弃了道义原则，这些都是高职经济类专业学生受到较多市场经济负面影响的结果。

四是高职经济类专业学生还不能完全客观地评价自己。高职经济类专业学生处理人际关系灵活，乐于沟通，但他们往往过高估计了自己这方面的优势，在评价自己时普遍认为自己不比本科学生差，认为本科学生高分低能，尽管很多学生并不愿意下功夫提高自己的专业技能，但仍自豪于有较强的专业技能和情商，对自己盲目乐观，认识不到自己的缺点和不足。

（七）思想敏锐，有经济头脑并急于参与经济活动和创业

经济管理类专业是我国高职院校中开设最普遍的专业大类之一，几乎绝大多数的高职院校都有经济管理类专业，有社会、学校和学生及家长三方面的因素：首先，改革开放使市场经济的观念深入人心，对人才的需求量大；其次，学校开办经济管理类专业不用投入大量财力购买设备、仪器和实训器材，办学成本低；

最后，学生和家长对经济管理类专业理解不够，一部分家长和学生认为高职经济类专业将来做白领，不用像理工科那样在生产一线工作，工作环境好，轻松又赚钱，而且专业偏文科，学习压力也不大。

由于学生对专业认可，再加上学有余力，很多学生希望在校内就尝试参加社会经济活动，以获得成功的体验，并为自己赚得人生的第一桶金，因此一部分同学利用业余时间在社会上做兼职，一部分学生能够敏锐地抓住校内的商机，在学校推销各种学生需要的生活用品、学习用品等，还有一部分学生利用同学资源成为校外商家在学校的代理，更有一部分家庭条件较好的学生在学校周边开商店或饭店进行创业。因此，在各高职院校，不管学校是否支持，经济类学生的商业活动都是最多的。

经济类专业学生在校期间从事经济活动虽然对于他们将理论联系实际，更好地培养专业兴趣、学习专业知识和技能有一定的作用，可以帮助学生缩短步入社会的适应期，但其中也存在一定的问题，如大部分同学在从事比较初级的、不需要专业技能的商业活动；有的学生只注重利益，不顾商业道德，产生了一些推销假冒伪劣商品、陷入传销、坑骗新生等行为；还有一些学生由于缺乏经验导致投资血本无归。这些都需要学生工作者因势利导，及时掌握情况并加强思想教育。

三、高职经济类专业学生工作的原则

高职经济类专业学生在一般学校都属于文理兼招，专业课程偏文科，因此学生具有文科学生的特点，但又不同于一般文科专业，有自己独特的特点。在每一个高职院校，经济类专业学生都是最活跃的群体，他们思想敏锐，观念超前，敢于尝试，乐于沟通，无论是在校内各项活动，还是同社会接轨，都是一道亮丽的风景线，因此要紧密围绕他们的特点，做到因材施教。

根据我国现有的体制，高职院校一般将经济类专业统一编入二级院系。二级院系是经济类专业教育教学的具体实施单位，如何根据高职经济类专业学生的特点设计和制定系统的和富有针对性的教育教学内容和活动，实现人才培养，是二级学院的中心工作，明确高职经济类专业学生的学生工作原则也是二级学院学生工作的基石。根据经验，我们认为高职经济类专业学生工作的基本原则有以下几个方面：

（一）根据高职经济类专业学生特点，加强管理、服务和教育的融合

青年人的显著特点之一就是反叛意识较强，高职经济类专业学生也不例外。他们在自己眼中已经是一个"大人"了，不愿意时时处处受到成人社会的各种约束，也不愿意时时处处受到别人的指教，但事实上，虽然在生理上他们已经成年，但心理上他们还不成熟，也还没有良好的自我管理能力，在这个时候，如果不加以积极的引导和教育，任其随心所欲地发展，他们很容易走向歧途。因此，我们提倡要坚持以学生为本，不是放弃而是更要加强教师的主导地位，不是弱化而是更要强化对学生的管理和教育。要将管理、服务和教育融合，统一到整体的工作中。

在学生工作中，教育是学生工作的关键，是学生工作的优良传统和有效方法；管理是学生工作的基础，是学生教育工作的重要保证；服务是学生工作的重要依托，是新形势对学生工作的新要求。三者统一于整体工作中，缺一不可；反之，任何一个环节缺失，都会影响育人的效果。教育效果差，管理起来难度就大，而且容易出乱子；同样，管理跟不上，教育就难以达到理想的效果；服务质量跟不上，教育和管理就很难到位，工作也就很难保证。因此，教育、管理、服务是高职经济类专业学生工作的三个关键点，必须抓好。

当然，管理、服务和教育的融合针对不同类型的学生要有所侧重，如果说本科院校服务的成分稍多的话，高职经济类专业学生教育、管理的成分要多一些，这是每个高职学生工作者都要有的思想准备。

（二）注重满足学生心理需求，加强对学生人文关怀和鼓励，以情育人

以人为本的学生工作理念要求学生工作要从学生实际出发，一切为了学生、为了一切的学生、为了学生的一切，要以学生健康成长、成才需要为出发点，只有充分尊重、关心、引导和满足大学生的心理需要，思想政治教育才能调动学生接受教育的主动性，教育才能发挥实际效果，因此要尊重大学生尊严、关心大学生处境、肯定大学生价值，给大学生人文关怀。

要关注学生的情感需求，更多鼓励学生。对高职经济类专业学生而言，鼓励运用是否得当直接制约着高校学生工作管理效率的高低。学生工作者应充分利用"精神"激励，调动广大学生的积极性，使学生增强信心，同时也要使用"物质"激励，如使用奖学金、奖品等手段，切实引导学生有效地调节和控制自我，

积极地激励自我，以学生工作的吸引力、感染力和影响力开启学生心灵。

高职学生类型很复杂，因此学生的需求也更敏感和多元化，作为高职的学生工作者要认真研究和了解每一个学生，关注他们的心理需求，以情育人。

（三）打造适合经济类专业学生特点的校园文化，注重文化育人

校园文化是育人的重要途径，我们要积极打造具有高职经济类专业特色的校园文化，使学生在环境熏陶中自然形成良好的人文素质，在耳濡目染中形成良好的职业道德，达到提高高职经济类专业学生人文素质的目的。

由于高职院校的发展历史较短，文化积淀不够深厚，学校特色、校风尚未形成，因此校园文化建设相对薄弱。高职院校经济类专业学生的校园文化建设是高职经济类专业学生工作的重要内容。

第一，高职经济类专业校园文化是高职教育的重要组成部分，其校园文化自然应有高职教育校园文化的内涵和共性，同时还应具有自己独特的特质。所以，学院要凝练自己的校园文化内涵，在学校校园文化的基础上，形成经济类院系自己的物质文化、精神文化、行为文化和制度文化。

第二，高职经济类专业的校园文化应有职业性。高职经济类专业是为企业和社会培养经济领域生产、服务、管理第一线的应用型人才，学生从入学就有着明确的职业定向，明白自己所选择的专业就是以后将要从事的职业，因此整个学习过程中，无论教学还是学生工作，都要贯穿对他们相关职业知识、职业技能、职业道德、职业纪律等的训练和培养。

第三，打造专业文化。高职经济类专业文化要结合学生的专业特点，通过精神文化、物质文化、制度文化和行为文化全方位地影响学生，使他们耳濡目染接受专业文化的影响。高职经济类专业的校园文化要富有市场经济特点，要通过多种方式让学生学习经济理论，分析经济现象，学会用科学的经济视角分析和看待经济问题，要给学生创造条件让他们参与经济活动，尤其是专业活动，使他们在校期间就能获得职业体验，掌握职业技能。

第四，要打造创业的校园文化氛围。经济和社会的发展离不开文化的支撑，特别是一个地方快速发展的背后，往往都有一种创业文化的推动和支撑。高职院校作为培养经济人才的教育机构，应该充分调动学生的积极性和创造性，依托创业大赛等活动培养学生的创业意识，鼓励学生尝试创业活动，增强学生的创业能力、激发学生的创造力。

第五，要让行业文化、企业文化进校园。高职校园文化区别于普通高校校园文化的最大特点就是教育文化与职业文化的结合与融合，因此高职经济类专业要选择有着丰富的文化内涵并与自己校园文化匹配的企业文化进校园，通过广泛宣传让企业文化渗透到学生日常的学习生活和文化活动中。

（四）注重满足个性化发展，培养创新能力

传统的学生工作模式注重服从、整齐划一，这些教育管理取向实际上背离了教育的基本原则，因为在这种强调共性的教育中，扼杀了学生的创造性潜能，使学生的发展空间受到了限制。

高职院校的培养目标是为社会的发展培养具有创新能力、竞争意识、先进技术、职业道德的人才。在新的背景下，社会观念呈现多元化，给大学生思想带来了不可避免的冲击，高职经济类专业学生更是受到冲击和影响最大的群体，因此要面对现实，适应学生的多元化选择和需求，必须照顾学生的个体差异，尊重学生的个性，发展学生的个性，绝不能期望用一种模式培养所有的人。

高职经济类专业培养的是直接从事经济领域生产、管理、服务第一线工作的应用型高级专业人才，他们应该以具有创新精神和创新能力并习惯于创造性思维为特征，因此学生工作也要围绕这一培养目标培养学生的创新精神，要营造和谐宽松的环境，给学生自由的空间，减少对学生创造活动的限制，不整齐划一地要求学生，减少强制性的要求，激发他们探索新事物的兴趣，鼓励学生发表自己独特的见解和思想，鼓励学生开展各种创造性活动，指导学生参加各种创新创业活动和实践，并尽可能地为他们的创造性活动提供帮助和指导。

（五）要注重网络载体的运用

随着网络的迅猛发展，社会生活已经真正进入网络时代，高职经济类专业学生作为网络先锋，网络对他们的思想、学习和生活产生了重要的影响，这种影响既有积极的，也有消极的，作为学生工作者应该努力引导学生合理利用网络的积极因素，努力削减其不利影响，丰富学生工作的手段，提高学生工作的实效性。

首先，要密切关注网上动态，加强与高职经济类专业学生之间的沟通与交流。要针对学生在网络上的热点问题，引导大学生科学分析，加强对大学生的正面引导，增强网络环境下学生工作的渗透性和感染力。

其次，应该充分认识校园网络文化建设的重要性，让校园网络文化成为大学生的第一个网络视角，把校园网建设成为思想交流的园地。

再次，要主动大量地把高雅纯洁的内容注入网络之中。例如，辅导员可通过微博、QQ 空间了解学生的思想动态，引领舆论风向，打造健康文化，要采取各种生动有趣的形式和内容来吸引学生、感染学生、影响学生，要改变过去教育工作严肃刻板的面孔，讲究工作方法和艺术，让学生在快乐中接受正能量。

最后，将网络教育纳入日常管理。随着网络发展势不可当，高校学生工作要将网络教育列为日常管理的一个新的重要内容，引导大学生端正上网动机，正确使用网络。要引导和教育学生自觉地把网络当作学习、工作的工具而不是游戏和聊天的空间；要加强网络道德教育，培养大学生的网络道德素养，号召文明上网，弘扬网络正能量；要防微杜渐，提高学生自我管理能力，防止学生养成网络成瘾等不良的上网习惯。

（六）民主管理，让学生实现自我管理并参与学校管理

高职经济类专业学生具有很强的现代市场经济理念，他们有很强的主体意识和参与意识。学生参与高校的民主管理具有重要的现实意义，它可以促进高职学生工作更加规范化和人性化，提高学生工作的科学化和民主化水平；有利于强化学生的主体地位和主人翁意识，提高学生自我管理和参与学校管理的能力，推动和谐校园的构建。

学生工作者作为联系学校和学生的纽带，应积极为学生搭建顺畅的参与平台，通过多种方式及时公布学校重要的信息，让学生的知情权得到最大限度的发挥。在工作中要关心学生的生活、学习、心理等状况，定期与学生谈心，细心、耐心地解决学生遇到的各类问题，要及时解答学生的问题、困惑，定期将学生的心声收集上来并及时反馈给相关部门的领导，帮助学生协调和解决学生提出的合理的诉求。

在学生工作方面要创造条件，调动学生自我管理的积极性。学院要吸收学生代表参与教育教学、学校的管理、后勤服务等方面的工作，在涉及学生利益的评奖评优、党员发展、贫困助学、助学贷款的评选条件和名额分配上让学生参与并予以监督以确保公平公正性；对于学生管理中一些纯事务性的工作，可以让学生自己解决，这样既可以节约资源，也可以激发学生自我教育、自我管理的意识。

第二章
"全员育人"学生工作队伍建设

教育是人类特有的社会现象，教育在人的发展中起着重要作用。学校教育是有目的、有意识、有系统地培养人的社会实践活动，这是教育区别于其他社会活动的本质属性。教育具有影响人、培养人、促使人的身心得到发展的特性和能力。

大连职业技术学院是全国 100 所示范性高职院校之一，学院隶属大连市政府，是一所服务地方和全国经济的综合性高职院校，经济管理学院针对经济类学生的专业特点，在学生工作方面积累了很多有益的经验，对于高职经济类专业学生工作队伍建设进行了一定的探索，建立了以专职辅导员队伍为中坚力量、全体教职员工共同参与、同时充分利用学生和校外资源的"全员育人"的学生工作队伍。

第一节 "全员育人"学生工作队伍理念

一、"全员育人"学生工作队伍的内涵

"全员育人"有广义、狭义之分，狭义的"全员育人"是指高校在大学生教育过程中，做到全体教职工具有"育人首位"明确意识，自觉主动承担育人责任，积极发挥表率作用，对大学生引导和教育。广义的"全员育人"不仅指高

校本身，而且涵盖社会、家庭及学生本人等因素，以组成全方位的大的育人系统。

因此，狭义的"全员"主要就是针对学校特别是高校的教职工而言的，除了担负学生工作主要力量的辅导员以外，全校教职员工都具有育人的责任，都是学生工作者。而我们在这里所说的则是广义的"全员"，就是学院不仅要充分运用全体教职工的教育力量，还应调动学生力量、校外的相关因素，共同营造育人的环境。

二、"全员育人"学生工作队伍建设的必要性

(一)"全员育人"是教育的内在需要

促进高职经济类专业学生的全面发展，并不是轻而易举的事情，担负高职经济类专业学生培养任务的高职学校二级学院需要调动各方面力量，调动所有的因素彼此配合，建立"全员育人"的学生工作队伍，形成"全员育人"的工作氛围，才有可能真正富有成效。离开"全员育人"的教育必然是事倍功半的教育，最终必将制约育人功能和目的的实现。

(二)"全员育人"符合高职经济类专业学生价值取向呈现多样性和不稳定性特点的要求

高职经济类专业学生受市场经济和网络等的影响，价值取向倾向多元化，同时也由于他们处于青春期，生理和心理因素处于不稳定的变化中，且具有强烈的好奇心，容易为社会的热点所吸引呈现不稳定的特征，因此学生工作者要全面了解当代大学生的价值取向，并因势利导，以抓住一切机会对他们施加教育和影响。这光靠个别或部分教师的努力是难以做到的，只有在全校树立"全员育人"理念，建立"全员育人"机制，并切实落实"全员育人"实践，才有可能真正提高育人的成效。

三、建立"全员育人"学生工作队伍需要思考的几个问题

（一）建立"全员育人"的理念和机制

高职院校的人才培养目标决定了其要培养符合社会主义现代化建设的高素质技能型人才，因此要树立"教学育人、管理育人、服务育人"贯穿人才培养全过程的理念，即"全员育人"教育理念。但在实际教育工作中，由于缺乏合理的制度保障和激励机制，"全员育人"往往无法实现，教学育人、管理育人、服务育人没有形成合力。因此，教学、管理与服务这三大高职院校的职能如果不能相互平衡发展，"全员育人"机制建设就无从谈起。

（二）高职院校对学生工作队伍重视不够

多年来，高职院校通过示范校建设、优质校建设等，充分贯彻了专业建设是高职教育建设和发展的核心这一理念，而对学生工作重要性的认识却稍显不足，对学生工作队伍建设的重视程度也明显不足，如学生工作队伍人员素质参差不齐、缺乏系统的培训与学习、实际工作中只扮演了"24 小时保姆"的角色等，这些都使思想政治教育的职能难以充分发挥。

（三）健全高职院校学生工作程序和制度

制度和程序是约束也是保证，在约束所有教育行为的同时，也使其必须依赖制度和程序的保障才能真正发挥作用。在日常工作中，我们应认真思考如何考核学生工作的教育功效，如何考量教育对象是否德才兼备，如何考核辅导员工作时效性，如何考量各行政部门的育人职能作用的发挥，如何使学生工作的流程更规范等。

（四）建立高职学生工作激励机制

高职院校激励机制的建立，不是一个简单地提升工资待遇的问题，而是多层次、多角度给予思想政治教育者提升的空间、学习的机会、良好的工作环境、健全的工作机制、完善的政策保障。

第二节 经济类高职辅导员队伍建设实践与探索

经济管理学院作为大连职业技术学院的经济类二级学院，同全国的大部分院校一样，学院的学生工作由主管学生的副书记负责，学院配有专职辅导员，他们是学生工作队伍的主力，但学院的每一个教职员工都参与到学生工作中，承担相应的育人责任，同时还调动校内外各方面因素共同参与学生工作，形成育人合力，提高育人效果。

一、充分发挥专职辅导员队伍作为学生工作的中坚力量

我们常说的学校教育的终极目标就是教书育人，即一方面使学生学到适应社会需要的知识和技能，另一方面促进他们在思想、道德、心理等各方面素质综合发展，这是高职院校教书育人不可缺少的两大环节。如果说专业教师在大学育人的功能中主要承担的是教书，那辅导员承担的更多的是育人。

辅导员作为大学生思想政治教育的骨干力量，是大学生健康成长的指导者和引路人，他们与大学生朝夕相处，对学生成长成才起着不可替代的作用。他们的工作状况直接影响着学生工作的效果，因此国家高度重视辅导员队伍建设，对此出台了一系列的政策规定，如《中共中央 国务院关于进一步加强和改进大学生思想政治教育的意见》《普通高等学校辅导员队伍建设规定》等，旨在通过加强辅导员队伍建设，提高大学生思想政治教育效果。

在本科院校中，一般采用的是专兼结合的方式，以专职为主导，从品学兼优的高年级本科生、研究生或青年教师中选拔兼职辅导员，并定期轮换。但高职院校不具备这样的资源，一方面由于学生在校时间短，大三的学生已基本离校实习，另一方面从生源上来看，高职学生在能力方面还有一定的差距，因此绝大部分高职院校采用的是专职辅导员的制度。根据国家规定，经济管理学院按照生师比 200∶1 配备了专职辅导员，专职负责学生工作。

（一）高职经济类专业学生辅导员的工作职责

大家普遍认为，当前辅导员工作存在着角色定位不清、职责泛化的问题。一直以来，辅导员集众多角色职能于一身，工作量大，工作难度也不断增加。似乎只要是关系学生的事，都与辅导员有关，事无巨细，事事都管，这样势必造成辅导员工作顾此失彼，忽略了自己本身的主要职责。因此，梳理高职经济类专业学生辅导员的工作职责和工作内容显得至关重要。根据经济管理学院实际情况和学生专业特点，将辅导员工作职责归纳为三个板块，即教育、管理和服务。

1. 教育

教育是辅导员的核心工作，在教育过程中，教师是主导，学生是主体，因此要充分发挥辅导员的主体作用，系统地、有针对性地对学生开展思想教育，做大学生的引导者。高职经济类专业学生的教育主要包含以下几方面内容：

（1）对高职经济类专业学生开展思想政治教育。辅导员应该通过日常的思想政治教育，包括"三观"教育、爱国主义教育、法制教育、形势与政策教育等，帮助学生提高思想政治觉悟，从而使他们树立正确的世界观、人生观和社会主义核心价值观。

（2）对高职经济类专业学生开展职业素质培养和职业生涯规划指导。职业教育以就业为导向，因此，辅导员要结合他们未来的岗位要求，系统地、有针对性地对学生进行职业素质培养。我们认为，高职经济类专业学生职业素质培养主要包含两方面内容：职业道德教育和职业技能培养。由于我国当前市场经济还存在很多问题，一些高职经济类专业学生在思想上受到市场经济的负面影响，更多地存在着现实、功利、拜金等思想，这些思想势必影响他们未来的经济活动，加强对经济类学生的职业道德是辅导员开展职业素质培养的核心内容。同时，根据学生未来就业的岗位要求，同专任教师一道帮助学生提高职业技能，是职业素质培养的另一个重要内容。

辅导员是大学生的人生导师。辅导员要教育引导学生端正学习动机，明确学习目标，帮助他们树立正确的人生理想。要用自己的知识和经验指导学生进行职业生涯规划，培养学生正确的择业观和就业观，让学生树立适合自己的职业目标，帮助学生成长成才。

（3）对高职经济类专业学生开展心理健康教育。心理健康问题现已成为高校学生工作的重点内容之一。在日益多元的社会大环境下，各种不良思潮对高职经济类专业学生世界观、人生观和价值观的冲击越来越明显。一些学生受家庭经济压力、大学环境压力、学业压力、就业压力等的影响容易产生心理困惑和心理问题，甚至会有比较严重的心理疾病。因此，作为高职经济类专业学生的辅导员肩负着对学生开展心理健康教育的职责。辅导员要通过多种方式向学生宣传心理健康知识，帮助学生积极面对生活、学习、家庭等方面的压力，处理好学习成才、择业交友、健康生活等方面遇到的问题，增强其克服困难及承受挫折的能力，引导学生正确认识自我，培养学生自尊、自爱、自律、自强的优良品格。在日常生活中也要有意识地帮助学生养成良好的心理素质和积极乐观的心态。

2. 管理

管理是组织运用经济、行政、纪律、法规等手段规范人们的行为，以维护正常的工作和生活秩序的实践活动。为使学生的行为达到学校的要求，辅导员承担着教育学生遵守学校各项规章制度、保证学校稳定发展的职责。辅导员是学生管理的第一责任人。辅导员的管理职责主要有：

（1）班级管理。辅导员要建立学生个人档案，了解每个学生的基本情况，组织制定班级各项规章制度，组织建立班级和团支部干部队伍，维持班级、团支部组织良好运转，在班级营造良好的成才氛围，大力倡导良好的班风学风。

（2）做好学生和学校之间的桥梁和纽带。辅导员要及时、准确地向学生传达学校各级发出的通知，注意向学生收集意见并及时向有关部门反映，同时也承担着维护学生权益的责任。

（3）学生奖励与资助。辅导员要深入了解学生的家庭情况，建立完备的贫困生档案，如实向上级资助管理部门提出资助意见。公平、公开、公正地进行奖学金评选。

（4）心理健康状况监控。辅导员要密切关注学生的心理健康状况，健全班级心理状况监控机制，及时发现和帮助解决学生中出现的心理健康问题，并针对情况及时向心理健康部门报告情况。

（5）突发事件处理。辅导员要密切关注学生中发生的各种事件，通信畅通，确保突发事件发生后迅速赶到现场处理，并及时汇报相关部门。

（6）违纪学生处理。辅导员发现学生有违纪行为，应及时批评、教育。如学生受到处分，除批评、教育外，还应及时送达处分决定并通知学生家长，要密切关注、积极帮助受处分学生。

（7）评优评奖。辅导员应该本着公平、公开、公正的原则，在向上级推荐应受表彰的学生。

（8）学生素质学分实施。辅导员作为素质学分的主要实施者，同相关部门配合为学生素质教育搭建平台，并负责组织学生进行客观测评，对学生进行考核和评价。

（9）党团组织建设。积极鼓励、推荐优秀学生加入党组织。

（10）学校安排的其他工作。例如，结合近年来国家加大在大学生中征兵政策的执行力度，根据大连职业技术学院的实际情况，辅导员还担负着征兵工作、公寓检查等责任。

3. 服务

辅导员不仅是大学生的管理者，更是大学生的服务者。当今的大学生自理能力相对不足，维权意识又比较强，在他们的学习生活中会遇到伤病、贫困、就业等问题，他们往往会向辅导员提出咨询，对于学生通过各种方式提出的咨询服务请求，辅导员应该予以积极回应，妥善处理，要尽量满足学生的合理要求。辅导员的咨询服务职责主要有：

（1）生活关照。辅导员要主动关心大学生的生活状况，协调解决学生遇到的实际困难。

（2）个别谈话。辅导员要主动关心大学生成长中遇到的思想困惑，平等、真诚、耐心地和学生进行沟通，积极开导学生。

（3）就业服务。辅导员要及时了解相关就业信息，积极引导学生树立正确的就业观念，做好职业生涯规划辅导。

（4）其他。如学业服务、学生纠纷的调解、医疗保险等事务性工作等。

辅导员在服务学生的过程中，要摆正角色，端正服务态度，履行服务职能必须到位，如提供与大学生相关的政策制度咨询、学生伤病报销、奖勤助贷、就业指导推荐等，都需要辅导员耐心的讲解和细致的服务。但是，辅导员不是学生的保姆，不能对所有的事务性工作都大包大揽，因为辅导员的服务最终还是为了实现学生的自理、自立。

（二）高职经济类专业学生辅导员素质和能力要求

作为经济类专业二级学院的学生工作者，辅导员直接与学生打交道，是管理、服务、教育学生的一线实践者，是各种教育理念的最终实践者，他们工作的原则、方法和艺术直接影响着学生的心理感受，他们的一言一行都对学生有潜移默化的影响。那么，高职经济类专业学生的辅导员究竟应该具备什么素质？

1. 优良的思想政治和道德素质

辅导员是高职院校对经济类专业学生开展教育、管理与服务工作的基层骨干力量，对大学生进行思想政治教育、纪律教育和日常管理，使他们综合素质全面发展。辅导员自身必须具有坚定的政治方向、高度的政治觉悟、良好的政治理论修养和高尚的思想道德素质，这是每一名高校辅导员都必须具备的基本素质。

2. 扎实宽广的知识面

辅导员面对的是知识层次较高、求知欲强的经济类专业学生，要成为学生心悦诚服的人生导师，对学生的各项学习、活动加以指导，没有一定的理论知识是难以胜任的。辅导员不仅知识面要丰富，而且要对自己所带学生的专业知识有充分的了解，对经济理论和社会经济现象有真知灼见，这是辅导员做好经济类专业学生工作不可缺少的重要因素。

3. 较强的组织协调能力

辅导员组织经济类专业学生开展结合专业的第二课堂活动，从不同角度开展日常思想政治教育和管理工作，围绕大学生学习、生活中的实际开展形式多样的主题活动、文体活动及社会实践活动等，都需要具备较强的组织策划和协调能力。

4. 较好的创新工作能力

随着信息社会的快速发展，高职经济类专业学生的思想特点、价值观等发生了巨大变化，这对思想政治工作产生了新的挑战。辅导员也应该不断创新工作理念、工作形式和工作载体，要敢于改革，大胆实践，及时提出新观念、新方案、新方法，提高工作的针对性和实效性，特别是利用网络等现代科学技术和手段，拓展工作途径，贴近实际、贴近生活、贴近学生，增强工作的吸引力和感染力。

5. 必要的掌控全局能力

辅导员要组织各种大型活动，而且学生群体正处在思想活跃、过于理想化、容易冲动的时期，也容易发生突发事件，这就要求辅导员应具备把握、控制全局的能力，准确地掌握学生的思想动向，从容应对各类突发事件，保证学校的安全稳定和各项大型活动的顺利开展。

6. 为学生排忧解惑的能力

高职学生正处于身心发展的关键时期，有些学生由于竞争压力、家庭条件、情感受挫等背上思想包袱，这些问题的出现就需要辅导员进行耐心细致的思想工作，通过谈心、活动等方式解决学生内心深层次的困惑和问题，而且每个学生的认识水平、思想境界、性格爱好、思考问题的角度和出发点总会有些差异，所以，政治辅导员必须能够根据不同学生的特点进行排忧解惑，与学生进行心灵交流。

（三）提高高职经济类专业学生辅导员工作效能的举措

1. 完善辅导员培训

经济管理学院辅导员的岗位任职条件要求是中共党员、有学生干部经历、研究生学历，通过参加事业单位录用考试和面试成绩优秀者方可录用。尽管他们总体素质已经非常优秀，但由于辅导员都比较年轻，工作经验和社会阅历较浅，他们的岗位胜任能力有待于进一步提高，培训显得尤为重要。我们经过多年探索，形成了一套培训内容和体系。

大连职业技术学院内部建立了辅导员培训的讲师团，他们分别从学生工作系统的领导层、学院优秀管理者、优秀专业课教师、优秀辅导员和其他员工中选用和选拔。同时，大连职业技术学院每年还定期邀请校外专家为辅导员进行培训。培训共分为以下四个层面：

第一个层面是对新录用的专职辅导员进行上岗培训，着重引导他们认识辅导员工作的意义和价值，增强从事辅导员工作的责任感、使命感和职业意识，主要包括学生工作日常事务培训，以帮助辅导员尽快进入角色，达到岗位要求。

第二个层面是对具有一定工作经验的辅导员进行专题性的日常培训，使他们能够比较系统地掌握某一工作领域的专业理论知识和技能，尽快成为该工作领域的能手。主要包括大学生思想政治教育专题培训、大学生心理健康教育专题培训、高校学生职业生涯设计与就业指导专题培训、自己所带学生相关专业基础知识的培训，信息技术培训等，以帮助辅导员提升岗位能力。

案例

2017 年大连职业技术学院学生工作者论坛主题

1. 突发事件应对技巧及案例分析（如学生打架、财产损失、校园贷相关等）。

2. 辅导员工作方法和艺术（如学生干部培养、威信建立、班会组织等）。

3. 学生违纪处理及权益保护（如违纪处理过程注意事项、学生申诉过程等）。

4. 奖、助工作（如评优评先、贫困生建档等）。

5. 毕业生就业相关工作（如毕业教育、就业相关管理实务等）。

6. 征兵相关工作（如征兵政策解读、学费代偿补偿、相关工作规范等）。

7. 新生入学教育（如分阶段推进适应、转变、融入、规划的新生入学教育内容等）。

8. 民族生管理（如国家民族生政策、民族生特点、民族生教育对策及管理方法等）。

9. 学生心理健康教育（如大学生心理健康标准、大学生心理健康状况及常见问题等）。

第三个层面是组织具有一定理论基础、实际操作能力和研究能力的辅导员骨干开展专题研究。我们的方法是成立辅导员研究小组，就大学生心理健康教育、大学生思想政治教育、大学生职业指导等方面的重点和难点问题进行专题研究，然后以开展学生工作者论坛的形式，面向全体学生工作者交流，既能交流经验，引起全体辅导员的思考，同时也可以达到对辅导员进行培训的目的。

🧑 **案例**

大连职业技术学院辅导员沙龙主题

为进一步加强经济管理学院辅导员队伍建设，总结交流经济管理学院开展大学生思想政治教育工作的好做法、好经验，本着"交流工作，研讨问题，增进友谊，共同提高"的宗旨，通过前期调研，学生处选取了辅导员反映比较集中，且具有典型性的十个课题作为本学期辅导员沙龙的主题。

1. 大学生职业生涯规划教育研究。
2. 班级评价体系的构建。
3. 辅导员培训工作方案。
4. 学生干部队伍建设研究。
5. 家庭经济困难学生工作研究。
6. 大学生素质教育体系的构建。
7. 学生文体活动的规范化管理。
8. 学生评价体系的构建。
9. 辅导员考核办法。
10. 学生公寓文化建设研究。

资料来源：大连职业技术学院学生处。

第四个层面是在获取职业资格证书培训中，根据辅导员队伍专业化、职业化的内在要求以及辅导员个人发展的需要，积极创造条件，开展心理咨询师、职业指导师职业资格证书考试培训，以提高辅导员有关心理咨询和职业指导的专业素质，鼓励和支持他们参加国家有关部门组织的统一考试，获得相应的职业资格证书，以推动辅导员队伍的专业化和职业化。经济管理学院辅导员全部参加国家心理咨询师培训和考试，并都取得了国家心理咨询师职业资格证书。

2. 关注辅导员个人工作成长

首先，鼓励辅导员在日常工作中提高能力，形成自己的工作特色。经济管理学院辅导员都是研究生刚毕业，在工作经验和工作能力上还不够成熟，缺乏社会经验，一工作就担任大学生人生导师的角色还稍显稚嫩，因此，学院领导要充分认识每一个辅导员的优缺点和能力特点，为他们制订系统的发展计划，逐步从各方面提高他们的能力，同时还要根据辅导员的工作特长，鼓励他们在辅导员工作的某一领域或某一方面进行探索和创新，形成自己的工作特色。我们每年开展辅导员单项评优，旨在鼓励辅导员发挥各自所长，积极钻研，在自我职业生涯道路的不懈追求中继续取得新的突破。

大连职业技术学院辅导员单项先进评选工作实施方案（试行）

为加强经济管理学院辅导员队伍建设，促进辅导员深入掌握学生教育管理工作的方法和艺术，提高辅导员队伍的教育管理水平，进一步推动经济管理学院学生工作的全面发展，根据教育部《普通高等学校辅导员队伍建设规定》（教育部第24号令）及《大连职业技术学院建设学习型辅导员队伍的实施意见》的精神和要求，特制定本方案。具体事项如下：

一、指导思想

本方案旨在激励辅导员发挥各自所长，准确选择适合自己的工作方法，乐于钻研，精益求精，感悟和把握学生教育管理工作的本质和规律，在自我职业生涯道路的不懈追求中继续取得新的突破。

二、奖项设置

设学风建设先进个人、班级建设先进个人、谈心工作先进个人、公寓管理工作先进个人、心理健康教育先进个人、网络教育工作先进个人、事务管理工作先进个人、学习型先进个人8个奖项，每个奖项评比出3~5人。

三、申报要求

1. 在任专职辅导员，担任学生辅导员1年以上。

2. 各系（院）按照评选内容认真组织推荐，将工作扎实深入、业务素质优良的辅导员优先推荐上报。

3. 辅导员每人申报项目不得超过3项，所有奖项若符合条件人选不足可空缺。

4. 推荐申报人员须提交《大连职业技术学院辅导员先进个人申报表》纸质及电子文档各1份。

四、评选内容和流程

1. 申报。自评选工作通知发布即日后 2 个工作日内，申报人员须按时提交《申报表》，逾期视为自动放弃资格。之后由各评委会工作人员汇总相应奖项《申报表》。

2. 资料审核。提交《申报表》之后 3 个工作日内，申报人员须提交相关佐证资料予评委会工作人员，评委会于 4 个工作日内完成资料审核工作。

3. 拟定评选结果。资料审核工作结束后 1 个工作日内，评委会提交评选结果。

4. 奖励委员会核定。评委会提交的结果统一上报至奖励委员会审核，最终确定表彰名单。

5. 公示。通过评审的名单在一定范围公示无异议后，由学生工作部授予荣誉称号。

五、表彰奖励

1. 对所有获奖人员，将授予证书及奖品。

2. 授予先进个人荣誉称号的辅导员，将优先推荐为省市辅导员和优先参加国内外培训。

资料来源：大连职业技术学院学生处。

其次，有计划地安排辅导员参加各种学习和调研，提高职业能力。虽然辅导员平时工作忙，但学校非常重视辅导员培训，通过请进来、走出去等方式开展多方面的培训。例如，每年暑期学校会主动与各全国辅导员培训基地联系，为辅导员确定暑期培训方案，由于全院辅导员人数较多，学校就邀请专家来学校进行培训，如 2017 年组织全体辅导员参加了由教育部高校辅导员培训和研修基地（河北师范大学）承办的《大连职业技术学院辅导员精品项目建设及职业能力提升专题培训班》、2018 年由全国教育部高校辅导员培训和研修基地（安徽师范大学）承办的《大数据时代高校辅导员工作创新专题培训班》；除参加学校的培训外，每学期都会安排辅导员外出参加学习或到兄弟院校学习，尤其寒暑假的时候更是辅导员集中外出学习最多的时间，如 2018 年暑假，学院 4 名辅导员，共派出 5 人次分赴北京、呼和浩特、贵阳参加"微课和视频制作"等课程内容的学习。通过参加系统的培训，辅导员的个人素质和工作能力有很大的提升。

最后，依托辅导员职业能力大赛，以赛代练，提高辅导员的职业能力。多年来，辽宁省教育厅在全省高校中开展辅导员职业能力大赛，经济管理学院也积极开展辅导员职业能力大赛，以赛代练，引导辅导员坚定职业理想，明确岗位要求，全面提升辅导员职业能力和专业素养。

案例

大连职业技术学院辅导员职业能力大赛简介

一、指导思想

全面贯彻党的教育方针，落实立德树人根本任务，推动《高等学校辅导员职业能力标准（暂行)》的贯彻实施，引导大连职业技术学院辅导员坚定职业理想，明确岗位要求，全面提升大连职业技术学院辅导员职业能力和专业素养。

二、大赛组织

大赛分为初赛、复赛和决赛。

1. 初赛设置"基础知识测试""公文、网文写作"两个环节，两个环节参赛者均要参加，采用闭卷、笔试的方式进行，两部分共用一张试卷。

基础知识测试题型包括：单选题、不定项选择题、改错题、简答题和论述题，主要考查辅导员对相关知识的掌握程度以及对信息的理解分析和解决问题能力。基础知识测试内容主要包括马克思主义理论、中国特色社会主义理论体系、习近平总书记系列重要讲话精神、思想政治教育专业知识、党团和班级建设、学业指导、日常事务管理、网络思想政治教育、职业生涯规划与就业指导、心理健康教育、危机事件应对等相关工作领域的理论和知识，相关法律法规知识，党和国家以及大学生思想政治教育领域重要文件等。

公文写作主要考查辅导员对与工作相关公文的格式、内容的把握及文字水平；网文写作不限字数，不限文体，主要考查辅导员理论素养、文字表达能力以及网络素养。笔试限时120分钟。

2. 复赛的比赛形式为主题班会，主要考查辅导员综合运用思想政治教育、社会学、心理学、管理学、教育学等相关学科的知识和方法开展大学生思想政治教育的能力。复赛分为主题班会策划案、主题班会视频两个环节。

3. 决赛包括案例分析、主题演讲、谈心谈话三部分，进入决赛选手以个人为单位参加决赛，需参加决赛所有环节。

案例分析：主要考查辅导员分析问题、研判问题、解决问题的能力。参赛选手现场抽题，围绕案例中的问题本质、解决思路、实施办法及相关启示进行阐述。限时4分钟。

主题演讲：分为命题演讲（比赛前一天晚上抽题）和即兴演讲（比赛前15分钟现场抽题）两种方式，由选手自主选择。主要考查辅导员的逻辑思维及讲授能力。限时4分钟。

谈心谈话：主要考查辅导员对相关政策、学生特征、学生成长成才规律的了解、把握及对学生的教育引导能力。参赛选手现场抽题，根据题目要求，以情景再现的方式开展谈心谈话。限时6分钟。

资料来源：大连职业技术学院学生处。

学院辅导员郭轩霆参加辅导员职业能力大赛

3. 促进辅导员传帮带

根据大连职业技术学院政策,辅导员工作满六年,可以根据学院工作需要申请转到与自己专业相一致的专业担任专业教师,这个政策一方面调动了辅导员努力工作的积极性,有良好的工作表现和工作业绩的老辅导员可以优先转任专业教师,另一方面也造成辅导员的人员流动比较快的现状。

学院平均每两年要新入职一名辅导员,刚入职的年轻毕业生被充实到辅导员队伍中来,这部分人的优点是熟悉高等教育的理念和高校的情况,有知识、有热情,能较好地与学生沟通,缺点在于缺乏人生阅历,不熟悉辅导员工作的特殊规律,缺乏辅导员工作的经验和技巧,不具有相关专业背景。为尽快使他们胜任工作,我们为每位新入职的辅导员都配备了一名优秀的老辅导员做"师父",由"师父"全方位对"徒弟"进行个别辅导。

传帮带的内容主要从以下几个方面着手:一是要不断提高他们的政治理论水平、政治敏感性;二是要帮助他们端正工作态度,培养爱岗敬业精神;三是要传授工作经验和方法,提高业务水平;四是要共同研究问题,撰写文章,提高研究和写作能力。

4. 辅导员团队建设

辅导员工作不是单兵作战,学生工作需要一个具有较高凝聚力和战斗力的团队共同完成,而且辅导员团队凝聚力强,也会带动和感染学生,有助于建立团队凝聚力强的学生集体,培养学生团队和合作精神。

要在生活中关心辅导员的切身利益,帮助解决辅导员的实际困难,为他们消除后顾之忧。工作中要充分肯定他们的成绩,正确认识和对待他们的不足。要搭建平台,创造机会,让他们在学生活动组织、科研、日常工作等方面相互配合、协同作战。辅导员也要多开展联欢、文体、素质拓展等团队活动,建立工作上是同事、生活上是兄弟和朋友的关系,大家一起交流思想、联络感情,听取意见,共同探讨问题,建立起一种融洽、信任、和谐的工作氛围。

任何工作归根结底都是靠人来完成的,学生工作也要靠优秀的辅导员队伍来实现。近几年,经济管理学院辅导员队伍建设成果显著,打造了一支强有力的辅导员队伍。近五年来,学院共获得省级以上奖项3人次,市级荣誉4项,其中两名辅导员分别于2015年、2017年在大连市26所高校中获大连市"十佳"优秀辅导员称号，辅导员的工作越得到肯定，他们对学生工作就会越热爱，也就越能全身心地投入工作。

 案例

【师德】不忘初心　与爱同行
——记经济管理学院辅导员王楠

　　王楠，女，中共党员，现任经济管理学院团委书记、辅导员。自 2010 年参加工作以来，先后担任 6 个年级、39 个班级、1359 名学生的辅导员。先后获得辽宁省高校"千名辅导员万家行"活动先进个人、大连市优秀辅导员、大连市优秀学生思想政治教育工作者、大连市暑期社会实践活动先进个人、大连市优秀青年志愿者、大连职业技术学院优秀共产党员、优秀辅导员、优秀教师、三八红旗手等校级以上荣誉称号 21 项。同时积极开展思想政治教育研究，主持、参与校级以上科研课题 9 项。

　　一、两起车祸，塑造出辅导员中的钢铁战士

　　2012 年五一前，在王楠婚礼的前两天，学生突发车祸，她当即改签了机票，陪着学生检查、转院、做手术，一直到第二天晚上。看到学生病情稳定了，学生家长从外地赶到了大连，才和爱人连夜飞回婆婆家赶上了婚礼。

　　天有不测风云，2015 年 12 月，王楠在上班途中不幸发生车祸。反向车道飞驰而来的汽车直接将她的车撞报废，也导致她 3 块胸椎骨折，医生要求她必须卧床休养 6 个月，而在当时，有近 890 名学生的经管学院只有王楠和一名新任辅导员在岗。正当学院领导很为难的时候，王楠主动提出继续带这些学生。于是，虽然每天躺在病床上，但她坚持用电话与学生交流，平均每天接打电话二十几个，用电话为学生介绍工作，解答学生实习、就业的困惑，耐心教给新任辅导员每一项工作该如何做……由于是胸椎骨折，她连最基本的翻身都无法做到，骨折的地方实在疼得忍不住，才停下来休息一会儿。就是在这种情况下，学生的就业率仍达到 90% 以上。在医生宣布她可以下地走动的第二天，王楠就不顾家人的反对回到了学校，从此，再也没有请假。

二、专业背景，造就出辅导员中的杏林圣手

作为一名心理学专业的研究生，王楠能够利用专业优势敏锐地洞察学生的心理，解决学生的思想困惑。开设"心理成长训练营"，组织新生、学生会、社团联合会等学生群体进行团体拓展训练60余次。

2011年以来，经济管理学院就一直招收新疆民族生，这些学生面临着语言不通、饮食不方便、作息时间差异等问题。为了让他们尽快地适应大学生活，王楠提前了解了他们的风俗习惯、饮食习惯，安排专人教他们学习汉语、补习功课。例如，有一个新疆民族生性格内向，在就业时一直没有联系到合适的岗位，王楠主动找到她，向她详细介绍了"西部计划"，并积极为她争取了岗位，确保了她顺利就业。

即使是在王楠骨折期间，她也时刻关注每一位学生，一次在电话中她感觉到一名刚刚换了工作的学生说话吞吞吐吐，并且打电话经常不接，只回短信，职业的敏感性让她猜测到学生极有可能是陷入了传销组织。王楠迅速将这一情况上报并联系了学生家长。经过多次沟通制定了最终的解救方案：让学生谎称去网吧上网交材料，趁此机会将学生带离传销组织。当方案最终成功、学生和家长登上火车给王楠打电话的时候，两个人对着电话都泣不成声。

三、守土有责，磨砺出辅导员中的千手观音

经济管理学院有800多名学生，由于辅导员人手短缺，曾经有三年时间，只能做到最多2人在岗，那时王楠一个人承担着学院大部分的学生工作，每天工作12个小时以上。现在，学院依旧是由书记代管学生工作，因此作为团委书记，王楠承担了更多自身岗位职责以外的工作，每周都有三四天下班时间是在7点之后。正是这种拼命三郎的精神，让经管学院的学生工作一直名列前茅。

作为学院团委书记，王楠努力把学院的校园文化活动开展得有声有色。创新开展学院品牌活动，如"彩绘校园""青春梦·职院人·经管情""学长课堂"等，借助"内化于心，外化于行"的各项活动，使集体充满积极向上的凝聚力。

因为心中有爱，所以肩上有责。辅导员的道路上，王楠一直在争做一名钢铁战士、杏林圣手、千手观音，努力成为学生的人生导师和健康成长的知心朋友。在平凡的岗位上做着不平凡的工作，引领她的学生发挥自己的所长，展现自己生命中最精彩的部分。

辅导员王楠当选大连市 2016～2017 学年度优秀辅导员

二、班导师队伍

教育部明文规定高校要按 1∶200 的比例配专职辅导员，一个辅导员要负责一个年级好几个专业的学生，工作量非常大，辅导员面临众多事务性工作，很难精心照顾到所有学生，再加上辅导员的学历背景往往是非本专业的，对专业的理解往往不够深入，对学生专业的指导能力也非常有限。这种情况下，学院为每个班级配备了班导师。

（一）班导师的选聘条件

学院为每个班级配备班导师，全部由业务水平高、责任心强、热爱学生工作的专业教师担任，班导师要具备以下条件：①热爱学生，有高度的责任心、事业心和实干精神，思想素质好，师德好，乐于从事班导师工作；②有一定的教学和工作经验，有较高的专业能力和较广博的科学文化知识，具有一定的组织和管理能力；③身心健康、人格健全、品德端正；④学院中青年骨干教师；⑤具有教授、副教授职称的教师优先。

（二）班导师的工作职责

结合不同年级、不同阶段学生的特点和人才培养目标要求，对班级学生进行针对性的教育和指导。

指导学生进行专业认知，明确学习目的，激发学习热情，改进学习方法，克服学习困难。

指导学生参加课外科技活动、技能大赛、实践活动、创新创业及各类竞赛活动。

指导学生进行学业生涯规划、职业生涯规划、开展择业就业指导。

经常深入班级和宿舍开展谈心谈话，了解学生思想动态，帮助组织和参加主题班会、座谈会、讲座，与家长保持经常性的联系。

组织和协助专职辅导员共同做好学生思想政治工作和学生管理与服务工作。

（三）班导师不同阶段的工作任务

学院通过选拔优秀负责、热爱学生并受到学生喜爱的专任教师担任班导师工作，负责对学生的生活、学习、就业等方面的指导，与辅导员相互影响、相互补充，共同完成培养学生的任务。班导师分阶段工作实践具体如下：

1. 第一阶段

第一阶段在学生刚入学的第一学期。新生第一次远离家乡和父母亲人，生活环境发生了很大的变化，需要尽快适应；在学习上，一些学生对专业方向还不明确，学习方式已经和高中完全不同，学生很容易产生不适应感，出现迷茫情绪。班导师的主要工作任务就是帮助学生适应大学生活，并帮助学生实现对专业的理解、认同，培养其专业志向。因此，这一阶段的工作重点就是对学生进行"专业认知指导"。

2. 第二阶段

第二阶段是在入学的第二、第三学期。学生经过第一阶段的适应，基本熟悉了大学的生活和学习方式，这时开始认真思考大学三年该如何过、大学时期的目标如何确定、大学毕业以后可以从事什么样的工作等问题。这些都需要班导师引导学生制定学业生涯规划和职业生涯规划。高职学生不仅要学习专业知识，还要发展自己的职业技能。这一阶段，学生已经开始进行专业课学习，职业技能的锻炼也进入关键时期，各项技能大赛陆续开展，班导师要鼓励和指导学生提高学习能力、锻炼职业技能并指导学生积极参加各级职业技能大赛。因此，本阶段的重点工作是职业生涯规划和职业技能。

3. 第三阶段

第三阶段是在第四、第五学期。根据高职院校工作惯例，在第四学期一些合作企业就开始进入校园进行宣讲、面试、组建订单班，班导师要开展就业指导，帮助学生树立正确的就业目标，端正就业态度，引导学生做好就业前的各项准备，根据学生特点对学生进行就业咨询，并为学生择业提供建议。本阶段的重点工作就是就业指导与就业咨询。

4. 第四阶段

第四阶段是在第六学期和学生毕业后的半年。高职学生一般在第六学期已经进入企业实习，在这个过程中要撰写毕业实习报告或论文。学生初入职场，从一个学生角色转换为一个职业人角色，总会遇到或多或少的困惑和适应问题，作为班导师要积极耐心地帮助、指导学生尽快适应工作岗位，为学生提供咨询，帮助学生解决工作中遇到的各种问题，使学生顺利就业。学院要求班导师对学生的就业指导不能学生一毕业就结束，还应该继续跟踪调查，尤其要了解毕业半年后学生的就业情况，并将调查情况作为学院教育教学、校企合作的重要依据。本阶段的重点工作就是实习指导和毕业跟踪。

与年轻的辅导员相比，班导师群体年龄大，阅历丰富，社会关系广泛，具有一定的教育优势，是学生教育的重要资源。为调动班导师工作的积极性，学院相继出台相应的政策支持，如给班导师一定的带班费，教师晋升职称必须具备担任两年以上班导师经历等；同时学院定期对班导师进行相关培训，如职业生涯规划的培训、心理健康培训等，以提高班导师工作的实效性。

三、专业教师

学生每天最多的活动就是上课，因此专业教师与学生的接触更为频繁，对学生思想动态的了解可能更清楚。专业课教师对学生的教育影响会在学生以后的工作、学习和生活中起到较大作用，因此充分利用专业教师与各专业学生紧密联系的独特优势，以自身言行为榜样，从专业角度出发，以朋友身份向学生提出建议与忠告，在学生工作中有着独特的优势与作用，可达到事半功倍的效果。

（一）通过言传身教开展思想教育

专业教师一般具有深厚的专业知识和对专业前沿知识的犀利眼光，学生往往被吸引、被折服。专业教师应该在传授专业课程内容的同时，针对学生特点适时进行思想教育。要以自身言行为根本点，提高自身的人格魅力和感染力，使学生"亲其师、信其道"，要经常与学生谈心、交心，以朋友的身份沟通思想，从而温暖学生的心灵，影响学生的世界观与人生观，引导学生走向正确的人生道路。

（二）开展专业教育，调动学生学习的积极性

学院要求新生入学后由专业主任为学生做专业导入，让学生了解本专业的人才培养目标、课程内容、行业状况等，每门专业课的老师也要为学生做课程导入，让学生了解这门课的主要内容及在未来岗位工作中的作用等，端正学生专业思想，了解行业、企业情况，调动学生专业学习的积极性。同时也要树立教师的权威性，严厉制止学生中出现的不爱学习、不守纪律、不文明等现象，形成良好的学风、校风。

（三）参与第二课堂，培养学生的综合能力

专业教师的舞台不限于第一课堂，我们鼓励专业教师积极参与学生第二课堂，使其在专业领域的优势得到充分发挥。大连职业技术学院学生社团实行二级管理，二级学院有自己的专业社团或其他类社团，学院的二级社团都是由专业老师任指导教师，这样使学生社团的活动在老师的指导下开展得精彩纷呈，学生各

方面能力都从中得到了提高。专业教师也经常参与团委学生会开展的第二课堂活动，尤其是技能类、文化类、创业类的活动，在专业老师的指导下，活动水平有了很大的提升。

专业教师程虹指导学生社团活动

（四）开展就业指导和职业素质养成教育

高职教育以就业为导向。就业教育是贯穿高职三年的教育内容，专业教师在上课传授专业知识的过程中不断对学生渗透专业思想教育、行业企业介绍、岗位素质要求、岗位职业道德等教育影响，在择业就业的过程中还通过思想教育帮助学生端正就业态度、树立就业目标。

（五）把握学生思想动态，与辅导员共同做好学生的教育和管理工作

专业教师在上课的过程中能敏锐地观察到学生的日常行为和表现，以此初步判断学生的生活、学习和思想情况。专业教师可以根据自己的判断在课余时间找学生一对一谈话，以朋友的身份帮助他们解决面临的困难，同时要求专业老师定期与辅导员沟通学生情况，共同研究学生的教育和管理。学院每学期召开两次专门研究学生教育的教研活动，由专业教师和辅导员共同参与，互通学生情况，研

究当前存在的问题，共同商讨解决的办法。每年专业老师都参与到辅导员家访的工作中，与辅导员共同了解特殊学生的家庭状况，与家长一道开展学生的教育工作。

四、挖掘社会教育资源：合作企业专家、校友会、校内外专家

学生工作队伍不仅限于校内教职员工，还应当挖掘校外社会资源，将社会大系统中与高职教育密切相关的资源引入学校，充分发挥他们对学生的教育作用，是实现高职经济类专业学生教育社会化的有效途径。

（一）充分挖掘合作企业的教育力量

"校企合作、产教融合"是高职院校办学的重要特色，高职院校与企业的合作越来越深入，企业与学生的联系也越来越密切，高职院校要培养企业需要的应用型人才，一定要充分挖掘企业的教育力量。

学院定期邀请合作企业专家来学院与学生交流，如请企业专家向学生宣传企业文化、对学生进行专业生涯和就业指导、开展专业相关讲座等，对于听惯了老师教育的学生来说，他们更愿意接受企业专家教诲。学院会经常组织学生到企业参观、实训、实习等，在活动前学院要和企业充分研讨，除确定每次实践活动的专业培养目标和培养内容之外，还要重视对学生思想、道德等方面的培养，调动企业行政人员、班组长、老工人、劳动模范等的积极性，使他们成为对学生进行教育的重要力量。

（二）校友资源是学生工作的重要力量

我国高职建校时间虽短，但经过十几年的发展，也积累了大量的校友资源，很多校友在各行业发展非常优秀，他们虽然远离母校，却对母校充满感情，事业有成时往往会通过各种渠道回报母校。对大学生来说，这些曾在同一个校园学习和生活过的学长有一种自然的亲和力，校友有丰富的工作经历和人生体验，他们的优秀事迹更容易被大学生信服和接受。因此，校友已经成为我们重要的教育资源。

经济管理学院学生到沃尔玛参加实践和体验

2013 年,学院对往届毕业生进行了普遍回访,建立了校友和母校联系的纽带,在此基础上我们定期筛选出优秀校友事迹,通过宣传栏、微信公共平台等方式向学生大力宣传报道,由于他们与学生有相似的专业背景,所以校友的成长之路对学生更具参考价值,无形中给广大学生树立了一座人生的丰碑。

学院定期邀请校友回母校为学生开办讲座,与学生座谈,介绍行业动态和前沿信息,传播价值取向和行为准则,分享个人经历和人生感悟,大大激发了学生的内在动力,促进了学生的成长。

在就业指导中,大学生由于受阅历的限制,对就业形势和政策的了解多自来于课堂教学,而校友接触社会面广、信息更新速度快,对企业的用人需求和面试规则也比较熟悉,因此我们采用“学长课堂”的方式,将校友请进来,针对大学生求职过程中常见的问题做专题指导,帮助大学生树立正确的择业观。

随着毕业生就业竞争的日趋激烈,在就业择业过程中,校友的作用尤为重要,多年来校友为学院提供了大量的就业岗位,这些公司都是校友发展得比较好的公司,岗位也是与高职经济类专业学生相匹配的岗位,再加上学生到了这些公司有学长、学姐的帮助和指导,工作相对稳定。

请优秀毕业生为学生开展"学长课堂"

（三）挖掘社会力量参与到对学生的教育培养中

学生工作的社会资源是指在全社会范围内一切有利于开展学生工作并为其提供服务的可被开发、利用的诸多要素的总和。除了在学校的各门课程教学、各项教育、管理和服务活动中要贯穿思想教育内容外，学生工作者要主动积极联系社会各方资源共同培养学生，做到既要"请进来"，又要"走出去"。

"请进来"就是学院每年都邀请社会各界热心教育事业的知名人士和专家学者走进校园，通过讲座、座谈、演出等方式与学生交流和互动，帮助学生感受名家风范，获取前沿的信息，树立正确的人生观、价值观、世界观。

"走出去"就是学院有意识、有目的、适当地组织大学生参加社会实践、实习实训、调查研究、参观访问、公益劳动、义务咨询、扶贫帮困等活动，使大学生在实践中不断塑造优秀品格。

五、学生家长

家庭是学生成长的首要环境，潜移默化地影响着其人生观、世界观、价值观的形成。孩子进入大学，教育绝不仅仅是学校单方之事，家庭同样肩负责任和义务。高职院校应加强与学生家长的沟通与联系，建立沟通渠道，形成合力，共同做好学生工作。

大连市劳动模范、大连市"青年五四奖章"获得者
——大连市造船重工集团有限公司的王鹏同志为广大同学们作报告

每年新生报到时，学院召开新生家长会，主要针对学校情况、大学学习模式、安全教育、学生常见问题等内容向家长做介绍，引导家长积极配合学院做好学生的教育工作。

引导鼓励家长关注学院微信公众号，了解学校的各项工作和学生活动，配合学院鼓励学生积极参加学院的各项教育教学活动。

大学第一学期是学生的关键时期，学院会给每位家长寄"给家长的一封信"，告知家长学生的学习情况和学习成绩，提醒假期注意事项。

经济管理学院学生东三省的比较多，很多学生来自辽宁省内，因此我们每年在学院学生集中的一个地区召开家长座谈会，邀请附近家长参加，与家长沟通。

辽宁省教育厅开展"千名辅导员万家行"活动已有十年，响应省教育厅号召，同时也是因为工作需要，每年寒暑假学院学生工作者和班导师都会到部分特殊学生家庭家访,了解学生家庭情况,同时也使家长了解学生在校表现、学生未来就业去向等情况,与家长和学生共同研究今后努力的方向。

当学生出现问题时及时与家长取得联系,共同研究解决办法。

家庭是社会的组成细胞,家庭教育是一切教育的基础,对于"育人"也起着至关重要的作用,学院必须主动与家长建立长期联系,才能真正培育出符合时代发展和要求、能够为社会主义建设贡献力量的可靠接班人。

学院学生工作者家访

六、学生自治队伍

在高校中,学生既是教育的对象,更是教育的主体,学生参与学校的各项事务,一方面有助于学校创新管理、服务等工作的理念和方式方法,更好地从学生成长需要的角度出发,促进工作水平的提升;另一方面能够使学生熟悉和了解学校的情况,促进沟通与交流,同时学生在自我管理和服务过程中得到实践的锻炼,使学生由一个单纯的受教育者变成了一个育人者,使学校的制度和纪律要求内化为学生的品质和行为习惯，促进良好校风的形成，实现育人的目的。因此，通过加强学生自治队伍建设，提升学生"自我教育、自我管理、自我服务"的能力，是全员育人不可忽视的一个方面。

（一）充分发挥学生干部的作用

学生干部在学生群体中充当一定的职务，负责特定的事务、服务于学生、协助学校进行管理工作，他们既是教育管理的对象，又是教育管理最基层组织的实施者，是教师、学校与学生联系的纽带。二级学院学生干部的主体是学生会干部和班级干部，做好他们的选拔和培养工作，对学生工作的开展至关重要。

1. 明确学生干部"公开招募""择优录取"的选拔原则

新生入学后，学院组织优秀的高年级学长负责班级的活动和管理，充分调动全体新生的积极性，让他们充分施展自己的才能和特长，经过三个月后，通过公开招募、民主选举的方式选拔学生干部。

在选拔过程中，学院团委和辅导员尽量减少对学生干部选拔的直接干预，积极转变角色，由学生干部选拔的"主导地位"向"辅助地位"转变，真正"还权于学生"。班级干部通过自荐和投票选举的方式，由全班同学选出他们信任的班委会成员。学生会干部则通过"自愿申请—重点推荐—民主测评—综合能力考查—竞选会"的选拔方式，通过成立由学生会、各社团、俱乐部、班级团支部、各班班长等组成的"第三方干部选拔委员会"共同选举，并结合辅导员、团委老师、普通同学等多方面的意见和评价，从学生的自身素养、学习能力、科研能力、组织协调能力等多方面择优录用。

2. 采用学生干部"试用期"制

学生干部选拔后，学院设定三个月的试用期，在试用期内学生干部必须在学习、工作、各项活动中表现优秀，民主测评、学生干部考核合格，才能转为正式学生干部。

3. 营造创优氛围，注重精神激励

学院要为学生干部营造良好的工作氛围，鼓励他们大胆尝试、不断创新，并为他们创造性地开展工作提供支持和帮助，对工作中取得的成绩要及时给予肯定和表扬，对表现优异者进行表彰奖励，同时积极利用传统媒介和网络新媒介宣传他们的先进事迹，让学生干部的付出与能力得到老师和同学的认可，从而激发他们工作的动力与热情。

学院老师要加强与学生干部的交流与沟通，倾听他们的心声，关心他们的日常生活及心理状况，帮助他们解决一些实际困难。同时，搭建学生干部交流平台，建立良好的组织氛围，构建和谐的人际关系，创造学生干部团队凝聚力。

4. 实施目标管理，适度合理放权

学院对学生干部实施目标管理，每学期开学初，我们与学生干部一起进行工作研究，内容就是将学生工作发展的总体目标分解为具体的学生干部工作的执行目标，并根据目标开展工作授权。在活动开展上，也同样实施项目管理，负责项目的学生干部在项目方案、组织工作人员、协调各方资源、执行实施的过程中具有较大的自主权。每学期末根据目标实施状况对学生干部工作进行总结和考核。

在学生干部换届招聘上，学院也对学生干部适当放权，授权高层次学生干部按照工作统一部署，根据所在部门工作需要，自主招聘中、低层次的学生干部。在干部考核上，保留高层次学生干部对低层次学生干部的考核自主权。在具体工作上尽量给学生干部一定的自主权，在活动的内容和形式方面尊重他们的意愿，发挥学生干部工作的自主性与主动性。

5. 注重业务培训，加强工作指导

要使学生干部发挥更好、更大的作用，除了做好学生干部的选拔、使用和管理外，更要在培训上下功夫。近年来，学院充分利用一切培训资源，构建了较为系统的培训体系。

首先是岗前培训，为保证当选干部能够尽快适应新岗位的工作，分别由辅导员和往届学生干部进行学生干部一般素质要求、学生工作基本制度、工作方式以及岗位职责、相关部门介绍等内容的培训。其次是日常培训，辅导员利用每周的班委会例会、团委书记利用每周的学生会例会或者利用各项活动的机会进行结合每项具体工作的相关培训，对学生干部工作能力的提高具有明显的效果。最后是集中培训，每学期学院都举行学生干部的集中培训，如针对大一的学生干部侧重基础性工作培训（公文写作、沟通技巧等），对于大二、大三的学生干部侧重精英式的培训（领导能力培训等）；同时根据不同类型的学生干部还要进行个性化培训，如心理委员培训、班长培训、信息化培训等。

通过学生干部的业务培训，同时也通过在日常工作中的指导，提升学生干部理论素养和工作能力。通过素质拓展训练，帮助学生干部树立服务意识和奉献精神，培养团队凝聚力和开拓进取的意志品质，使整个学生干部队伍素质得到明显提高。

学生干部培训

（二）发挥学生社团在第二课堂的作用

学生社团是大学校园文化建设的重要组成部分，社团可以团结兴趣爱好相近的同学，发挥他们在某方面的特长，开展有益于学生身心健康的活动，对学生的成长具有重要的意义。团中央、教育部共同下发的《关于加强和改进大学生社团工作的意见》指出："高校学生社团活动是实施素质教育的重要途径和有效方式，在加强校园文化建设、提高学生综合素质、引导学生适应社会、促进学生成才就业等方面发挥着重要作用，是新形势下有效凝聚学生、开展思想政治教育的重要组织动员方式。"因此，作为高校重要的学生自治组织，学生社团也是学生工作的重要力量，充分发挥他们的作用，会使学生工作实现事半功倍的效果。

学校社团实行的是二级管理体制，一级社团由学校团委直接指导和管理，主要是各兴趣爱好类、文体类社团，一般不分专业；与专业相关的社团为二级社团，由二级学院负责指导和管理。因此，结合经济管理学院各学院专业配置，每个专业都成立了自己的专业社团，再加上心理协会分会、自强社分会等，二级社团共有十一个，这十一个社团共分为四种类型，即专业类社团、文体类社团、理论学习类社团、实践类社团。学院规定每个学生至少参加一个社团，经过几年的尝试，我们对社团的管理获得了一定的经验。

1. 建立社团联合会管理制度

学院高度重视学生社团，建立了比较完善的大学生社团联合会的管理体制，由学院分团委直接领导，成立经济管理学院大学生社团联合会具体负责社团的日常管理工作。社团联合会不隶属于学生会，而是与学生会并列的学生组织，这种模式突出了学生社团的重要位置，由于学生会和社团联合会统一由学院分团委负责，因而也有效避免了社团与学生会活动不协调的问题。

2. 加强支持和指导，规范社团管理

针对近年来国内一些高校存在社团经费不足和场地不能保障的现状，经济管理学院加大扶持力度，通过在课余时间开放教室、实训室等方法满足社团活动的场地需要。另外，学院根据社团的性质和人数规模，为社团提供相应的资金支持，用以开展社团活动，同时还根据需要为社团提供专项资金，帮助社团开展专项或创新性活动，以提升活动档次和水平。

学院在团委统一领导的基础上，为每一个社团配备了指导教师，专业社团指导老师一般由专业主任或专业骨干教师担任，非专业性社团一般由辅导员或具有一定特长和热心学生工作的专任教师担任，指导教师的工作任务是同社团学生一道研究活动计划，进行活动总结，参加社团日常工作会议，对社团日常活动和专项活动给予指导，确保社团能在教师的思想引导下，把握好正确的方向，同时也保证了活动的专业水准。为调动教师担任社团指导教师的积极性，对于担任社团指导教师的老师，学院除每年给予一定的奖励外，在评奖评优等方面还有一定的政策倾向。

学院还进一步加强学生社团内部的规范管理。按照规范化的要求对社团章程、管理条例、会员名单、干部名单、会议记录、活动记录、年度计划和总结等实行档案管理，建立严格的财务管理制度和公示制度，对社团活动经费的使用、报销有严格的财务报销程序，对于争取到的校外赞助资金，也必须接受本社团会员的监督。

3. 增强社团的自主性，学生自主策划、自主参与

加强社团的指导和管理，并不意味着教师包办代替，这样会扼杀社团的生机。当代大学生有较强的自主意识，社团作为学生的群众性组织，学生管理应该是社团管理的主体，我们在宏观上把握学生社团发展，鼓励学生自主策划、自主参与社团工作和活动形式。学生在参与自主策划、自主管理的工作和活动中可以激发创新意识，提高自身综合能力，推进社团整体健康发展。

4. 突出特色，建设精品，提高社团活动档次

特色的才是长久的，高职院校社团活动的特色应当不同于本科院校，本科院校专业社团的主要活动以学术科技类活动为主，而高职院校以就业为导向，因此专业社团活动要以职业技能培养为特色。

要加强社团内涵建设，通过专业指导教师指导，使活动都能坚持思想性和教育性、活动内容与活动形式的完美统一，力求出精品、上档次，不断扩大社团的影响力和活动的教育面。

5. 搭建社团交流平台，建立社团评价和激励机制

为促进社团的良性发展，建立良好的评级和激励机制是基础，因此对于社团的考核评价我们采用了目标管理的机制，每学年由社团成员、指导教师和分团委共同制定社团的工作目标和任务分解，学期末要进行中期验收，每学年结束的时候每个社团要在社团联合会成员大会上进行总结，全体同学对每个社团进行打分和评价，打分的结果再加上日常考核的分数的总分作为社团年度考核的分数。对考核优秀的社团给予奖励，对于排在末位的社团要根据实际情况限期整改。

每年学院开展"社团成果展"，在总结每个社团一年活动成果的基础上进行"社团精品活动"的评选。同时，学院组织"社团之星""社团优秀指导教师"的评选，对工作出色的社团负责人、积极参与社团活动的学生、成绩突出的社团指导教师和工作人员给予适当的表彰和奖励。通过建立考核评价和激励机制，使社团形成了比学赶超的氛围；通过搭建社团交流的平台，促进了社团之间的交

流，学生社团也由封闭式转向开放式，加强了社团管理开放化建设。

社团文化节开幕式

曾经有人说，世界上最难的工作就是做"人"的工作，学生工作恰恰是在做影响人、改变人和培养人的工作，因此学生工作一定是个系统工程，绝不能单靠一支队伍单打独斗，要充分调动学校、家庭、社会各方面的积极性，形成合力，才能取得成效。

第三章
学生工作载体的开发和应用

第一节 学生工作载体概述

学生工作是高等学校人才培养中的重要环节，是学校工作的重要组成部分，承担着人才培养的重要任务。在当今信息环境下，肩负着学生工作的高校辅导员在工作环境、方法、载体等方面都发生着深刻的变化。经济类高职辅导员如何科学性地、创造性地使用学生工作载体已成为学生工作的重要课题。

一、学生工作载体的概念

学生工作载体是指在学生工作过程中承载、传导思想政治教育因素，能为学生工作主体所运用，且主客体可以借此相互作用的一种物质存在形式。作为学生工作载体，首先必须承载思想政治教育的目的、任务、原则、内容等信息，并且能为学生工作者所操作；其次必须是联系学生工作主体和客体的一种形式，主、客体可借助这种形式发生互动，从而使学生从中收获知识、提高认识，促进思想道德水平的进步。

学生工作以宣传、激励并最终影响大学生的思想和行为为目标。2004年中共中央、国务院发出的《关于进一步加强和改进大学生思想政治教育的意见》

中指出，"要认真组织大学生参加军政训练。利用好寒暑假，开展形式多样的社会实践活动。积极组织大学生参加社会调查、生产劳动、志愿服务、公益活动、科技发明和勤工助学等社会实践活动"，要"大力加强大学生文化素质教育，开展丰富多彩、积极向上的学术、科技、体育、艺术和娱乐活动，把德育与智育、体育、美育有机结合起来，寓教育于文化活动之中。要善于结合传统节庆日、重大事件和开学典礼、毕业典礼等，开展特色鲜明、吸引力强的主题教育活动"。这些既是对学生工作载体实践探索和理论探讨的肯定，也是对新形势下学生工作载体研究提出的新要求。

学生工作载体与一般载体相比具有其特殊性。学生工作的对象是大学生，这就要求此项工作不能是死板的、机械的，而应该是科学性的、富有艺术性的。丰富学生工作的载体就能使抽象的工作具体化，使学生工作更具可操作性和科学性。因此，学生工作载体应具备如下条件：

其一，学生工作载体应承载高校学生工作信息，涵盖和传播教育内容，由学生工作者执行、宣传思想政治理念和道德规范，并能通过学习、实践使学生从中获得相应的自身素质、品德知识、实践能力等方面的提高，逐步形成内心固化的思想或习惯，且易于被学生工作者所执行，效果显著。

其二，学生工作载体应符合社会发展要求，顺应高校发展潮流。崇尚发扬社会主义核心价值观、中国传统文化美德。便于管理是载体的基本需求，育人是载体的根本要求。要顺应时代发展的需要，与时俱进地使用现代化工作载体。

其三，学生工作载体应具备可操作性，学生工作者和学生可以借助这种形式发生互动。学生工作载体是为思想政治教育主体的目的服务的，对载体的形式、内容、过程等均需加以控制，才能担负起思想政治教育主、客体之间互动的功能。

二、学生工作载体的功能

学生工作载体的功能在于通过学生工作传导思想政治教育信息并使其发挥作用，具体包括以下四个方面：

（一）教育功能

教育功能是指活动载体能够传导思想政治教育的内容和要求，受教育者通过活动受到潜移默化的影响，受到教育，综合素质得到提高。高校辅导员开展学生工作，要有目的、有计划地把思想政治教育的内容有机地融入各项工作中，增强活动的吸引力，并且积极组织、指导广大学生广泛地参与到各种活动中来，使之在活动中受到感染、潜移默化地接受教育。与此同时，广大学生在参加活动的过程中获得自我反思、自我评价的机会，接纳活动中的思想政治教育内容信息，使自己的思想品德向社会要求的方向发展。

（二）纽带功能

学生工作需要有一种纽带将辅导员和学生有机地结合起来，这种纽带就是学生工作载体。学生工作载体可以将高校思想政治教育的内涵传递给学生，使高校思想政治教育内容和信息作用于学生。没有这些载体，高校学生工作者和学生的关系就会断裂，无法实现二者的沟通和互动，教育内容自然无法传输给学生，思想政治教育作用也无法发挥出来。

（三）强化功能

高校学生工作具有很强的导向性，能通过有计划、有目的地实施思想政治教育，使大学生在区分正确与错误、是非曲直的基础上，肯定弘扬真善美，辨明、批评、鞭挞假恶丑，引导学生思想朝着健康的方向发展。但思想政治教育不是一次性教育，受教育者不是一次性接受教育内容，而需要学生工作载体反复强化、重复进行，才能确保学生受到深刻教育。载体的多样性又使载体的作用方式具有交叉性。同一主题的内容通过某一载体传向学生时，其他载体也能对学生产生作用和影响。

（四）激励功能

学生工作载体形式新颖、易于操作，将能够感染和吸引大学生主动参与其中。开展诸如向榜样学习、英雄模范人物先进事迹报告会等活动，大学生可以从模范人物身上吸取精神力量，激发其进取心，形成"学榜样、赶先进"的风气。当他们在参与这类活动的过程中得到肯定和夸奖时，会得到物质和精神的双重满足，拼搏进取的热情也会被激发出来，从而激发自己不断奋进。这些活动体现的就是活动载体的激励功能。

第二节　高职经济类专业学生工作载体的
实践与探索

随着时代的发展，学生的思想和特点在不断变化，学生工作的内容在不断变化，学生工作的载体也在发展，当前我们常用的载体包括三类：网络阵地、学生活动和校园阵地。

一、网络阵地

在今天的大学校园里，学生的网络行为已经非常普遍，可以说，学生的在网率已经达到100％。2016年的一项调查显示，有超过50％的学生手机保持时刻在网状态，即使是在上课、吃饭甚至在洗手间，也是手机不离手。当下，互联网普及，WiFi完全覆盖，已经达到"无人不网、无处不网、无时不网"的一种状态。网络极大地改变了大学生的学习方式、生活方式、交往方式和娱乐方式，甚至改变了他们的语言习惯。可以毫不夸张地说，网络已经完全融入到了大学生生活的方方面面。

因此，网络阵地为辅导员提供了一个崭新的工作平台。辅导员利用网络平台开展工作不仅方法新、效率高、作用强，还节约了工作的成本和时间，突破了时空的瓶颈，真正做到事半功倍，为思想政治教育开创了新的方法和途径。

（一）充分发挥博客对学生的思想教育作用

博客一词是从英文单词Blog音译而来，意为网络日志。博客作为大学生思想政治教育的一种载体，可以传递思想、表达情感。善于利用网络了解学生、开展工作，可以说是辅导员必备的一项基本功。博客为高校大学生自主学习提供了新的平台，为大学生个性品质充分发展提供了更为广阔的空间。高校辅导员是对大学生进行思想政治教育的核心力量，辅导员博客是网络环境下进行大学生思想政治教育的新载体，同时也给高校思想政治教育工作带来了新的机遇和挑战。

由于撰写博文和管理博客是一项复杂和需要耗费很大精力的工作，考虑到辅导员日常工作量非常大，因此经济管理学院学生工作者共同建立了一个经管学工博客，由一名辅导员主要负责，其他辅导员共同参与建设和管理。在建设学工博客的过程中，我们主要注意以下三个方面：

1. 充分发挥辅导员博客的思想政治教育功能

（1）导向功能。高校辅导员是大学生的人生导师。高校开展辅导员博客建设的重要目的之一就是发挥它对大学生的教育引导功能。网络中的引导更容易达到事半功倍的教育效果。我们充分利用博客的影响力，准确把握时政，解读社会重大新闻事件，有针对性地引导学生舆论，通过信息过滤最大限度地传播党和国家的声音。通过博客里的字字句句阐述思想，引导大学生，从而帮助大学生树立正确的人生观、价值观、世界观，帮助大学生树立优良的道德品质和行为标准。同时，在博客中也开设了专栏，可以与学生分享专业学习、就业指导、生涯规划、人际交往及心理指导等方面的信息，引导学生明确人生目标，掌握正确的学习方法和处世方法。辅导员定期更新博客，这样可以让博客的教育作用延长和放大。

（2）育人功能。高校辅导员的一言一行都对大学生的成长成才起到潜移默化的影响。在博客建设中，辅导员也经常把自己阅读过的好文章或是与高职经济类专业学生专业知识相关的内容放到自己博客上方便学生阅读，让学生用最方便的途径和最便捷的方式阅读到最有价值的内容。学生在阅读博文本身的同时也可以根据自身的兴趣有选择地阅读内容背后多层次的知识，拓宽自身的知识面，实现学生的自我教育，从而实现思想政治教育与自我教育的结合，提高了教育的实效性。

辅导员也会运用文字、音乐、图片等形式记录自己对工作和生活的感悟、对事件的思考、对问题的探索，使学生能够零壁垒、零距离地吸收这些最鲜活的知识，在潜移默化中受到教育。

（3）管理功能。随着高等教育规模的扩大，辅导员用传统的教育管理方法来管理和引导每一个学生是十分困难的，尤其是高职学生辅导员，日常琐碎事务更是繁多。于是我们就通过博客发布各类文件、通知、管理规定等信息，既简单快捷，又减少了信息的延迟性和不对称性。学生只需关注辅导员的博客，就能即时接收到各类事务通知。此外，博客也帮助辅导员对个人知识进行管理。辅导员可以借助博客对学习资源进行过滤筛选和归纳整理，形成一个有序的资源库，使自身真正成为学习资源的管理者和消费者。

（4）交流功能。博客也是辅导员与学生以及辅导员之间的交流平台。辅导员通过博客回答评论，对学生提出的问题及时做出反馈，与学生互动可以更好地与学生交流思想；同时也可以同其他高校辅导员互相交流经验和业务，建立积极的伙伴关系，共同分享育人经验。

2. 优化辅导员博客的内容与形式

如何让自己的博客受到学生的喜欢？我们从以下几个方面着手：

（1）博客的名称。每一个博客名字后面都有自己特殊的意义，甚至是个人理想。有的博客直接用辅导员名字命名，这样方便与学生沟通，但是可能少了一点想象力。为自己的博客取一个令人难忘的名字，通过博客名字表达对学生的期待，也不失为一个好方法。我们博客的名字则直接以"经管学工"来命名。

（2）博客的外观设计。博客的外观设计不需太华丽、过于新奇，这样可能会本末倒置，与思想政治教育相悖。可以选用博客自带的模板背景对博客进行装饰。

（3）身份定位。辅导员博客面对的是学生，要发挥博客的思想政治教育作用。结合辅导员工作的特点，博客可以成为学生"导航青春的领路人、工作记忆的万花筒和学生成长的日记本"。

（4）撰写博文。撰写辅导员博客是一项比较考验辅导员文学功底、知识广度、思维活跃度以及创新能力的工作。辅导员博客的关注度和博文内容的精彩程度成正比，博文的内容要能抓住学生的兴趣，寓教于乐，要最大限度地吸引学生讨论和交流，言之有物，注重写实。要经常性地撰写一些青年学生关心的热点话题文章，与学生共同交流。也可以将自己的人生阅历、生活感悟、奋斗历程与青年学生分享，让学生也从中有所收获。

（5）栏目的设置。有研究表明，60%以上的优秀博客设置了七个以上的栏目。栏目的设置不是一个确数，但是分门别类可以增加博客的丰富程度，也可以方便读者更快地找到自己感兴趣的内容。我们根据自己的实际工作需要，设立了思想感悟、学习专栏、工作通知、学子风采、交流互动五个栏目，主要实现以下功能：开展思想政治教育，充分利用学校的网络资源为学生的学习及生活提供便利，学生专业学习所需要的教学资料和课外知识，发布工作通知，宣传校园文化活动及学生风采，为学生与辅导员之间、家长与辅导员之间、辅导员之间、学生之间的交流提供平台。

3. 强化辅导员博客建设的管理

博客具有受众面大、影响范围广、自由度高等特点，因此必须对辅导员博客进行规范化、制度化的约束，这样既保证了辅导员博客始终坚持弘扬育人的主旋律，也便于发挥辅导员博客的群聚效应，形成教育合力。

辅导员对自己的博客负有直接责任。首先，我们加强对辅导员的道德素质和文化素质的培养，增强高校辅导员的责任感和使命感，通过定期的学习保证辅导员博客所写的内容符合大学生思想政治教育的主旋律，对大学生进行正面的、积极的、正确的引导。其次，定期举行研讨会，对网络上各种繁杂信息的汇总、分析和处理，使他们能够做到举一反三，取其精华、去其糟粕，慧眼识真经，保证大学生思想政治教育工作顺利完成。再次，选派辅导员参加培训和学习，提高辅导员对博客建设的技巧化、艺术化的应用技巧，将一个有特色、有创新、有新意的博客呈现在学生面前，提升学生的关注度，以达到理想的教育效果。最后，对博客回帖、讨论内容进行监督，发现有害的、误导的信息要及时删除。

（二）微博

微博是微博客（MicroBlog）的简称，是一个基于用户关系的信息传播、共享和访问的平台，用户可以使用电子设备如电脑、手机等获取信息，发布 140 字左右的句子，并实现信息的即时分享。微博自 2006 年诞生以来，以其迅捷的传播速度、深密的传播密度、便利的传播方式，迅速地渗透到大学生学习和生活的方方面面。微博具有强大的功能。它给愿意接受新鲜事物的大学生提供 140 字的空间，在这个空间内，学生可以畅所欲言，也契合了多数人的文字习惯。微博释放了大学生捕捉社会热点问题、分析问题的兴趣和热情，每个有价值的见解都在短短的篇幅下被尽情地诠释和传播。此外，微博的关注功能能够让用户在第一时间接收到被关注者发布的内容。微博的转发非常方便，虽然它短小精悍，但它的综合性和跨平台属性强烈地体现了它的优势。它综合了博客、论坛、聊天等多种"90 后"群体喜欢的交流方式。

1. 辅导员主动占领微博阵地

辅导员通过分享励志、积极向上的电影、歌曲、美文等，向学生传递"真、善、美"的信息，提升学生对辅导员微博的关注度，对高校学生进行积极、正面的引导，以潜移默化的方式，取得"润物细无声"的教育效果。通过发起群组讨论、更新对话主题等方式，用高校学生喜闻乐见的形式，把思想政治教育内容与当代大学生关心的社会热点问题、焦点问题相结合，把思想政治教育形式与微博时代青年人喜闻乐见的接受方式相结合。同时，辅导员对青年学生表现出来的思想问题要主动介入并及时疏导，对涌现出来的不良观念和行为也进行及时的监管和有效引导，真正使思政教育工作成为引导教育的潮流。

2. 结合思想政治教育创建特色平台

辅导员创建信息发布类平台，向广大学生发布各类信息。针对刚入校不久的大一新生，可以着重发布学校规章制度、安全管理规定、生活指南等信息；针对大二学生可以发布各类竞赛、讲座等信息；对毕业班的学生以招聘会、就业政策和就业指导的相关信息为主。平时还要多发布引导学生树立正确人生观、价值观、世界观的励志信息。要注重发挥榜样的力量，在学生中充满了许多令人感动的人物和事迹，有的出身贫寒、自强不息，有的刻苦钻研、勇于实践，有的踏实工作、默默付出……我们将这些"大学生标兵""自立自强标兵""职业技能标兵"的感人事迹发到微博上，用他们的事迹引领学生，发挥"榜样示范性"带动作用。

此外，在这个信息平台上发布学生关注的校园事件的信息。比如，校园内发生了突发事件，辅导员应该在做出事件发生后的短时间内快速反应，抢在网上的意见形成阶段对事件进行报道，讲明事件发生的原因、过程和预计处理的结果，来实现对舆论发展的导向能力，达到遏制谣言的效果，并通过积极引导学生接受和理解处理结果，将此次事件引以为戒，避免再次发生类似事件。需要注意的是，发布信息必须谨慎行事，信息必须准确、客观，避免不当信息。

结合思想政治教育的特点和所带学生的实际情况创建专门的特色平台，是发挥微博的育人功能的重要途径。创建各类兴趣群组，如"备战专升本"群、"大学生挑战杯"群、"大学生职业技能大赛"群等，可以将志趣相投的同学会聚在里面。辅导员可以通过加入或者创建兴趣群组的方式，与大家一起讨论感兴趣的话题，这样可以更有针对性地进行思想引领，唱响文化的主旋律，增强教育的效果。

（三）腾讯 QQ 和 QQ 群

腾讯 QQ 是腾讯公司开发的一款基于 Internet 的即时通信软件，在高校学生中使用非常广泛。在 QQ 上，可以实现辅导员和学生的平等对话，与学生进行无障碍的、无顾虑的交流和沟通。作为 QQ 中的好友，辅导员可以借助聊天的方式与学生进行无障碍沟通，实现对学生的人文关怀。

首先，我们每位辅导员都要和所带的学生成为 QQ 好友。其次，辅导员要每天浏览学生的 QQ 空间，这样可以及时把握学生的思想动态，有针对性地施加教育影响，发现思想上有异常情况时也可以及时采取措施。最后，辅导员平日多使用 QQ 和学生进行互动，充分展现辅导员的亲和力和感召力，学生在遇到问题和困难时，就会第一时间想到辅导员老师，向辅导员倾诉和请教，增加了师生互动，也便于学生工作的顺利开展。尤其是在遇到寝室关系问题、入学适应问题、学业问题、就业问题、恋爱问题时，学生更乐于以 QQ 聊天的方式向辅导员倾诉。QQ 很好地扩展了深度谈心工作的空间，使谈心工作可以不受空间的局限，其私密性也可以让学生向老师诉说他的真实想法，让老师真正解决学生的困惑和问题。

QQ 群是腾讯公司推出的多人聊天交流的一个公众平台，群主在创建群以后，可以邀请朋友或者有共同兴趣爱好的人到一个群里面聊天。在群内除了聊天，腾讯还提供了群空间服务，在群空间中，用户可以使用群 BBS、相册、共享文件、群视频等方式进行交流。相关调查数据表明，我国高校现有95.5%的学生加入了 QQ 群。在学生入学之初，辅导员就加入了学生的 QQ 群，学生会在群内提出他们的疑问，也会在群内畅所欲言，表达他们心中所想，辅导员会在群内及时解答他们提出的问题，并通过了解他们的谈话内容，把握学生思想动态，进行思想引领。QQ 群另外一个重要的作用就是发布文件信息。重要的通知辅导员会通过会议的方式传达给学生，学生想要详细了解通知内容，就可以通过到群文件中下载的方式，将通知或是表格下载下来，既准确又快捷。QQ 群还可以将上传的文件设置成永久保存，这样非常有利于学生随时查阅文件。

（四）微信、朋友圈和微信公众平台

1. 充分利用微信及微信群的思想政治教育载体价值

微信（WeChat）是腾讯公司于 2011 年 1 月 21 日推出的一个为智能终端提供即时通信服务的免费应用程序，是亚洲地区最大用户群体的移动即时通信软件。微信公众平台是腾讯公司在微信的基础上新增的功能模块，通过这一平台，个人和企业都可以打造一个微信的公众号，并实现和特定群体的文字、图片、语音的全方位沟通、互动。

微信群与 QQ 群类似，但其私密性更好。微信群没有对外的微信群号，只有微信群名称，微信群只能通过邀请或者扫二维码的方式加入，正是因为这样，微信群成员之间的社交关系要高于 QQ 群。调查显示，高校学生加入微信群的比例高达 99% 以上。而且，总结多年学生工作我们发现，学生从学校毕业之后，使用 QQ 的比例会逐年降低，但是微信使用的比例却并没有明显减少。在学生毕业之后，发布的通知或者相关就业信息，微信群的效果要优于 QQ 群。因此，如果说前几年我们主要用 QQ 和 QQ 群作为学生工作的主要网络载体，近几年我们越来越多地使用微信和微信群。

首先，每位辅导员都与所带的学生成为微信好友，辅导员每天看学生朋友圈，及时发现学生的思想变化，了解每个学生的心理特点。其次，多使用微信与学生交流和谈心。再次，每个班级、不同群体如学生干部、社团等都建立微信群，发布各种通知，组织学生在微信群中开展集体讨论并作出集体决策，在微信群中公示评奖评优、奖助学金评选、发展党员等与学生密切相关的信息。最后，我们从新生入学开始就建立了新生家长的微信群，方便与学生家长沟通与交流。在家长群内，新生辅导员定期发送学校、学院动态，增进家长对学校的了解。我们也会即时发送学生学习、参加活动的图文信息和视频信息，及时向家长反馈学生思想、学习、生活中存在的问题，鼓励家长对于学校的教育管理、食宿环境、学习环境、班级活动等各项工作提出建设性的意见和建议，让家校携手共同促进学生全面发展。

作为一名优秀的辅导员，在与学生用微信交流的过程中，要敏感地了解学生心理，尤其当学生实习不在校期间，微信成为辅导员与学生交流的主要工具，要具有及时发现问题的能力。例如，在 2015 级学生实习的过程中，经济管理学院辅导员王老师在与学生沟通的过程中发现学生张某有些反常，她或者同学每次给张某打电话的时候都不接，而是采用微信的方式与同学和老师交流，问她在哪里实习时该生也吞吞吐吐，而平日跟张某关系很好的同学也只知道她上个月辞职，现在去了天津一家公司，具体哪家公司没有人知道，具有多年辅导员工作经验的王老师通过种种迹象怀疑该生陷入了传销组织，王老师及时将这一情况向学院领导进行了汇报，并主动联系了该生的家长，同家长一起报警，及时将学生解救了出来。

2. 发挥微信朋友圈的育人功能

微信朋友圈是微信的一个社交功能，用户可以通过朋友圈发表文字和图片，同时可通过其他软件将文章、视频或者音乐分享到朋友圈。朋友圈是思想政治教育的一种新形式、新方法和新手段，也是一个发挥辅导员自身魅力、实现引领的重要载体。

在朋友圈中，辅导员可以展示出自己的学识、人格修养和个性魅力，以自身为榜样引导学生。通过朋友圈及时了解和掌握大学生思想动态，这将极大地提高高校辅导员工作的实时性和有效性。

通过朋友圈，大学生可以实时发布信息、评论信息。针对一些不善于和辅导员主动交流，甚至抵触辅导员的学生，关注这些学生的朋友圈是了解他们的一个非常好的渠道，学生将自己的思想动态、心理变化在第一时间最真实地反映出来，根据学生的实际情况，辅导员可以采取适合学生的应对措施，有针对性地进行心理疏导或者解决学生的思想困惑，这为高校辅导员日常思想政治教育工作提供了更为有效的、便利的条件。

同时，辅导员要注意朋友圈的释放功能。朋友圈是学生晒心情、宣泄情绪的场所，有时他们会通过朋友圈这个平台释放情绪中的负能量，如学业、感情、社会不公正现象等。如果这些问题被大量关注却没有进行及时的疏导和解决，将会引起学生强烈的情绪反应，甚至引发学生群体性事件，造成极大的负面影响或者严重的后果。这就要求辅导员密切关注朋友圈的热门舆论舆情，及时了解学生朋友圈的思想动态，一旦发现学生的激动情绪，立刻予以"降温"处理，通过正确引导逐渐消除这种非理性情绪。辅导员也可以组建专门的学生骨干朋友圈评论员队伍，围绕大学生关注的热点问题，主动出击，发布积极向上的正能量朋友圈，消除负面影响。例如，经济管理学院 2012 级学生赵某在微信中发了一个朋友圈，针对学院检查学生宿舍卫生和违章电器提出了强烈的不满，认为这是学院侵犯了学生个人的生活场所，在这条朋友圈的评论中有不少学生表示赞同，在学生中产生了相当的影响，辅导员看到后，及时主动找到该生进行了深入的谈心，进一步使他理解了学院这样要求学生的必要性，他主动在朋友圈中纠正了自己的错误言论，扭转了舆论，同时辅导员后来也在学生中通过主题班会等形式对学生开展了普遍的思想教育，使全体同学端正了态度，更积极地配合学院的各项管理。

3. 运用微信公众平台进行大学生思想政治教育

（1）微信公众平台特点。微信公众平台是腾讯公司在微信的基础上新增的功能模块，通过这一平台，个人和企业都可以打造一个微信的公众号，并实现和特定群体的文字、图片、语音的全方位沟通、互动，为大学生思想政治教育工作创新提供了一个新的模式和契机。微信公众平台作为思想政治教育载体具有可行性、灵活性、多样性和快捷性这三个突出的特点，迎合了绝大多数当代大学生的生活习惯。现在各高校都有了自己学校的官方微信公众平台，其实辅导员可以利用微信覆盖面广这一特点，利用微信公众平台开展大学生思想政治教育工作，掌握大学生的思想动态，提升高校大学生思想政治教育的针对性和有效性。

经济管理学院微信网络公众平台创建于 2014 年 5 月，是一个由教师指导监督，学生负责编辑运营，服务学院学生群体的新媒体平台。平台现已形成常态化推送，成为一个联结、凝聚学院上下的重要载体。通过发挥新媒体平台的即时性、共享性等功能特点，平台形成了"紧贴学生热点、传达党团动态、团结学院师生"的功能定位。平台曾先后开展"社会主义核心价值观培养""文明网络""经管人物——榜样力量"等专题报道，并在学院上下形成良好反响，对助力在校学生社会主义价值观的塑造培养、优化网络环境、培养学生正能量起到了正面的引导作用，对学生进行思想政治教育和宣传的作用日益显现。

（2）微信公众平台在高校辅导员工作中的运用现状。

目前，很多学校、二级学院、社团等利用微信公众平台的灵活性、多样性和快捷性的特点创建了微信公众号，开展大学生思想宣传工作。但是，由于微信公众平台是一个新生事物，大家在利用这个平台进行思想教育工作时出现了各种各样的问题，如学生使用的黏性不够、兴趣不大，微信公众平台本身从内容、推送方式等自身管理上也出现了良莠不齐等问题。以本学院以及本校的微信公众平台为例，推送的一条信息，阅读的学生数基本上只占学生总数的10%～20%，在学生使用微信率百分之百的基础上，这个比例是相对较低的。

究其原因，一是部分辅导员仅仅将其作为发布日常工作的渠道，使微信成为班级工作的线上延伸，而没有将其应有的思想政治教育载体作用发挥出来。二是纷繁琐碎的事务性工作占用了辅导员大量的工作时间，使他们难以保证有充足的精力和时间进一步摸索自媒体平台的功能和教育价值，对其本身的强大功能并未熟悉。同时，也有部分高校辅导员缺乏整合微信公众平台与思想政治教育载体的技术。在微信公众平台上对大学生进行思想政治教育，如果仍然沿用传统的教育方式，对学生进行理论式知识灌输，不仅无法起到渗透感化作用，反而容易引起学生的反感。如果辅导员在公众平台发布内容时，缺乏对于热点事件的新闻评论与理性解析，在针对不同教育对象进行教育时，仍以大学生共性问题教育为主，缺乏针对个体的咨询辅导，那么高校学生将对此类微信公众平台失去兴趣。

（3）提升高校辅导员利用微信公众平台对学生进行思想政治教育的实效性的对策与实践。提升高校辅导员利用微信公众平台对学生进行思想政治教育的实效性应从以下几方面着手：

首先，积极参与媒介素养培训，全面掌握微信功能。辅导员要想利用微信公众平台开展好思想政治教育工作，除了保持坚定的政治立场和方向，还要对微信公众平台的功能使用有充分的认识。我们定期选派辅导员参加自媒体素养培训，减少辅导员自我摸索的时间。辅导员通过注册微信公众号，将其打造成社会热点、评奖评优等的宣传栏，利用"群发助手"可以群发包括文字、语言、视频等多元化信息。

其次，利用微信公众平台的多种互动方式开展集体教育。在传统教育模式下，大学生活的分散化使高校辅导员为了传达信息需要召集所有学生到固定教室开班会或者通过通知班干转达，而无法到场的学生再次接收到的是经过二次加工的信息，可能会影响到信息的精确性。此外，辅导员在班会中传达大量的教育内容，学生们需要及时记录，不免存在信息遗失的情况。所以，我们利用微信公众平台的群发功能构建集文件发布、文字公告、语音通知三位一体的信息发布方式，在虚拟空间构建班级集体，以此能够有效保证思想政治教育的精确性和达到率。

最后，基于高职学生特点，建设学院特色微信公众平台。微信作为当今使用最广泛的沟通软件，近几年我们加大对微信公众平台的建设投入。微信公众平台在第一时间发布解读学院相关政策的文章，帮助学生了解学校的前沿动态；发布介绍学校校史、发展变迁的主题文章，培养学生爱校荣校的情怀；根据不同时期学生思想政治教育工作重点发布相关主题教育的文章；组织学生在微信公众平台参与校园文化活动的互动等。微信公众平台由老师负责指导，学生负责运营，在一定程度上给予了学生极大的自主权，充分发挥学生在平台运营中的主导作用。由指导教师把握大方向，保持平台自身的正面作用和积极价值；学生运营，使思政宣传工作增添了学生间轻松活泼的青春氛围，改善了以往刻板严肃的形象。

案例

经济管理学院微信公众平台简介

　　经济管理学院微信公众平台虽为二级学院的自有平台，但平台以"立足经管、辐射全校"的发展思路，在报道本学院新闻的同时，也适当加强对大连职业技术学院其他二级学院的自然情况介绍、活动新闻的推送，使学生对其他学院的了解更为具体、全面，使学生更能以全局眼光看待问题。平台在大连职业技术学院正式对外发布"十三五"发展规划的当天，即开展对规划中涉及学生群体的内容进行解读，并在当天第一时间进行推送。

　　一、微信公众平台运营思路

　　1. 将平台作为思政宣传的"桥头堡"

　　微信公众平台的根本作用是进行思政宣传，因此平台对学生"爱党、爱国、爱校、爱己"的宣传是日常工作的重中之重，通过新媒体平台的复合性特征，与学院腾讯微博、新浪微博进行联动，开展"清良网络空间——文明网络"的文章推送，以12期专题报道对学院社会主义核心价值观的养成教育进行详尽的报道。

　　2. 平台每阶段都会安排一个特定选题内容

　　选题以配合学校主题宣传为主，由指导教师向学生传达相关精神及要求，并给予相应框架与发布意见。日常选题则由学生运营团队自行组织选择，以时下热点新闻话题或学院学生关注度高的内容为主。通过策划案的形式详细列举出每一环节的具体实施办法，由指导教师根据策划建设的成熟度最终敲定发布选题。每个选题的发布周期为一周到一月不等。

3. 积极挖掘身边正能量，展现当代大学生风采

学院曾发布过以树立学院学生先进典型，名为《经管人物——榜样力量》的主题系列报道。选择本学院在专业学习、社团活动等方面的佼佼者以及在学院中有较高的学生基础的在校生为采访对象。先期由平台运营的学生团队形成采访报道小组，根据每个采访对象不同的发光点有针对性地提出采访问题及采访大纲。中期由专人负责专人采访，以"一对一"的方式深度挖掘受访者身上值得周边学生学习的长处，让普通学生进一步了解优秀学生的学习方法、处世态度等，以期共同进步。后期通过整合，以"视频＋文字"的形式在平台进行发布，并通过安排受访者与用户留言互动的形式进一步加强彼此之间的了解。

4. 紧贴网络社会热点，黏合关注用户

微信网络公众平台作为互联网极速发展而形成的产物，其自身的发展也是日新月异。运营团队每周都会关注整理大量的网络热点话题，如"王健林一亿元的小目标""各地网约车新政对学生群体的影响"等。套用这些网络用语，发布深度解读的文章等，使平台自身发展始终与社会发展同步，保证平台的新鲜性。

5. 要依托资源优势，做到及时性发布

由于平台在本学院内部的独家性与权威性，平台会率先发布涉及学生的消息及通知，使学生对平台的需求增大，进一步地也可以更好地配套优化其他文章的阅读量与关注量。平台每一年都会更换运营团队，始终保证在校生为参与平台运营的中坚力量，但在方式方法及运营理念方面一直保持着高度的一致性，这样可以有效地加强平台的稳定性与连续性，使微信网络公众平台始终保持百分之百的活力。

二、微信公众平台的初步成效

1. 联系校友的功能日益明显

微信公众平台会定期发布学院的相关新闻及活动通讯报道，使已经毕业的校友可以通过平台推送的消息了解学院近期的发展变化。开放留言的设置能与毕业生进行深层次的互动，使毕业生感到虽毕业离校，但自己始终都能了解母校的发展。

2. 引领作用愈发提高

微信公众平台对学院赴藏服务志愿者的多期专题报道在学生群体中取得了良好反响，使在校大学生参与社会实践、志愿服务工作的积极性有所增强，通过微信公众平台的侧面宣传展现志愿服务工作带来的正面作用。可以通过类似的专题报道形成典型人物，以典型人物带动群体参与，从而形成一种良性循环。

3. 以学生喜闻乐见的形式做学生喜欢的平台

微信公众平台日常推送文章在"不违法、不涉及党政问题"的前提下，大量使用网络流行语、表情包等，以更加迎合学生口味，吸引学生的阅读兴趣和参与度。通过小福利、发放奖品的形式走进学生之中，并深深扎根于学生群体之中。

4. 保证原创精品，提升内容是关键

微信公众平台建设早期发布的内容多以借鉴、复制网络热点文章为主，虽提升了文章质量，但久而久之却导致用户阅读量下滑、活跃用户流失等一系列问题。因此，平台运营团队积极进行原创文章的编辑工作，搜寻学生优秀作品在平台发布，一方面提升了平台发布文章的质量与对用户的吸引度，另一方面促使学生积极投稿，使稿件质量更加优秀，也加大了普通学生对平台建设的参与度。

如今，经济管理学院在校学生大都关注本平台，平台发布的内容在学生群体间会形成相应的舆论热度。只有不断加强自身建设，始终与平台前进方向保持一致，才可以在此基础上不断成长、壮大。

三、微信公众平台未来发展方向与改进计划

1. 由联系学生到联系学生与老师

学生对学院老师的了解较少，部分学生连班上任课教师的姓名都不知道。未来平台将在总结对优秀学生采访案例的基础之上，对本学院的教师开展系列的专题采访报道，以学生视角展现老师在课堂外的风采，拉近学生与老师之间的距离。此举将有助于提高学生的听课状态和尊师态度。

2. 加大技术运用，提升平台实力

微信公众平台的运营与发布伴随着诸多新媒体技术的实现与交互，如活动宣传的 H5 技术、图像处理的 Photoshop 软件运用，平台文章的模板建设。未来平台将通过加大对上述技术创新的投入，以更加完善的技术支撑为学生提供更优质的服务。平台还可以增加专业的技术团队来促进这一计划的实现。

3. 增强专业关联度

微信公众平台下一步将围绕学院现有四个专业的行业最新动态，开设固定的版面进行常态化推送，让学生了解其未来就业趋势，在校期间有效增加自身的专业技能。进一步地依托平台对校友的联系作用，对在行业内有较好发展的毕业生进行定期访谈，了解企业需要什么样的人才，以学长的视角为尚未就业的学弟学妹提供最实用、最准确的就业信息。邀请专业教师为特别顾问，帮助解读相关的专业技能及实施方法。

4. 加大发布密度，由"及时性"向"即时性"转变

微信公众平台现阶段虽已形成常态化推送，但在节假日、寒暑假期间的推送量仍然较低。对部分消息的发布也不够及时。下一步运营团队将通过制定工作方案、文章推送办法等具体措施来规范运营团队，以做到平台天天更新，关键通知即时更新。对平台运营团队做到"扁平化"管理，使每一人的具体负责职能、工作任务有所定位。

5. 线上与线下相结合，开拓思政教育新途径

微信公众平台将借鉴时下最为火热的 O2O 模式进行平台建设，如在新生来校初期，通过平台在线上发布相关活动邀请，以学生易于参与、喜欢参与的方式进行线下实际的活动开展，使之成为学院新学期开展新生助跑计划的重要活动之一，帮助新生尽快消除隔阂等。今后，运营团队还将吸纳更多的学生党员、预备党员、入党积极分子来进行维护运营。

6. 运营者要提高自身建设，开阔视野"走出去"

运营者应当始终保持一颗对新媒体敏锐洞察的初心，由于平台覆盖范围的局限性，从自身学院角度来运营只会"坐井观天"，为此学院团委积极鼓励学生"走出去"。平台运营团队学生负责人成功入选大连团市委"青春大连"微信公众平台运营高校志愿者，成为全市高校中唯一入选的专科层次学生。与大连理工大学、大连海事大学等重点本科高校的接触合作，将有助于提升平台建设运营的前瞻性。

微信网络公众平台只是学院开展形式丰富多彩的思想政治宣传载体之一，通过学院老师的指导帮助、一批批学生团队的不断创新，经济管理学院的微信网络公众平台——"大职院经管团委"在思想政治宣传中所起到的正面积极作用逐渐凸显出来。虽然在思政宣传工作中取得了一定的成绩，积累了一些先进的通过微信网络公众平台进行思政宣传的经验，但相比于其他优秀的微信网络公众平台的建设，我们还有很多的不足。未来我们将时刻以向学生群体宣传好"党的大政方针、学校前沿动态"为己任，通过不断的努力、不断的完善，使经济管理学院这一微信网络公众平台成为学院一个最有价值的思政宣传工具。

（五）学院网站和校内门户

大连职业技术学院的各个二级学院都有自己的学院网站，经济管理学院网站共有"本院简介""新闻公告""教学科研""精品课程""党建园地""学生工作""下载中心"七大板块。网站实时发布最新的学院新闻、学生活动报道、就业信息等内容，方便学生及时查阅。

校内门户面向全校师生，学生通过自己的学号和密码登录，可以查看包括服务中心、资讯中心、消息中心和学生档案的全部信息。通过校内门户，学生可以实现奖助学金申报、贫困生申报、寝室检查分数查询、图书馆系统查询、网络教学、就业单位招聘信息查询等功能。辅导员通过自己的工号、密码登录系统，可以查看所有学生的基本信息、寝室信息、学业成绩、奖助学金审批、休学退学审批等内容，并可以通过筛选的方式快速搜索到自己需要的信息。

以上是我们在学生工作中尝试采用过的几种主要的网络教育载体，这些载体的开发和流行的时间有早有晚，因此每当一种载体在学生中流行的时候，我们也都尝试着如何将其引入学生工作中，如早期跟学生沟通更多采用QQ、QQ群和博客，现在更多使用微信、微信群及微信公众平台。随着自媒体时代的发展，我们近期还尝试使用直播的方式对学生活动、精彩讲座等进行现场直播，使不能到现场或在外实习、已经毕业的学生都能观看，取得了良好的效果。因此，跟上时代发展的步伐，开发学生喜闻乐见的载体对学生进行思想教育，是提高学生工作实效性的重要途径。

二、学生活动

高职院校大学生活动是引导大学生加强文化道德修养、提高综合素质、促进德智体美全面发展的重要途径和载体，是最活跃、参与人数最多、开展最广泛、持续时间最长、对个人产生影响最大的文化活动，是对大学生进行思想政治教育、科技创新实践、艺术情感熏陶、身心素质锻炼的重要途径。丰富多彩的学生活动是挖掘学生潜能、启发智力、促进能力发展的广阔天地，是最受学生欢迎的一种群体文化，也帮助学生从"自然人"成功过渡为"社会人"。学生活动是精神文化的舞台。通过学生活动，营造教育氛围，增加学校的活力，使校园生活变得丰富多彩，有效提高大学生的学习生活质量。学生活动所具备的公平竞争、团结合作、自信自立等精神，以其独特的魅力对学生思想政治教育和身心健康发展起到了强有力的作用。

（一）学生活动的意义

1. 学生活动是调动学生主动性和积极性的重要平台

在当前的多元文化背景下，大学生的思想特点发生了较大变化。思想政治教育已经不是传统的说教和简单的疏导模式，我们需要摆脱常规，充分利用学生较为关注的、参与率较高的校园活动，从中寻找教育契机，拓展思想政治教育方式，如各种各样的主题活动、校园文化建设活动、职业技能大赛、社会实践和志愿服务类活动、素质拓展等学生喜闻乐见的校园活动。通过组织和开展形式多样的校园活动潜移默化地渗透教育理念，在活动中调动大学生的积极性和主动性，让大学生在自觉主动的参与过程中，不知不觉地接受教育和引导，从而达到思想政治教育的最终目的。

2. 学生活动有利于学生向综合型人才方向发展

通过毕业生的反馈信息和社会调研的大量事实表明，在校担任过学生干部或积极参与社会实践以及其他形式的学生活动的毕业生，语言表达能力强，沟通能力好，适应性强，知识面广，且更加努力工作，吃苦耐劳，普遍受到欢迎。学生活动以其形式的多样性、范围的广泛性、内容的知识性，将有各种兴趣爱好的学生统一于提高素质、陶冶情操、全面成才的环境之中，形成与学校整体工作相协调的系统工程，又使每个学生的个性在自己感兴趣的天地里得到充分的挖掘。大学生通过参加学生活动，不仅精神生活得到满足和充实，也能活跃想象力，开拓知识面，向多能型人才方向发展。

3. 学生活动可最大限度地拓展思想政治教育的内容

传统的思想政治教育内容比较简单，而且形式比较单一，无法真正达到育人的效果，常常事倍功半。丰富多彩的高校学生活动是学校课堂教育的延伸和补充。现如今，各高校都会开展形式多样的校园活动，如才艺表演、体育竞赛、讲座、辩论赛、演讲比赛、科技竞赛、知识竞赛、各种主题活动、团队活动和学生社团活动等。这些活动充满校园的每个角落，营造了良好的文化氛围，同时从各个侧面渗透和拓展了思想政治教育的内容。特别是不少高校的学生活动因倾注了对生活目标和人生价值的探求而吸引了众多学生，并潜移默化地使学生产生一种与学校倡导的价值观念相一致的价值观。

高校辅导员作为思想政治教育的中坚力量，肩负着立德树人的教育重任。如何拓展思想政治教育的内容，是辅导员面临的疑惑和难点。灵活多样、丰富多彩的校园活动是拓展思想政治教育的重要平台，健康、良好的学生活动能够巩固、强化和拓展课堂教育，扩大学生群体的知识面，提高学生独立分析和解决问题的潜能，促进自我教育、自我管理、自我提高，其功效不仅补充延伸课堂教学，而且往往超越课堂教学，提高思想政治教育工作的实效性。

（二）学生活动的分类

学生活动主要分为以下几种形式：一是主题教育活动，即以形势政策、爱国主义主旋律教育为主要内容的各种报告、讲座、媒体宣传以及重大节日或重大历史事件庆祝纪念活动等。二是各种文体活动，即知识讲座、辩论赛、讲演赛、各种征文比赛、读书工程、体育竞赛、学术讲座等。三是社会实践和志愿服务活动，如暑期社会实践、社会调研活动、青年志愿者活动等。四是社团活动，即由大学生根据兴趣爱好自愿组成的社团组织，在学院有关部门指导下开展活动。五是党团活动，即用以传递思想政治教育内容、提高高职院校大学生思想道德素质的由高校党团组织的各类活动，包括党团知识竞赛活动、党支部活动等。六是常规教育活动，包括新生入学教育、毕业生文明离校教育等。

三、校园阵地

（一）公寓

公寓是集大学生休息、娱乐、社交、学习及其他活动于一体的多功能的校园生活的主要场所，是大学生行为养成教育和综合素质教育的重要阵地。除了上课时间之外，高职院校大学生有很大一部分时间是在公寓中度过的，公寓已经成为大学生学习、生活、文体活动的"主战场"。因此，经济管理学院一直非常重视建设公寓文化，要求辅导员每天进公寓，了解学生的日常生活，倾听学生的声音，掌握学生的身心变化。

1. 积极制定相关制度，规范学生不良行为

在新生入学时，通过会议的形式对公寓内部最基本的卫生标准予以界定。每个寝室都可以有自己的寝室文化，但是必须保证公寓整体的卫生条件。为了能认真配合《大连职业技术学院学生公寓管理规定》，创建一个文明安静、舒适、整洁、安全的生活环境，经济管理学院根据实际情况特制定了《经济管理学院寝室卫生管理细则》，具体内容如表 3 - 1 所示。

表 3 - 1　经济管理学院寝室卫生管理细则

1. 寝室内各床铺、桌面、书架、空床物品摆放整齐一致
2. 地面、床下、桌下要保持每天彻底清扫，杂物要摆放整齐，由值日生负责
3. 床下的鞋子、洗漱用具要摆放整齐，扣分到个人
4. 门窗、玻璃要保持干净明亮
5. 床单、被罩、枕巾要整齐干净
6. 室内禁止贴画、钉钉子、挂挂钩、拉绳
7. 阳台杂物要摆放整齐
8. 洗漱间、卫生间无污垢、积水、杂物
9. 寝室内禁止存放和使用酒精炉、电热杯（棒）、直板夹、电褥子、电吹风等大功率违章电器
10. 禁止私自乱接电源线
11. 寝室内衣服要挂放整齐一致
12. 禁止在学院规定的学习时间内打扑克、玩电脑

续表

13. 早8：00后都要把被褥叠放整齐
14. 禁止在寝室楼内做跳绳、踢毽等体育活动
15. 禁止饲养宠物
16. 值日生禁止往走廊扫垃圾

　　经济管理学院为保证同学的寝室生活和谐安逸，旨在通过健全的制度规范学生的公寓行为，让学生养成遵纪守法的好品德。规章制度的制定和落实是公寓管理规范化的前提。在学校要求的基础上，我们根据同学们所反映的寝室不良现象，制定了《寝室公约》（见表3－2），让各项制度落到实处。对辅导员而言，更要做到"严在当严处，爱在细微处"，让规章制度真正起到规范约束的作用。

表3－2　寝室公约

1. 寝室成员之间互相团结、理解、照顾，有集体荣誉感
2. 根据公寓时间规定，按时归寝，不旷寝
3. 注意保管个人物品，不乱翻动他人物品
4. 注意个人物品摆放，做到寝室统一化、规范化
5. 注意个人卫生，勤洗脚、勤洗澡
6. 不在寝室内积攒脏衣袜、鞋子等物品
7. 不说脏话，讲文明、讲礼貌，不取笑、嘲弄他人
8. 不在寝室吸烟、喝酒、打牌、赌博
9. 不在寝室内大声放音乐，制造噪声
10. 不在寝室墙壁乱贴乱画、乱钉钉子
11. 不在寝室内使用蜡烛、汽油、液化气等易燃易爆物品
12. 不在寝室内使用违规电器，如电吹风、加热棒等
13. 不在寝室做宣传、乱发小广告、派发样品、宣传品等
14. 不随便乱丢垃圾，不随地吐痰
15. 不向窗外丢垃圾、倒水
16. 熄灯后不在寝室内大声喧哗、打闹、乱串寝室
17. 熄灯后不在寝室内做健身操、跳绳
18. 熄灯半小时后不在水房洗漱、洗衣服等
19. 熄灯半小时之后不在寝室、走廊打电话影响他人休息

20. 值日生每天按时值日，寝室成员保持寝室卫生
21. 勤开窗户，多通风，保证室内空气流通
22. 摆放物品时轻拿轻放，不踢门、柜等公共设施
23. 便后立刻冲厕所，注意厕所卫生，保持厕所清洁
24. 不往水槽内乱丢垃圾、果皮等，保持水槽干净
25. 不占用水龙头等公共设施，节约用水、用电

2. 以活动为载体，在活动中育人

学生公寓是学生温馨的家园，为丰富学生寝室文化生活，加强学生寝室文化建设，经济管理学院陆续开展了"创建文明宿舍、倡导校园文明""推进文明宿舍建设、共建节约型公寓""安全·文明·诚信·和谐""SHOW出我时代"等主题系列寝室文化节活动，在丰富学生精神文化生活的同时，提升学生的思想道德素养，提升学生的思想境界。

每一年的寝室文化节都有一个主题，2016年的主题是"家＋"，包括"厉害了，我的寝"寝室主题设计大赛、"寝室雅号"命名以及"最美寝室"评选活动。"厉害了，我的寝"寝室主题设计大赛中，学生对寝室进行了精心的布置和装饰，各寝室面貌焕然一新。学院学生会干部在辅导员的带领下走进每一间学生寝室，欣赏同学们美丽而创新的设计成果。同学们别出心裁，大胆创新，用彩带、字画、照片、手工艺作品等装饰寝室各个角落，将寝室打造成一幅幅清新脱俗、主题鲜明的美丽画卷。寝室文化节的举办，丰富了寝室文化，展现出了积极向上的寝室文化和深厚的同学情谊，激发学生集体荣誉感和团队精神，让他们在寓教于乐的活动中陶冶情操、美化居室，同时把寝室管理和寝室文化相结合，让学生自觉地加入到爱我校园、爱我寝室的行列中，共同筑造美好的生活环境。

3. 多举措搭建公寓文化建设平台

为营造健康向上的公寓文化氛围，经济管理学院充分利用学生公寓内的宣传板张贴积极向上、文明修身的名言警句及书画作品，以此陶冶感染学生，增添学生公寓的文化气息。同时也鼓励同学装饰寝室门和墙壁，为公寓楼内营造了高雅、文明的生活氛围，体现出学校的文化气息。为进一步提升公寓内部凝聚力，每学期都开展一些有意义的文体品牌活动，如举办球类比赛、棋类比赛、拔河比赛等，以此丰富学生的课余文化生活，增强同公寓、同寝室学生间的向心力。

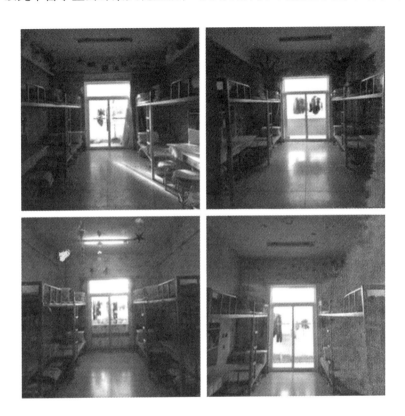

"厉害了，我的寝"寝室主题设计大赛

　　每一学期都会开展文明寝室评比，依据寝室平时的得分情况，选出10%的寝室为文明寝室予以表彰，并给予物质奖励。每一学年的奖学金评选中，也专门设立了"优秀寝室"奖学金，根据全年的寝室排名得分情况，选出一定比例的寝室为"优秀寝室"，给予相应的学院奖学金，并颁发荣誉证书。

　　通过上述有力的举措，不仅可以将公寓打造成一个安全整洁、文明和谐、健康成长的温馨家园，也使公寓成为了大学生思想觉悟、道德品质、素质能力培育和提升的第二课堂。学院所坚持的"以思想政治教育为先导，以生活服务、文化建设为一体"的公寓管理新思路、新模式，有效地实现了教育、管理和服务的紧密结合，为大学生健康成长和全面成才提供了强有力的保障。

（二）实训室

高职院校实训室不仅是实训教学环节得以实施的一个重要场所，也是实现人才培养目标的基础物质条件。经济管理学院的实训室在没有实训课程时，经学生社团负责人申请，可以在相应的实训室内进行职业技能学习和培训，尤其在全国、省、市职业技能大赛前夕，实训室几乎一直是开放状态，便于学生加强职业技能。为此，所有的实训室都实行 6S 精细化管理。所谓 6S，是指整理（Seiri）、整顿（Seiton）、清扫（Seiso）、清洁（Seiketsu）、素养（纪律）（Shitsuke）及安全（safety）六项环境品质管理精神。通过 6S 管理，也进一步加强了对学生的素质要求，促进团队和谐，提升实训效率。为了让学生从专业学习的角度对 6S 管理有更深刻的认识，我们将 6S 展板结合仓储岗位的实际工作内容以及实训室内的要求重新进行了设计，并在实训室内的醒目位置进行了悬挂，让学生时刻谨记，为学生工匠精神培育创造良好的环境，达到"润物细无声"的效果。

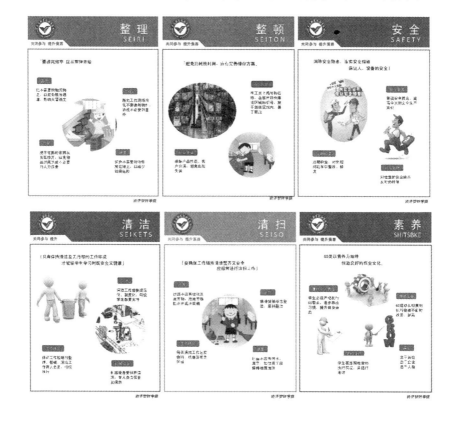

对于作为软环境的实训室文化建设方面，我们在实训室内部张贴文化展板，包括专业介绍，知名企业介绍，学生在国家、省、市级获奖证书等，对陶冶学生情操，提高学生综合素质，营造良好的教风和学风，创造积极向上、文明和谐、井然有序、崇尚科学、追求真理的实训教学环境显得尤为重要。

此外，我们在每个周二组织学生到实训室参加公益劳动，不仅增强了学生的劳动观念、劳动意识和团结协作的精神，而且培养了学生从小事做起，认真工作、踏实做事的良好品质，还增进了同学们对实训室的感情。开设了实训室公益劳动后，学生在实训室内实训时更加珍惜实训设备和实训环境，达到了更好的实训效果。

（三）教室

教室是学生接受知识的文化殿堂，是教师开展教育教学活动的主要场地，也是学生自习、课后学习交流的场所。学生在教室这个空间里接受教育、完成学业。作为学校教育的一个重要组成部分的教室文化，对学生的生活观念、价值观念、行为习惯、道德情操诸方面总是在潜移默化地发挥着它特有的作用。因此，注重教室文化建设，对于建设班级的优良学风、培养学生自主管理能力、开展精神文明教育、加强学生综合素质培养具有重要意义。

经济管理学院每一个班级都分配了自己的专属教室，学生在自己的教室里上自习、开班会等。我们提倡学生塑造教室文化，为此开展了"我心中的大学教室"设计方案征集活动，征集同学们对心中理想大学教室的描绘、对教室环境改善的可行性的建议和创意等。同学们反响热烈、广泛参与，更多地关注起教室建设，纷纷献计献策。每个班级在同学创意的基础上，对自己的教室进行了设计。有的班级在教室的四壁张贴言简意赅、易记易懂的名言警句，用来激发学生刻苦学习、积极向上的信心；有的班级制作了具有班级特色的展板，班级里的每一个同学把自己对班级的期望或大学的期望写在展板上，鼓励自己和同学不断努力、克服困难，在学习的道路上奋勇前行。经过了自己的设计，同学们进一步认识到教室环境和教室文化的重要性，纷纷表示在今后的学习和生活中要更注意自己的行为举止，保持教室环境的干净整洁，为建设更有内涵的教室文化贡献自己的力量。

（四）企业

大连职业技术学院坚持"举校企合作旗，走工学结合路"的办学方针，经济管理学院也与多家国内知名企业签订了校企合作协议。企业已逐渐成为开展学生工作的新载体。

组织学生利用课余时间和寒暑假到合作企业进行走访调研、工作实习，开阔了学生的视野，拓展了思维，并增强了实践意识，对于学生及早适应企业文化、了解行业发展和社会需求大有裨益。学校的生活环境和社会的工作环境存在很大的差距，学校主要专注于培养学生的学习能力和专业技能，企业主要专注于员工的专业知识和业务能力。要适应社会的生存要求，除了要加强课堂上的理论知识外，还必须亲自接触社会，实际体会一般公司职员的基本素质要求，积极学习企业文化和企业人的优秀精神，以培养自己的适应能力、组织能力、协调能力和分析解决实际问题的工作能力，努力使自己的素养和能力有质的提升。

案例

市场营销学生参加百胜餐饮活动

2017年3月20日，经济管理学院学生在老师的带领下，参加百胜餐饮集团中国事业部东北大区"百胜3.18中国招聘周——与你一起发现职场新滋味"的企业文化活动。百胜本次活动共包含六个子项目：百胜文化展、现场职业测评、模拟面试、直面大咖、探秘之旅、面试直通车。活动前，学院和百胜东北大区人力资源部进行了多次研讨，做了大量的准备工作。

在活动中，百胜餐饮人力资源部招聘负责人介绍了百胜的企业文化，并且进行了一场模拟校园招聘，让学生更好地了解了百胜对人才的需求模式，也为今后如何提升自己明确方向。百胜集团就业指导专家对在场的学生进行了人才测试——PDP性格测试。通过这一测试，学生对自己的职业性格特点有了更清楚的认知，更好地了解了自己，为更好地适应未来的工作打下基础。百胜餐饮人力资源总监带来的"大咖文化"交流使整个活动进入高潮。她极富魅力地展示了百胜餐饮在中国的发展历程，高互动地引入了时间管理的概念，并且在时间管理方面给了学生们更多的引导和启发。学生们纷纷表示，通过本次活动，他们全面了解了百胜企业，感受到了作为世界 500 强企业的文化，使自己对即将面临的择业、就业有了更充分的准备，在欢笑中有很大的收获，也得到了成长。

市场营销学生参加百胜餐饮活动

第四章
学生活动的设计、组织与实施

第一节　学生活动的设计

大学生在校学习期间，除了第一课堂的学习活动以外，还要参加许多的课余活动，以满足自身精神生活和精神世界发展的需要。在大学阶段，可供大学生自由支配的课余时间非常多，而且随着社会的发展和生活的多样化，大学生课堂学习活动以外的活动越来越丰富多彩。学生活动是对学生进行思想政治教育的重要载体，这就要求大学生思想政治教育者必须重视在大学生中开展各项活动，善于寓思想政治教育于活动之中。在设计学生活动的过程中要注重以下几个方面：

一、打造高职院校精品活动

学生活动是高职院校育人的一个重要载体，要提高学生活动吸引力和影响力，提升学生活动的育人效果，打造学生精品活动非常重要。精品学生活动是指能够树立活动品牌、持续性强、影响力大、具有鲜明特色、具有丰富文化底蕴的大型（系列）学生活动。培育精品活动有利于提高活动质量，丰富活动内涵，充分发挥学生活动这个载体对高职院校育人功能的促进作用。

二级学院要依据学院特色，凝练具有专业特色或学院风格的精品活动。要坚持以专业学科为依托，以创新灵感为动力，打造系列品牌活动，确立多维成才坐标，举办多种形式的、学生喜闻乐见的校园活动，依靠校园活动的多元化、专业化特色，贯彻贴近实际、贴近生活、贴近学生的方针，按照体现时代性、把握规律性、富于创造性的原则，在拓展专业教学领域、提高学生专业技能的同时，整合资源，挖掘和培育特色品牌，以创新的思维，积极探索德育的新内容、新途径、新方法、新机制，切实增强学生思想政治教育的针对性、实效性。

二、对学生活动实施项目管理

项目管理主要是从大型的基础建设项目、军事项目、复杂的科研项目中发展而来的，是一种较为先进的管理模式，具体是指在一个确定的时间范围内，为了完成一个既定的目标，通过临时性的组织运行机构，运用多种学科知识的融合，有效地计划、组织、领导、管理和控制，来解决问题的一种系统、科学的管理方法。在高校举办学生活动的过程中借鉴项目管理相关的方法和经验，将项目管理模式引入学生活动中来，可以进一步完善和加强学生活动的建设，既补充了学生活动所需要运用的管理模式，又充分发挥了活动参与人员的潜能，有着双重的效益。

（一）目标管理

在学生活动开始前，首先要统一思想、明确目标，同时需加强各个方面的沟通协作，才能确保活动的顺利实施。项目开始前，对项目进行可行性分析和项目论证。项目管理团队的工作职责：围绕学生活动，为活动顺利开展全程提供各类保障和支持，对各类信息资源实施整合与开发，建立起涵盖活动全程的管理体系，提供多层次、多形式、优质、高效、快捷的服务。

（二）拟定活动筹备计划

活动筹备计划主要包括以下几项内容：①工作计划；②人员组织计划；③活动进度计划；④经费预算；⑤应急计划。值得注意的是，项目负责人在项目管理中起着至关重要的作用。开展学生活动，大型活动负责人为学生工作者，小型活动可以是学生会主席或者其他学生骨干。项目负责人不仅应具备相关活动的内涵知识，同时也应具备与此活动有关的其他知识，要对活动有全面的把控。大型活动一般要向学校保卫处进行备案，并做出相应的安全预案。严格执行审批手续，如邀请校外人员参加要及时报备。

由于组织学生活动的主要目的之一就是锻炼、培养学生的社会工作能力，所以活动的管理者要考虑活动参与者是否通过本项活动得到了锻炼与提升，同时活动的管理者要考虑的是在项目参加者之间进行必要的、及时的沟通和情况通报。有效、和谐的沟通为学生活动的成功提供了必要的保证。

（三）成本管理

由于学生活动主要依靠学院的经费，所以经费有限，从而成本管理显得至关重要。成本管理包括了确保项目在预算范围内完成所需的各种程序，以及成本分析、成本计划、成本预算、成本跟踪控制、后续管理经费等方面。

（四）后续管理

大型学生活动结束后，活动的后续管理工作非常重要，它是评价活动效果的重要方面。通常项目总结报告包括以下内容：①对比计划与实现目标，分析成败原因；②项目财务总决算，并说明成本偏差的原因；③评估项目管理的得失，重要成就的总结；④对未来项目的建议；⑤团队表现，对杰出成员的表彰和奖励；⑥对项目剩余资产的管理与处置；⑦项目结束的后期工作安排（媒体、客服等）；⑧档案的整理、存档工作。在每次活动过后及时地整理在活动过程中出现的失误、总结活动中创造的先进经验显得尤为重要。所谓"吃一堑，长一智"，这次的失误下次坚决不能再出现，这次的经验下次一定更好地运用，这就为以后的活动管理打下了良好的基础。

活动管理者应及时组织项目参与人员对活动主办方以及活动参与者进行回访，认真听取他们的意见，发现问题及时补救，主要包括活动效果回访、活动参与者对活动意见反馈等。活动管理者应制订相应的人员回访计划，对活动进行后续管理，以确保活动按目标实现既定效能，用后续管理来加强活动的效果。

三、学生活动形式创新和内涵深化相统一

（一）形式创新是新时期学生活动的重要特征

新时期开展学生活动应注重追求活动形式和组织方式的创新，要借鉴和融入当前在社会和学生中流行的元素和时尚文化，要充分利用现代技术，拓展和设计一些形式新颖的活动，吸引广大学生参与其中。

1. 既要注重传统，又要追求时尚

学生活动是对学生开展教育的重要载体，多年来各高校经过实践的传统的学生活动在育人过程中的作用有目共睹。但是随着社会时尚文化、快餐文化的流行和对校园的渗透，各种媒体特别是网络、影视媒体对娱乐文化的热捧，时尚因素对学生的吸引力更大，学生更倾向于休闲和娱乐的活动。作为学生工作者，在组织学生活动的时候，不能仅停留在传统的形式和内容中，要将学生喜闻乐见的时尚元素引入活动中，提高学生的参与度和喜爱度，才能提高教育的效果。

2. 从现实世界拓展到虚拟空间

随着网络技术的发展，网络为校园文化活动提供了一个全新的物质技术环境，成为学生活动从现实世界向虚拟空间拓展的有效载体。开展学生活动要借助网络这一新的平台，对活动形式进行广泛的创新，如利用网络开展社会调查，开展网上纪念、网上支部活动等，尤其近年来流行的微博、抖音、直播、微视等，都为活动现场拓展了无限的空间，提供了更广泛的参与面。

3. 从院系单元到"交叉集成"

学生活动一般有二级学院层面和学校层面两种方式，二级学院层面的学生活动具有经常性和小型化的特点，主要结合本学院学生情况和专业、学科特色来开展，要求或者吸引本院学生参与。新阶段，许多高校本着突出二级学院特色与学校活动协调发展的原则，强调活动的"共建、共融、共享"思路，集成各学院之间的资源、力量和优势，将二级学院层面的活动转变为学校层面的活动，因此

二级学院面向全校的校园文化活动成为当前一种重要的活动组织方式。这种组织方式既节省人力、物力和财力，又能构筑特色鲜明的二级学院文化，并促进不同学科、专业的同学之间的信息交流与文化交融。

（二）深化学生活动内涵

1. 提高学生活动的层次和品位

学生活动的层次和品位主要是由活动本身的内容来决定的。高职院校拥有掌握不同学科知识的群体和良好的信息传播手段，以及追求新思潮趋势、充满活力的青春力量，文化需求表达直接，文化信息传播迅速，文化热点形成便捷，凡此种种均有利于策划组织出既有思想性和教育性，又有艺术性和娱乐性的高品质的校园文化活动。作为学生活动的组织者或主办方，应尽可能去创设一个有利于广大学生和心灵成长的高品位活动。

2. 强化活动的育人功能

实践证明，高品质的学生活动对大学生理想的形成、人格的完善、才能的增长、身心的愉悦有着不可替代的作用。因此，要进一步强化学生活动的思想内涵，防止出现片面追求新颖的形式、忽视教育意义的现象。

（三）坚持形式创新与内涵深化的统一

形式创新是增强高校学生活动吸引力的必然要求，学生工作者要通过不断拓展渠道和丰富载体，使活动更加丰富多彩、更加富有吸引力，同时形式和内容是辩证统一的，在追求形式的"技术含量"的同时，还要牢记开展学生活动的宗旨和目的，努力提升其"内涵分量"，要立足于集成中华民族优秀传统文化、弘扬时代精神，帮助和引导大学生们树立社会主义核心价值观，培养高尚的情操，增进对人的本质的正确认识和对人生价值的科学思考，对高职学生尤其要注重职业素养的培养。

第二节　学生活动的组织与实施

一、主题教育类活动

学生工作既要教育人、引导人，又要关心人、帮助人、主题教育是使理想信念教育取得实效，实现思想引领的有效载体，具体是指根据某一阶段的工作中心和学生思想倾向推出一个中心教育主题，明确主题后，围绕其开展一系列的教育活动和讨论，形成教育氛围，达到教育目的。在开展主题教育活动时要注重以下几点：

第一，注重时效性。主题教育活动的时间契机非常重要，原因在于活动主题的确定往往根据当时国际、国内的重大形势与政策、结合大学生的实际进行，不同时期、不同形势有不同的活动主题。学院坚持围绕固定的重大节假日或时期为主题组织开展常规性的主题教育活动，如在 3 月开展学雷锋系列活动、5 月举行团支部活力提升主题教育活动、10 月举行爱国主义教育活动、12 月举行纪念"一二·九"运动活动等。另外，结合特殊实际开展非常规性的主题教育活动，如 2013 年的以"中国梦"为主题的教育活动、2016 年的以"纪念红军长征胜利80 周年"为主题的教育活动等。

第二，具有针对性。大学生主题教育活动以特定思想为核心、以活动为载体、以特定对象为活动的参与者，具有很强的针对性。因此，学院在组织设计主题教育活动的过程中做到精心设计，确保每一项活动都以高职经济类专业学生为前提，针对他们的特点，考虑学生的知识储备、兴趣所在，同时每一项主题活动都有自己独立的主题思想，每个主题活动都有自己明确的活动目的、活动步骤以及要达到的教育效果。

第三，体现阶段性。这里的阶段性有两层含义：一是时间的阶段性。无论是常规性的主题教育活动还是非常规性的主题教育活动，由于人力、物力、财力等方面的影响以及主题教育活动本身时效性、针对性强的特点，大学生主题教育活动必须在一定的时间范围内开展，或短或长。二是内容的阶段性。不同时期主题的确定也具有阶段性，必须结合当时的实际确定适当的主题，如学院每年在 3 月开展学雷锋系列活动、5 月进行增强共青团意识主题教育活动、10 月举行爱国主义教育活动（见表 4-1），而如果在 3 月进行爱国主义教育、5 月开展学雷锋活动、10 月进行共青团意识教育则大大降低了活动的实效性。

表 4-1　主题教育活动一览表

时间	活动主题
1 月	诚信教育；考风考纪教育
3 月	学雷锋主题教育；爱老敬老教育
4 月	就业、创业教育；理想信念教育
5 月	团支部活力提升主题教育；心理健康教育
6 月	爱校、荣校教育
7 月	文明离校教育；考风考纪教育
9 月	安全教育；入学适应性教育
10 月	爱国主义教育；党课教育
11 月	职业能力提升教育；感恩教育
12 月	纪念"一二·九"运动；学生年度表彰

第四，确保灵活性。首先，要努力实现活动形式的多样性，大学生主题教育活动常常采用的形式有讲座、报告会、主题团日及班会活动、主题演讲、辩论、征文等。形式多样的活动避免了大学生思想政治教育的重复和单调，有利于调动大学生的积极性，增强感染力。其次，在活动主题的确定上鼓励创新，每次在组织活动过程中都强调在以往类似主题教育活动的基础上结合现阶段实际进行突破和创新。

🦅 案例

打造团队精神　培育母校情怀

——经济管理学院"青春梦·职院人·经管情"主题教育活动

经济管理学院从 2012 年成立伊始，就着力打造具有经管特色的精品活动，并把校园文化作为一种环境教育力量对学生进行潜移默化的影响，每年开展"青春梦·职院人·经管情"主题教育系列活动，通过几年的逐步丰富和完善，取得了一定的成效。

同本科院校相比，高职院校成立历史较短，学生对母校的归属感和自豪感不足，再加上学校处于建设期，各项设施还不完善，亟须提高学生对母校的热爱之情和归属感。"90后"大学生自我意识较强，感恩意识有待于进一步培养。拥有一颗感恩的心，学生能更懂得理解父母的艰辛，尊重老师的劳动，树立远大理想、勤奋学习，全面发展，以适应未来社会的需要。

学院把职业素养作为大学生素质教育的核心内容，针对经济管理学院市场营销、物流管理、国际贸易实务和报关与国际货运四个专业的岗位要求，归纳出经济类学生的核心职业素养，"诚信、沟通、合作、感恩"成为经济管理学院师生共同追求的培养目标。

本活动从2013年开始，从最初的仅有"青春梦·职院人·经管情"欢送毕业生实习联欢会，经历了逐步丰富和完善的过程。紧密围绕学校人才培养目标，以陶冶学生情操、构建学生健康人格、全面提高学生素质为根本出发点，借助"内化于心，外化于行"的各项活动，使集体充满积极向上的凝聚力，同时也对学校、学院产生深深的自豪感和浓厚的感情。

针对大一、大二、大三三个年级的学生设计出三大模块。

第一模块："我的经管、我的家"系列活动——针对大一新生。本阶段活动旨在帮助刚刚加入经管大家庭的大一新生迅速融入集体，打造团队精神，热爱母校，将爱校、荣校作为激励学生前进的动力。包括：新生开展"新生破冰之旅"主题拓展训练活动；学院迎新晚会；欢度古尔邦节；开展"我与校徽、院徽有个约会"活动；师生座谈会。

第二模块："我与经管"主题活动——针对大二学生。包括："经管故事"报告会；彩绘校园；"感动经管"——优秀学子评选；"学长课堂"——优秀毕业生母校行。

第三模块："情系母校"——针对大三学生。包括："青春梦·职院人·经管情"毕业生实习欢送会；"情系母校"感恩母校主题教育活动月活动；在毕业生中开展"写给母校的情书"活动；"悠悠学子心浓浓母校情"——毕业生佩戴院徽活动。

上述活动牢牢把握学生思想脉搏，帮助学生全面健康成长。让学生学会识恩、知恩、感恩、报恩和施恩，培养了学生爱校荣校的情怀和集体荣誉感。

通过普及校徽、院标，加强视觉文化建设，增强了学生对学院的认同感、凝聚力、向心力。

"青春梦·职院人·经管情"晚会

二、新生入学教育系列活动

新生入学教育是整个大学教育的起点，是新生大学生活的第一课，对新生的成长成才起着导航的作用。由于很多大学新生初入大学或多或少存在适应问题，因此，为帮助全体学生尽快适应大学生活，确立健康、向上、明确的生活和学习目标，学院每年9～12月都进行新生入学教育系列活动，主要达成以下目标：

一是建立学生为本的和谐师生关系。在学校，师生关系是基本的关系之一，它决定了教学、学生工作的效果与成败。建立和谐师生关系，对学生全面认识，我们才能根据青年学生的身心特点关心爱护学生，促进学生全面发展。

二是采取多元互动的入学教育模式。在整体上抓住关键，把握重点和难点，挖掘教育的深度和广度。考虑到学生的年龄阶段和心理连续性，实施有针对性、连续性和前瞻性的教育，保障每个学生在教育过程中是有序的、科学的，而不是无序的、杂乱的、不连续的，入学教育引导每位在校新生根据自己的需要全面充分地发展。因为影响新生入学教育的因素很多，因此我们建立全方位、全过程、全员参与、多层次、立体交叉开展新生引导教育的"多元互动"的教育模式，以确保入学教育目标的实现。

三是激发积极健康的成长内在动力。学生成才动力的激发，就是指在一定的教育环境下，利用一定的诱因，使以形成学习和成才的需要，由潜在状态转变为现实状态，形成健康成长的积极性内驱动力。通过形式新颖、内容丰富、贴近思想的外在教育手段来激发新生成长的内驱动力。

为帮助新生尽快适应大学生活，培养学生"自我管理、自我服务、自我教育"的能力，树立科学的世界观、人生观和价值观，经济管理学院坚持以马列主义、毛泽东思想、邓小平理论、"三个代表"重要思想及科学发展观为指导，通过四个系列教育活动的开展，使新生充分认识从中学到大学转变的人生意义，懂得自己所肩负的使命，增强事业心和责任感，明确大学期间的主要任务，树立远大的奋斗目标，尽快融入大学生活，顺利完成学业。

（一）加强思想政治教育，提升大学生思想政治素质

1. 校情校史教育，培养爱校爱国主义情怀

新生入学第一天，学院组织新生参观校园，学生干部向学生介绍校园的详细分布。辅导员和学院领导会向学生讲解学校发展历史、示范校建设发展成就，了解学校的专业设置和办学特色。将校情校史教育与爱国主义教育相结合，教育学生把爱国主义情感建立在热爱学校、刻苦钻研专业知识、提高职业技能的基础上。同时，加强理想信念教育。结合当代中国青年的责任与使命，引导新生树立正确的世界观、人生观和价值观，把自身的成长和发展与祖国和人民的需要相结合。明确肩负的历史重任，树立建设有中国特色社会主义的共同理想，坚定为祖国的繁荣富强、为中华民族的伟大复兴而发奋学习的决心。

2. 诚信教育，奠定学生良好行为规范的基石

围绕"诚信"这一主题开展了多项活动。通过年级例会使新生进一步明确"诚信"二字的意义和重要性，并组织全体新生进行诚信宣誓。通过各班级组织

开展"诚信考试 从我做起"主题班会和诚信考试签名的形式，增强学生的诚信意识，将"要我诚信"转变为"我要诚信"，营造诚信考试、杜绝作弊的良好氛围，树立优良的学风和考风。

（二）加强日常行为养成教育，奠定成长成才基础

1. 生活适应教育，引导学生健康成长

新生入学后，新生辅导员为新生做"新生活·心适应"专题讲座，引导新生适应新环境，调整好心态，克服不良心理，解决心理疑惑，适应大学的学习和生活环境，适应大学的学习方式和学习方法，适应大学的师生关系，使学生能正确面对困难、挫折和挑战，培养健全的人格，树立自信心。

2. 安全法制教育，贯彻落实学校规章制度

安全法制教育是新生入学教育的重要内容。新生报到时，学院召开新生家长会，其中一项重要内容就是提醒家长提防各类诈骗、校园贷，并叮嘱其子女注意人身财产安全。新生开学后，结合学校法制教育，新生辅导员为学生做专场教育报告，提高学生的法制意识。在日常工作中，注重将安全教育常态化，健全安全教育长效机制，真正做到安全教育常抓不懈、取得实效。

3. 以丰富多彩的校园文化活动为载体，提升学生文化素质

通过组织新生开展"我的大学""我与军训"主题征文比赛、"祖国颂"演讲比赛，增强学生爱国、爱校意识，鼓励学生努力学习科学文化知识，把爱国之情化为报国之志。通过"叠被子大赛""寝室文化节""新年联欢会"等活动，提升新生整体凝聚力。

（三）推进专业思想教育，传承良好学习风气

1. 专业导入教育，明确专业特点及就业形势

学院根据自身专业特点开展多种多样、不同形式的专业教育。入学之初，各专业主任组织开展专业导入教育，与学生面对面地交流，并对专业设置、学科优势、培养模式、就业领域、职业前景等做了详细介绍。通过讲解所学专业的内

涵、发展前景及未来发展趋势，使学生热爱学校、热爱专业，明确学习目标，增强学习动力和信心。

经济管理学院新生叠被子比赛

2. 职业生涯规划教育，做好初期职业生涯规划

为了帮助新生更好地了解就业与升学，尽早树立就业和继续求学的意识，增强紧迫感，勤奋学习，尽早做好职业生涯规划，学院开展讲座为同学们介绍自学考试的相关流程和注意事项，帮助新生制定初期职业（学业）生涯规划。通过开展职业技能提升项目，帮助学生了解职业技能大赛，确定职业目标。

3. 以养成教育为核心，大力加强学风建设

由于高职学生学习自律性相对较弱，为帮助新生养成良好的学习习惯，辅导员坚持每天进教室，与老师交流，与学生谈心。学生干部每日检查早晚自习，对迟到、旷课等问题做到有记录、有总结、有汇报。在这个过程中，辅导员可以及

时发现存在学习问题的学生，及早开展细致的思想工作，促使学生养成良好的学习习惯。在各个班级组建学习小组，小组内开展互帮互学，"一对一"结对子。小组间开展相互竞赛，力争不让任何一名同学掉队。

通过举办职业技能学习经验交流会，培养新生的专业意识和专业思维能力，帮助新生了解所学专业、热爱所学专业、树立远大理想，为今后的学习和生活乃至投身社会打好基础；通过举办优秀毕业生报告会，使新生认清时代、社会对大学生的要求，增强学好文化知识的紧迫性和自觉性，努力提高综合素质，培养创新精神和实践能力；通过大学生标兵报告会，充分发挥典型事例的教育作用，指导和鼓励学生确立更高的学习目标，同时也最大限度地调动了大家对专业知识的学习兴趣。

（四）推进心理健康教育，打造阳光大学生活

新生毕竟处于一个由于环境、角色转变而造成心理情绪不稳定的时期，要细心地了解他们的喜怒哀乐，了解他们的心理发展，多指导、多启发，说服教育时循循善诱，对正确的观点给予肯定，对错误的观点通过讨论分析予以说明，以理服人，在启发开导的基础导航明辨是非，将思想引导到正确的方向上来，因此，学院开展走进公寓、走进课堂、走进活动、走进网络、走进心理的"五进"工程。

关注贫困生和特殊学生心理健康问题。辅导员定期找问题学生谈话，了解学生思想动态，积极做好危机干预工作。开展新生适应性团队辅导，让新生在体验式的活动中加速团队融合，同时感受思维模式的改变与突破。做好在高考中没有发挥好、与理想的大学或专业失之交臂的学生的心理调适，重新树立其对学校、对自身的信心；针对因经济不宽裕、个性缺乏充分发展等导致的"心理贫困"的新生开展各种心理辅导、援助活动。有效解决新生的各种心理问题，提高学生承受挫折和应对危机的能力，提高大学生心理健康水平，引导他们树立自信、自尊、自立、自强的意识。利用中秋节等节假日慰问留校学生，充分发挥情感教育的隐性作用。组织专业教师与新疆少数民族学生"一对一"结对子，对他们的学习生活进行指导，使他们进一步感受学院的温暖和老师的关心。

三、校园文体活动

大学生的校园文体活动区别于以教学为目的的课程活动，是学生利用课外时

间自主参加的校园内的文艺和体育活动,是大学生参与最广、热情最高的活动。文艺活动以琴、棋、歌、舞、画等为内容;体育活动在大学里参与的门槛低,常见的包括篮球、足球、毽球、啦啦操、运动会等。文体活动是学生施展才华、张扬个性的平台,在促进学生身心健康发展方面有着不可替代的作用。中共中央在《关于进一步加强和改进大学生思想政治教育的意见》中明确指出:"大力加强大学生文化素质教育,开展丰富多彩、积极向上的学术、科技、体育、艺术和娱乐活动,把德育与智育、体育、美育有机结合起来,寓教育于文化活动之中。"校园文体活动是大学生课余生活的重要组成部分,是大学生思想政治教育的重要载体。我们要根据校园文体活动的不同特点,在对学生的日常思想政治教育中合理运用这些特点,培养学生树立正确的世界观、人生观和价值观。

（一）校园文体活动的特点

校园文体活动具有两个突出的特点——愉悦性和自由性。校园文体活动不同于传统思想政治教育课的抽象说教和枯燥灌输,它的形式更为自由,内容更加丰富,学生在一个快乐的环境氛围中既体验到了活动的乐趣,又学习了新的知识。当代大学生多是"90后"和"00后",他们年轻、活跃、好动,喜欢无拘无束,而校园文体活动在空间、时间以及内容和形式上突破了课堂的尺寸之地,正符合了他们的心理特点,学生可以根据自己的喜好自由参加自己感兴趣的文体活动。这两个特点也为大学生思想政治教育带来了新的机遇,体现在以下两个方面:

第一,校园文体活动是思想政治教育课堂的延伸和补充。课堂中的思想政治教育课程,教师对学生灌输道德理论知识,学生通过倾听、理解来消化道德知识,而将这些知识内化则是一个长期且复杂的过程,其中需要一定的社会实践来促进这个过程。校园文体活动给学生提供了一个广阔的实践舞台,将思想政治教育蕴藏在文体活动中,将抽象的理论感性化,将枯燥的内容生动化,学生在参与文体活动的同时通过分析和解决问题来进行自我教育、自我管理和自我提高。它缩短了思想政治教育理论与实践相结合的距离,使思想政治教育更直观、更直接、更有成效。校园文体活动开展得越活跃,其思想政治教育效果就越明显。

第二,校园文体活动丰富了大学生思想政治教育的内容和形式。大学生思想政治教育以课堂讲授,以讨论思想观念、政治观点、道德规范为主,是一种思想政治理论教育,它在大学生道德认识的发展上具有不可忽略的作用,但对道德情感、道德行为和道德意志的培养作用却非常有限。另外,传统的课堂思想政治教育内容固化，难以满足"90后"、"00后"大学生思想政治教育的多方面需求，尤其处在这个高速发展的现代化社会，外界不断变化的情况也要求思想政治教育内容及时得到更新和补充。校园里开展的文艺和体育活动扩展了思想政治教育的内容广度和深度，舞蹈、相声、小品、话剧等文艺形式可以生动反映高职学生对大学生活、社会热点问题的态度和思考；运动会、篮球赛、啦啦操等体育活动可以凝聚高职学生的集体荣誉感和团队精神；优秀的校园文艺作品更是常常体现了崇高的思想情感和道德倾向。同时，形式多样的校园文体活动也使得思想政治教育手段变得丰富多彩。学生在多姿多彩、轻松愉快的活动环境中受到熏陶和影响，最终将这些内化，形成道德情感，磨炼道德意志，达到了思想政治教育工作本质追求"润物细无声"的效果，提升了学生的思想道德品质。

（二）开展校园文体活动的实践探索

1. 完善校园文体活动的组织与策划

学院一直注重开展多姿多彩的校园文体活动，仅2017年，就开展了"激情飞扬，辩出自我"辩论赛、"心理魔方"心理情景剧大赛、"Matchless Hero"英语演讲大赛、"红旗飘飘·我心向党"党团知识竞赛、2017届毕业生综合素质论文答辩、"读书的乐趣——相遇"主题讲座、"青春梦·职院人·经管情"欢送毕业生晚会、"放飞理想·坚定信念"演讲比赛、第四届"学长课堂"系列活动、"不忘初心·牢记使命"红色主题宣讲、2016～2017学年度表彰大会暨新年联欢会等十余项活动。这些活动的举办既要体现文体活动的包容性与丰富性，更要突出主旋律，传播正能量。

在策划活动的过程中，要对学生的实际情况加以了解，与学生需求同步，准确把握他们的兴趣爱好，处理好内容与形式的关系，找到学生喜闻乐见的形式，做到有的放矢，以期达到最佳效果。同时要职责明确，把活动中每个环节落实到人，教师负责做好监督把关和引导工作，确保活动按计划有序进行。力求活动自始至终有组织、有步骤、有检查、有落实、有形式、有内容。

要建设一支热爱文化事业、有一定文体活动能力的骨干队伍。骨干队伍的建设主要靠"发动群众挖掘，经常活动培养，组织竞赛选拔，集中训练提高"。注重以老带新，努力打造一支政治强、业务精、干劲足、作风正的文体骨干队伍。要定期组织骨干培训，把文体活动基本知识作为必修课，使每位骨干都成为文体活动的行家里手。提高筹划组织、设计编排等方面的能力，打造一专多能的文体骨干队伍。

2. 整合资源，将校园文体活动做实做精

文体活动不能仅仅局限于学院内部的"小天地"，更要配合学校开展活动。大连职业技术学院每年都会开展校级的春季运动会、啦啦操大赛、篮球赛、毽球赛、合唱比赛、纪念"一二·九"长跑比赛等体育赛事，也会开展"高雅艺术进校园"活动，奉献精彩的京剧和话剧表演，邀请专家到校做讲座等，这些是最受广大学生欢迎的。学院要组织学生积极参与校级文体活动，在使学生提升自我的同时，也培养了学生的集体荣誉感。

综上所述，校园文体活动对于进一步活跃校园文化、加强和改进大学思想政治教育发挥着重要的作用。值得一提的是，在开展文体活动时，要注意把文体活动的思想政治教育功能和它本身的愉悦性相结合，充分运用文体功能所蕴含的思想政治教育功能去感染学生、教育学生，这样才能让文体活动更健康、更持久地开展下去。

四、社团活动

社团是指由在校学生依据兴趣爱好自愿组成，为实现成员共同意愿，按照其章程自主开展活动的群众性学生团体。学生社团的基本任务：遵循和贯彻党的教育方针，坚持立德树人的基本导向，团结和凝聚广大同学，按照自愿、自主、自发原则，善用网络技术和新媒体技术，开展主题鲜明、健康有益、丰富多彩的线上和线下课外活动，繁荣校园文化，培养同学的社会责任感、创新精神和实践能力，提升学生综合素质，促进学生成长成才。

学院学生社团在校领导的关怀与支持下，在校团委的科学管理与引导下，取得了长足的进步与发展。学院从自身专业特点出发，以培养学生扎实的专业基础和较强的职业技能为目标，以"教学为中心"，以"育人为根本"，积极构建具有专业特色的社团活动，为实现学院人才培养目标而努力。截至目前，经济管理学院已先后成立青年志愿者协会、自强社、"爱馨"心理协会、物流学团、国贸学团、营销学团、报关社团、"红色精英"理论研究会、红十字协会、义工学团等十余个二级社团（见表4-2），开展了特色活动、各类职业技能大赛等活动百余项,多次荣获校级、市级明星社团荣誉称号。

表4-2 经济管理学院部分二级社团

序号	社团名称	精品项目	社团人数
1	物流社团	物流操作技能大赛培训	30
		物流企业文化调研	30
2	国贸社团	国贸技能大赛培训	70
		英语演讲比赛	70
3	营销学团	市场营销技能大赛培训	45
		蓝月亮营销大赛	45
4	报关社团	报关技能培训	34
		班徽设计大比拼	34
5	红十字协会	应急救护培训	40
6	义工学团	定期探访蓝天养老院	38
7	"红色精英"理论研究会	红色理论系列宣讲	30
		忆童年·忆青春	30
8	心理协会	心理剧大赛	36
		心理团训活动	36
9	自强社	辩论赛	40
		彩绘校园	40
10	青年志愿者协会	星星之火——探望自闭症儿童	35
		义卖平安果	35
		有衣捐衣	35

学院每年都会举办社团文化节。社团文化节是学院文化的浓缩,是学院特色的呈现,同时也为青年学生提供了一个发现自我、充实自我和展现自我的舞台,是充分展示经济管理学院全体师生智慧和才华的年度盛会。在文化节中开展了一系列社团文化活动,对于涌现出的精品活动予以立项,并长期开展下去,同时在年末评选出院级明星社团及优秀社长、优秀社员进行表彰。

年末的明星社团评比是每一个社团对本年度工作的梳理和总结。社团负责人用精彩激昂的演讲、从容自信的风貌,结合PPT向大家展示了社团在过去的一年里所开展的具体工作和感言,同时也展示了社团的品牌活动以及对社团发展的展望和规划，使各个社团相互之间有了更为清晰的认识，也为社团的负责人搭建了一个工作经验的交流平台，为接下来社团工作的有效开展奠定了坚实的基础。

明星社团营销学团是由经济管理系沙盘爱好者发起并组织的，经学院团委批准注册并在院团委备案的，供同学提升锻炼社会实践能力、体验企业经营的学生社团。以"学习、交流、实践、发展、创新"为宗旨，以"学习与普及 ERP 知识，传播经营管理理念；经营企业沙盘，开启创业人生"为理念，以赛促学、以赛促教，重在培养学生的团队精神、决策能力和管理水平。营销学团兼具学术性、公益性和实践性，举办了院级 ERP 沙盘竞赛、校级 ERP 沙盘竞赛，选取优秀社团成员参加了辽宁省市场营销技能大赛、辽宁省 ERP 商战版沙盘竞赛、国家级 ITMC 沙盘竞赛等多项赛事并多次获奖。

明星社团自强社旨在培养大学生自立自强的能力，促进大学生的全面发展，贯彻和落实自强社自信、自尊、自立、自强的精神。希望通过活动让学生学会感恩与勇于承担责任，播撒爱心种子，传递自强精神。自强社连续四年组织社员开展"彩绘校园"活动，在校园文化环境的建设中，让教师与学生共同确立对校园环境的自觉保护意识，以主人翁的姿态爱护环境、绿化、净化、美化环境，使学校和校园环境的建设不断得到发展和完善。活动深受学院领导和老师的好评，现已成为自强社特色活动。

明星社团青年志愿者协会一直以"奉献、友爱、互助、进步"为准则，遵循"爱心奉社会，真情暖人间"的宗旨，秉承"作为志愿者，我们一直在努力"的诺言，多次组织学生为贫困地区的孩子们捐款捐物，在校园里召集更多的老师与同学奉献出自己的爱心；举办了"义卖中国结"的活动，帮助到更多需要帮助的人；社长定期带领社团成员去夏家河以及海滨浴场捡垃圾，还游人一个干净的海边；经常拜访铁路疗养院，为那里的老人们带去欢笑，和他们聊天谈心，为他们表演节目。这些活动的开展，让同学们奉献出自己的一点力量，服务更多的人，未来更好地服务社会。

五、毕业生文明离校系列活动

毕业生文明离校教育是高校育人的最后环节，承担着倡导文明离校、激发感恩情怀、坚定理想信念的重要任务，更是大学教育和大学文化的延伸。开展毕业生文明离校活动，可以让毕业生在心灵深处烙下母校情结、师生情结、同窗情结，加深对母校的情感，为更好地步入社会成为"职业人"做好铺垫。

明星社团评比

（一）挖掘校友资源，开展"学长课堂"活动

为帮助学生树立学业目标，做好职业生涯规划，端正就业心态和学习态度，营造良好的学习氛围，经济管理学院已经开展了三届"学长课堂"系列讲座活动。讲座由经济管理学院在企业中表现优秀的毕业生们主讲，他们通过介绍自己在择业和就业中的经验和感悟，给在校的学弟学妹以启迪和帮助。"学长课堂"系列讲座活动通过毕业生与在校学生面对面交流，促使在校学生明确学习目标、增强对职业的向往和对专业的热爱，更加了解用人单位的实际需求，更有利于用未来职场需要的能力来指导在校的学习和生活，从而使自己对职业生涯有更好的指导和规划。

（二）开设专场讲座，对毕业生就业观念进行教育引导

面对就业岗位增加产生的新问题，如学生开始好高骛远、选择困难、跳槽频繁、就业稳定性差等，及时采取措施应对，注重引导学生转变观念、树立良好心态和正确的就业观，为学生做好求职充分准备、寻求职业发展奠定良好基础。每

个就业季来临前，学院领导班子到各个毕业班"走班"，与学生座谈，了解就业意向，分析行业特点，引导学生如何根据自身特点择业，减少学生的盲目性。有针对性地开展"一对一"的就业指导，服务好经济困难学生，尽最大努力帮助困难学生实现就业。

（三）毕业生文明离校系列活动

在毕业生即将离校之际，开展毕业生文明离校系列活动，营造积极向上、文明健康的离校氛围，坚持"以生为本、立德树人、提升素养、服务发展"的工作理念，将大学生思想政治教育工作落到实处。

1. 感恩·责任

（1）"难忘多年父母情，感恩母校献心声"。毕业时节，感谢母校对莘莘学子的培养，感谢远方爸爸妈妈的操劳，说出此刻我想对您说的一段话。

（2）"我的经验助你成功"——学弟学妹，我想对你说。深入挖掘本院国家级、省级、市级、校级优秀毕业生、就业创业典型和项目标兵事迹，搜集他们大学的成长历程、学习方法、求职感受、应聘经验、创业技巧等内容，使之成为在校大学生的宝贵财富。

2. 收获·成长

（1）"回首我的大学"毕业季摄影大赛。三年大学同学，三年同窗情感，我们即将踏上新的征程，经历的风雨，见证的青春，让我们用照片来记录，征集有意义的大学生生活照片，能够反映大学生活的点滴成长或美好回忆。

（2）"梦想秀"职场展示。走过的三年大学时光，无论是成功的喜悦还是失败的忧伤，想必即将毕业的你都会留下许多感触，以毕业生求职心路、工作照等形式展示毕业生走在求职道路上的点滴艰辛、成功喜悦。

3. 青春·榜样

毕业生综合素质论文公开答辩会。组织全院毕业生撰写综合素质论文，深入有效地做好毕业生综合素质答辩工作。回顾大学三年的成长经历、思想学习收获、心路历程、实践感想、对成功与失败的自我评判和反思、对青春及人生的理解和感悟，重新明确了自己的人生追求，制订了今后的计划和目标。通过素质答辩这一德育教育的新载体，让毕业生在离校前进行一次理性深刻的自省、全面深刻的总结，为他们顺利走上工作岗位保驾护航。

毕业生综合素质论文答辩

4. 毕业典礼

毕业典礼是高职学生三年学业生涯的节点，也是高职学生成长过程的重要里程碑，对外人来说也许只是个形式，但对学生而言却意义深远，既标志着大学时代的结束，也意味着一个人生新阶段的开始，不管他们是继续学习还是走入社会就业，无论选择一个怎样的未来，毕业典礼都将成为他们人生的分水岭，是他们人生的重要时刻，是值得纪念和珍藏的，因此大连职业技术学院历来非常重视毕业典礼，学校每年都精心设计和组织，力争给学生一个隆重、难忘、触动心灵的毕业典礼。

作为二级学院，在组织学生参加学校毕业典礼的基础上，学院还仅仅抓住最后一次集体教育的机会，组织经济管理学院毕业典礼。典礼上不仅有院长为每个学生发毕业证、荣誉证书环节，更有学院全体教师参加，在典礼上老师和学生通过对大学三年的回顾，使学生更加怀念在校的三年时光，最后一次老师对学生的叮嘱，使学生感受到学校对他们的关心。相比学校毕业典礼的隆重，学院的毕业典礼更温暖、更亲切，对学校人文精神的传承具有重要的意义。

5. 毕业嘉年华活动

为使学生感受一个不一样的毕业典礼，大连职业技术学院每年还举行毕业嘉年华活动，如2017年毕业嘉年华活动当天，校园内精心布置了喜庆的毕业门、美丽的彩虹树、精致的导视图、摇曳多姿的旗海走廊、铺满红毯的广场，毕业嘉年华的吉祥物——可爱的"华华星宝"装点了多姿多彩的校园、营造了温馨祥和

大连职业技术学院毕业嘉年华活动

的氛围，欢迎毕业生回家。嘉年华设计了多项主题活动区域，如游戏区、美食区、荣誉殿堂、笑脸墙、定格瞬间、主题花车、水莲帆船、毕业蛋糕等，通过使毕业生参与学校精心设计的丰富多彩的活动，给学生的人生留下浓墨重彩的一笔。

经济管理学院也从二级学院的角度为学生精心准备了纪念品，由辅导员亲自为学生佩戴鲜花、赠送纪念品，与学生合影，使学生在欢乐中感受到母校对毕业生的爱与祝福，彰显了重要仪式在思想政治教育中的载体作用，将毕业生文明离校活动有效地融入思想政治教育工作当中，突显了大连职业技术学院大学生思想政治教育工作的针对性与实效性。

毕业生合影留念

六、素质拓展

素质拓展活动是一种体验式训练，是以运动训练的方式为主要途径，对大学生的思想、心理、能力、体质以及意志品质的一种磨炼和考验活动，同时也是对大学生的合作精神、团队意识、临场经验的模拟训练，是一种新的素质教育和现实体育相结合的"实战演习"。它以培养团队精神、合作意识与进取精神为宗旨，利用自然环境，通过专家精心设计的训练项目达到磨炼意志、陶冶情操、完善人格、熔炼团队、挖掘个人潜力、提升管理水平的训练目的，全面提高学生的人格品质、心理素质。拓展训练包括六大核心要素：以特定的环境和情境为条件，以团队学习为组织形式，以身体活动为载体，以游戏为活动形式，以体验式学习为教育模式，以提高身体素质、心理素质和社会适应能力为目标。

（一）大一年级开展"新生破冰之旅"主题拓展训练活动

新生拓展训练，是以新生为主体的一种实践体验教育方法，学生在完成规定的过程中认识自身潜能，增强自信心，改进自身形象，克服心理惰性，完善性格结构，磨炼战胜困难的意志，调适身心，不浮躁、不颓废，更好地面对学习与生活的挑战；同时起到认识群体的作用，增进对集体的参与意识和责任心，启发想象力与创造性，提高解决问题的能力，促进学生学习欣赏别人、学会关心他人，使人际关系趋向和谐。

针对大一学生刚刚步入大学这一实际情况，将拓展训练分为两个部分：第一部分是破冰之旅，可以选择"让我们相识""解手环""找零钱"等破冰游戏，让新生从只认识自己寝室的同学到认识队友，再到熟悉班级同学；第二部分让学生提升团队意识，体会团队支持对个人的意义和重要性，可以选择的项目包括"坐地起身""无敌风火轮""齐眉棍""雷阵图"等，培养学生依靠集体智慧合作解决问题的能力，增强团队凝聚力。

（二）大二年级开展"超越自我"主题拓展训练活动

以培养集体荣誉感和归属感为核心，可设有"组队展示""超音速""松鼠找大树""谁是狙击手"和"团体行走"等项目的挑战。在每个项目中，从目标的制定、方案的策划到具体的实施，每名学生都积极参与讨论，充分挖掘自己的潜能，为完成团队的共同目标而积极努力、积极协作、共克难关，培养学生的团队精神。

（三）大三年级开展"相约职场"主题拓展训练活动

大三年级是高职学生在校的最后一年，也在为进入职场做最后的准备。这一年的拓展训练可以以"职场发展·相约成功"为主题，选择的拓展项目包括"众志成城""信任背摔""盲人方阵""穿越电网"等，着重培养学生的人际交往能力和沟通能力，促使学生学会表达和倾听，培养学生宽容和理解的品质，提高学生对压力的承受能力，使学生善于处理人际冲突。

辅导员郭轩霆在组织学生素质拓展训练

需要注意的是，素质拓展训练包括具体体验、反思观察、抽象概括、行动应用四个学习环节，有些团队在做完具体的训练后，并没有将后续的三个环节跟进，导致整体的效果不佳。要在活动结束后，组织学生分享他们的观点和感受，在教师的指导下，学生进行反思、讨论和总结，将感性认识上升为理性认识，达到在活动体验中学、在完成任务中学、在团体互动中学、在愉悦身心状态下学的目标，从而促进个人和团队的良性提升，最终应用于未来的学习、工作和生活中。

七、社会实践和志愿服务类活动

（一）以社会实践促进职业能力提升

中共中央、国务院《关于进一步加强和改进大学生思想政治教育的意见》明确指出："社会实践是大学生思想政治教育的重要环节，对于促进大学生了解社会、了解国情，增长才干、奉献社会，锻炼毅力、培养品格，增强社会责任感具有不可替代的作用。"大学生参加社会实践活动不仅能增强思想政治教育、专业知识学习、能力培养、个性完善等方面的综合效能，更重要的是，它是新形势下大学生思想政治教育的新途径，是实现高校教育目的的必经过程，也是大学生施展才华的最佳形式。社会实践活动是课堂教育教学的必要延伸和专业能力、综合素质提升的重要途径，能够使受教育者把文化知识学习和思想品德修养紧密结合起来，把创新思维和社会实践紧密结合起来，把全面发展和个性发展紧密结合起来，通过大学生社会实践活动，当前大学生思想政治教育中的许多重大难点问题都能够顺利解决。利用好寒暑假，开展形式多样的社会实践活动；积极组织大学生参加社会调查、生产劳动、志愿服务、公益活动、科技发明和勤工助学等社会实践，提高社会实践的质量和效果，使大学生在社会实践活动中受教育、长才干、做贡献，增强社会责任感。

为培养和提升学生的实践能力和创新能力，经济管理学院精心组织每一次的社会实践活动，力求不断深化社会实践和志愿者服务活动，不断丰富和完善社会实践形式，鼓励更多教师投身到社会实践活动指导工作中，鼓励广大学生走出校门、深入基层、深入群众、了解社会、服务社会、开阔视野、增强社会责任感和历史使命感，做到有理想、有追求、有担当、有作为、有品质、有修养。学院领导高度重视，通过召开年级例会、班会的方式对实践活动做详细周密的部署，号召学生全员参加社会实践。为充分调动广大学生投身社会实践的积极性，学院利用微信公众平台、微博、学院网站、宣传栏等多种形式对实践活动进行翔实、细致的宣传，开展了社会调查、实习实践、义务支教、志愿服务等形式多样的活动，坚持以"受教育、长才干、作贡献"为宗旨，注重发挥社会实践的育人功效，针对学生的成长规律和思想特点，以暑期"三下乡"社会实践为主要平台，吸引社会资源，依托专业特色，结合学生年级特点，制定社会实践活动方案，让社会实践成为学生专业能力的检验场。通过社会实践基地的建设，使实践活动与专业学习、服务社会、勤工助学、择业就业、创新创业、扶贫帮困有效结合，实现社会实践的基地化、长期化、项目化。

第一，整合校内外各种思想政治教育力量，做到优势互补、资源共享、分工协作，形成合力。校企合作为社会实践活动的发展搭建平台。高职院校最根本的任务就是培养高级技能应用型专门人才，通过与社会基层和用人单位进行紧密结合，可以为社会和行业提供符合岗位实践能力的毕业生。因此，社会实践是巩固所学专业知识、吸收实践新知识以及增强专业技能水平和培养创新能力的重要途径。经过多年的探索实践，我校初步建立了大学生暑期社会实践活动的有效运行机制，从领导组织体系、内容与形式、社会实践基地等方面加强了建设，有效推进了大学生社会实践活动的开展。

通过校企联合，不仅能够搭建开展社会实践活动的平台，还能够为学生展示自身的能力提供一个良好的舞台，最终企业通过观察学生的专业能力、品德修养以及团队合作和意志品质等选择符合自己企业发展的人才。通过社会实践活动实现职业教育与企业的对接，从而积极探索训练基地的校企新模式，由企业提供场地和参与管理，学校提供技术支持，由院校和企业共同组织社会实践活动教学指导，实现资源互补和利益双赢，强化职业教育丰富的内容与特色。

社会创业就业调研小组的3名在校大学生利用暑假时间接受艾克之家培训，借助艾克之家这个平台联系各大企业家，进行大学生就业创业方向及应注意事项等问题的社会调查。通过艾克之家企业培训，拜访各大企业家提问相关问题，记录摄影，回校建立社团、传授知识，建立水果店实训基地，为大学生提供理论与实践相结合的机会。

第二，发挥学生干部作用，团队分工明确，各司其职。在社会实践出发之前，通过学生工作例会进行部署，强调安全、主题、开展方式等重要事项，充分了解和掌握每个实践地点的详细情况，结合当地政治、经济、文化等发展情况拟定活动内容。学生可以自主选择调研题目，只要内容紧密联系专业特点和社会关注的热点、焦点问题即可，但是必须经过学院团委的审批后方可实施。

　　由学生带队的社会实践团队也取得了良好的效果。传递温暖·关爱留守儿童团队前往辽宁省海城市牌楼镇房身村，为这里的留守儿童送去了学习用品和益智玩具，辅导他们的暑期功课，与他们一起做游戏，并开展了"两地书·亲子情"活动。"携手残障儿童，感受生命热度"社会实践小组与黑龙江省哈尔滨市星蕾幼教自闭症儿童康复中心达成协议，进行志愿服务。他们为这里的自闭症儿童送去了学习和生活用品，并与他们一起唱歌、跳舞、打球，给他们讲故事，把爱和欢乐带给了孩子们。社会实践项目"爱让星空亮起来"实践团来到朝阳市阳光雨特殊儿童康复学校。实践期间，同学们帮助孩子做肢体康复运动，陪他们玩游戏，辅导他们画画，带孩子们去大型超市自助购物，用自己的实际行动给予孩子们足够的尊重、陪伴和理解，让孩子们感受到欢乐与幸福，感受到社会对特殊儿童的关怀。

学生在黑龙江省哈尔滨市星蕾幼儿特殊教育学校与自闭症儿童一起上课

第三，结合专业特点，提升实践内涵。立足专业特点，将抽象的理论知识转化为学生解决实际问题的各项能力，是开展好社会实践活动所遵循的首要原则。从职业发展角度来看，社会实践与专业相结合可以提高高职学生社会实践的技术含量，加深学生对所学专业的认识，进一步培养职业精神和职业道德。

"我营销·我快乐"暑期社会实践团队走进企业、走进超市，零距离感受商家和超市的营销理念；"相约麦德龙"团队走进物流行业的龙头企业麦德龙，了解整个运行流程与经营理念，学生们对自己的专业发展与前景又有了进一步的了解；经济管理学院组建的大连市物流企业文化调研团队暑假期间前往锦程国际物流在线服务有限公司和大连星光德邦物流有限公司进行调研。团队通过问卷调查、座谈、现场参观等方式对企业总体情况、物流行业进行了全方位了解，对物流专业校园文化建设提出了相应的意见和建议。

第四，开展多样活动，拓展实践广度。深入城镇、乡村，开展社会调查、考察，从而引导学生了解社会、了解国情。深入城镇、乡村及各类企业事业单位，切身感受党的十八大以来我国经济社会发展的新面貌、新成就，深入观察和领会"十三五"规划、"五位一体"总体布局、"四个全面"战略布局和"五大发展理念"，深刻理解以习近平同志为总书记的党中央治国理政新理念、新思想、新战略，围绕经济、政治、文化、社会、生态文明、党的建设等方面的改革热点问题集中开展调查研究，深化第一课堂学习成果，增强道路自信、理论自信、制度自信。

为了更好地了解农村的环境状况、水资源状况以及垃圾处理方式，"下一站文明"团队奔赴吉林省长春市榆树市先锋乡土窑大队，对该地区的垃圾处理现状、水资源浪费情况进行调查。调研的同时，宣传环境保护的相关知识和节约水资源的重要意义，使广大群众提高对环境保护的关注和积极态度。房木镇自来水整改调查小组就辽宁省铁岭市西丰县房木镇自来水整改进行了调查，了解基层群众生活中的具体问题及其对政府的信任度，帮助协调人民群众与各企事业单位的矛盾纠纷，增加群众的幸福感，增强各企事业单位的社会责任感和政府部门的公信力度。同时，为了加强当代大学生对国情、民情，特别是对实践的了解，"历史探索者"实践团队前往锦州世博园和辽沈战役纪念馆，感悟自然、体验历史，接触社会、了解国情和省情，通过历史和现代的强烈对比，使学生们深刻领悟当今的幸福生活来之不易，明白只有共产党才能救中国，坚定为中国人民共同实现"中国梦"而努力奋斗的信念。美丽中国实践团为了使环保深入人们的生活，在暑假来到葫芦岛市兴城市南大乡新民村进行环保宣传，指导他们对垃圾进行分类处理，爱护环境，提升环境保护意识，自觉培养保护环境的道德风尚。

社会实践活动是学校教育向课堂外的一种延伸，是大学生学习知识、锻炼才干的有效途径，更是大学生服务社会、回报社会的一种良好形式。社会实践结束后，实践团队和个人在认真总结、反思的基础上，向学院提交了实践总结和接收单位证明。通过暑期社会实践，不仅让同学们接触了社会、服务了群众，而且创建了一个学习实践的广阔平台，端正了大家的人生观、世界观、价值观，真正全面地提升了学生的综合素质和能力。

（二）以志愿服务助力奉献意识提升

开展志愿服务是"培育和践行社会主义核心价值观的有力抓手"，是加强和改进大学生思想政治教育的有效途径。教育部《关于深入推进学生志愿服务活动的意见》明确指出：要充分发挥志愿服务活动的育人作用，建立健全学生志愿服务活动长效机制，深入推进学生志愿服务活动。

经济管理学院志愿服务活动的开展由学院团委牵头，秉承"奉献、友爱、互助、进步"的志愿服务精神，依托学院二级社团中的青年志愿者协会、红十字会和义工学团三大公益类学生社团，通过社区服务项目，带动学生参与志愿服务，面向孤寡老人、自闭症儿童、残疾人、贫困山区儿童等社会弱势群体开展帮扶活动，注重发挥学生的知识技能优势，鼓励学生积极主动走出校园。通过宣传参与志愿服务活动、奉献自我能够得到社会认同、实现自我价值等理念，激励大学生参与志愿服务活动的积极性和自觉性，使他们在活动过程中体验到满足感、成就感。

学院组建了志愿服务者小分队，致力于开展周边小学的支教、服务敬老院孤寡老人、无偿献血等活动，在力争创立优秀青年志愿者服务集体、服务项目的同时，提高了大学生的思想政治素质，促进大学生之间的团结互助，使他们树立正确的人生观和价值观。通过开展这些活动，将大学生凝聚起来。

学院志愿服务品牌项目"我是你的眼"爱心助盲志愿服务活动，采用"2+1"服务模式，即每小组2名志愿者共同服务1位盲人，形成固定的长期服务关系。自2014年5月开展以来，经济管理学院200余名学生志愿者走进社区为盲人提供服务。

服务生活。学生志愿者利用课余时间帮助盲人出行、到超市买东西、到银行取钱等，为盲人的日常生活、出行等提供服务。在天气晴朗的时候，陪同盲人到附近的公园散步，感受自然，舒缓身心。在新年来临之际，志愿者为盲人送去了自己亲自书写的对联和福字，把浓浓的祝福送给他们。爱心阅读。每月 15 日和 30 日定为结对帮扶"读书日"，由学生志愿者为盲人精心挑选书籍和杂志、报纸等刊物，为盲人阅读，为他们讲故事、读报纸，丰富他们的精神文化生活。聆听世界，分享幸福。社区定期组织盲人举办大型联谊活动，每次活动学生志愿者都参与其中，为盲人朋友表演节目，并为他们提供服务，以此增进学生志愿者与盲人的交流，大家一起去聆听世界，分享幸福时刻。除了定期走进社区以外，学生志愿者还充分利用在校时间，用微信、QQ 等现代通信工具，与盲人朋友进行网络交流。盲人可以利用发声软件阅读我们输入的文字，进而与学生志愿者进行交流。微信更是提升了沟通的便捷性。通过长期谈心，我们发现，他们虽然没有一双明亮的眼睛，但同样拥有着多种多样的兴趣爱好，他们的内心世界同样丰富多彩。

"我是你的眼"志愿服务的开展拉近了学生志愿者与社会的距离，使学生在实践中锻炼自己，丰富人生经历，实现自我价值。很多志愿者表示，希望尽自己最大的努力去帮助盲人，帮助身边有困难的每一位朋友。爱心助盲活动也丰富了盲人朋友的生活，让他们感受到来自社会的关心与关怀，有助于建设人与人之间互相关爱的和谐社会关系。

学生到社区对残疾人开展志愿服务

第五章

思想政治教育

辅导员从传统意义上称为思想政治教育辅导员，思想政治教育工作是学生工作者的主业。习近平总书记在全国高校思想政治教育工作会议上指出："我国高等教育肩负着培养德智体美全面发展的社会主义事业建设者和接班人的重大任务，必须坚持正确政治方向。"因此，每一个学生工作者都要深刻认识做好高校思想政治工作的重大意义、目标任务和基本要求，增强做好工作的责任感、使命感。

第一节　思想政治教育的内容和方法

一、思想政治教育的内涵和内容

（一）思想政治教育的内涵

思想政治教育是指教育者按照一定社会或阶级的要求，有目的、有计划、有组织地对受教育者施行系统的影响，把一定的社会政治准则、思想观点、道德原则、法纪规范和心理要求，转化为受教育者个体的政治素质、思想素质、道德素质、法纪素质和心理素质的过程。

（二）思想政治教育的内容

中共中央、国务院《关于进一步加强和改进大学生思想政治教育的意见》提出了加强和改进大学生思想政治教育的主要任务，即以理想信念教育为核心，深入进行树立正确的世界观、人生观和价值观教育；以爱国主义教育为重点，深入进行弘扬和培育民族精神教育；以基本道德规范为基础，深入进行公民道德教育；以大学生全面发展为目标，深入进行素质教育。这四项主要任务，科学地规定了大学生思想政治教育的主要内容，揭示了大学生思想政治教育内容的结构体系。我们要重视对大学生思想政治教育内容的研究，科学构建其内容体系，以增强大学生思想政治教育的针对性、实效性和吸引力、感染力。

为贯彻和落实中央《关于进一步加强和改进大学生思想政治教育的意见》的文件精神要求，结合高职经济类专业学生的特点，我们在思想政治教育方面重点做了以下工作：

1. 安全教育

由于大学生刚刚离家独立生活，社会经验少，安全教育是当务之急。我们重点从国家安全、突发公共事件、心理健康、消防、交通、运动、防范诈骗等与大学生息息相关的安全问题着手，详细阐述了如何应对此类安全事件及急救常识，以增强大学生安全防范意识，掌握必要的安全知识和安全防范技能，消除各种安全隐患，确保大学生身心安全。

2. 养成教育

养成教育是在思想素质教育的基础上，侧重人的道德品质和行为习惯的一种教育。由于很多高职学生没有养成良好的学习和行为习惯，高职院校应采取相应措施，从思想、学习、生活等多方面加强高职院校学生的养成教育，以培养高职院校学生良好的道德修养和思维习惯。我们在日常生活、工作和学习中，以养成良好的学习习惯和行为习惯为重点，通过行为训练、严格管理等各种教育手段，全面提高人的"知、情、意、行"等素质，使学生最终养成自觉遵守社会道德和行为规范等良好的道德品质和行为习惯。

3. 以社会主义核心价值观为核心的公民道德教育

根据当前国内形势，我国社会正处于社会转型的关键期。社会发展过程由一种社会类型向另一种社会类型的转变和发展，意味着社会系统内在结构的变迁，也意味着人们的生活方式、心理结构、价值观念等将发生全面而深刻的革命性转变，一方面表现出价值观念的多元化，另一方面面临着文化和价值冲突等新的问题。对于高职学生来说，他们的价值取向将会不可避免地受到其影响的制约。用社会主义核心价值观引导高职学生的价值观念，对他们开展公民教育，帮助他们树立正确的三观价值，对形成科学的价值取向是必不可少的。

4. 职业道德教育

职业道德是从事一定职业的人们在职业活动中所应遵循的道德规范以及该职业所要求的道德准则、道德情操与道德品质的总和。高等职业院校以为社会和经济建设第一线培养高级技术应用型人才和管理人才为主要任务，因此，加强对学生进行以职业道德教育为主导的道德素质教育，使学生在校期间就开始学习和了解职业道德理论、规范，培养职业道德情感、观念和是非善恶的判断标准，把学生塑造成有"魂"的高技能人才，具有十分重要的意义。

5. 以大学生党建为重点的理想信念教育

以学生党建工作为主导推进新时期大学生思想政治教育，从根本上说是指高校学生党建工作对大学生思想政治教育的引导、统领作用。学院充分发挥高校党组织的政治优势和组织优势，通过多种途径加强高职学生对党的认识和了解，提高党对高职经济类专业学生的吸引力、凝聚力，使学生树立正确的理想和信念。

二、创新高校思想政治教育工作方法的要求

现在在校大学生都是"95后"，他们从一出生就面临经济全球化、信息网络化和各种思潮不断涌现的时代背景，他们是伴随着改革开放和市场经济体制建立的过程成长起来的，这些背景必然会在他们的思想意识里打上深深的烙印。他们思想更活跃、更富有反叛精神，使我们的思想政治教育面临前所未有的挑战。我们必须与时俱进，创新高职经济类专业学生思想政治教育的方法。基于当前思想

政治教育的时代新环境，面对种种问题和挑战，创新高校思想政治教育的工作方法应该遵循以下六方面的要求。

（一）坚持育人为本、德育为先，把立德树人的根本任务落到实处

习近平总书记在全国高校思想政治工作会议中指出："高校立身之本在于立德树人。只有培养出一流人才的高校，才能够成为世界一流大学。'才为德之资，德为才之帅'。做好高校思想政治工作，高校才能牢牢抓住全面提高人才培养能力这个核心点，完成好培养德智体美全面发展的社会主义事业建设者和接班人的重大任务，更好地服务大局，不断增强国家核心竞争力。"

长期以来，高职院校存在着重技能、轻德育的教育弊端，把高职教育等同于职业培训，但实际上，"做人"与"做事"是统一的，现代教育观念是为了让学生"学会认知、学会做事、学会生活、学会发展"，因此学生工作要确立"兴基础、重实践、强技能"的完整的高职人才培养理念，秉承以人的全面发展为目的，"知识教育、思想教育并重"的理念，坚持育人为本、德育为先，"坚持把立德树人作为中心环节，把思想政治工作贯穿教育教学全过程，实现全程育人、全方位育人"。

（二）要摸清学生的思想动态，有针对性地开展思想政治教育

辅导员要经常深入到学生中去，和学生打成一片，近距离了解学生的思想动态，对学生进行思想动态调研应当成为学生工作的常规。辅导员可以根据当前形势和学生实际列出调研提纲，采用座谈会、班会、访谈、问卷调查、个别交流等多种方式开展深入细致的调查，并形成调研报告，便于准确把握大学生思想政治教育工作的形势，增强思想政治教育工作的针对性、时效性和主动性。例如，假期开学后可以设计如下调研提纲内容：①学生返校率以及未返校原因。②假期期间，学生比较关注的国内外时事政治及社会热点问题（依次排出前三位）及关注途径，以及对这些问题的认识和反应。③学生假期主要做了哪些事情（社会实践），有哪些感受与体会。④学生对上学期学业成绩反应，重点调查成绩不及格学生的情绪状态及心理状况；新学期学生有哪些学习计划。⑤毕业学生对当前就业形势和个人就业前景所持态度如何？心理状况如何？⑥学期初本学院学生心理健康总体状况如何？请重点调查家庭贫困学生、学习困难学生、心理问题学生、违纪学生等特殊群体的心理健康状况。⑦学生在学习、生活等方面遇到的实际问

题。请重点调查学生家庭有无重大变故、是否遭受严重自然灾害、假期及返校途中是否出现安全事故或其他突发事件。假期是否参加宗教组织或参与宗教活动等。⑧学生参与不良网络贷款情况，是否存在其他金融安全风险问题等。⑨学生关注的其他事项；等等。

(三) 思想政治教育内容要在提高学生基本道德素质的基础上突出职业性

当前高职经济类专业学生马上出现"00后"，他们有许多新的思想特点，他们普遍关心时事，主体意识强，接受新事物快，但辨别能力相对较差，抗压能力较弱，容易受网络媒体、现实生活与不良信息的影响，一些学生不同程度地存在价值观念扭曲、诚信意识缺失、社会责任感下降、艰苦奋斗精神淡化、团结合作观念较差、心理素质不高等问题。针对他们的思想政治教育，应当本着以理想信念教育为核心，以思想道德建设为基础，以学生全面发展为目标，以职业养成为重点，坚持以人为本，贴近实际、贴近生活、贴近学生。

高职教育以就业为导向，因此职业养成的教育应该成为思想政治教育的重点内容，学院要形成系统的贯穿三年的职业养成教育计划，从新生入学开始就有计划、有步骤、全方位地开展紧密结合岗位要求的职业养成教育，针对高职经济类专业学生，重点围绕诚信、感恩、沟通、合作、创新方面进行培养。当然，不同专业的核心职业素质要求也有不同的侧重点，如市场营销专业更侧重沟通、创新，物流专业团队合作、责任意识更加重要。

(四) 在工学结合模式下，思想政治教育要注重实践育人

人的思想品德是在实践的基础上主体与客体相互作用与协调的结果，思想政治教育的主体是大学生自己，外在的道德规范体系和道德需要只有通过学生自愿或自觉的实践，取得认同，内化为其自身的道德需要，才能真正起到外化指导道德行为的作用，因此，实践育人有助于大学生思想品德的形成与发展，大力倡导实践育人的教育理念有利于加快大学生的社会化进程。

高职教育的目的是培养生产、建设、服务和管理第一线需要的高技能人才，因此高职教育离不开社会、企业。工学结合的人才培养模式为高职德育教育提供了全新的平台，也体现了其德育教育的优势。高职院校要广泛吸纳社会各方面社会资源，比如积极与当地政府、企事业单位和社会团体寻求合作，争取把社会资源吸引到高校实践育人活动中来，要积极建立校外实习实践基地，为大学生提供

便利的实践条件，让学生的思想和认识在实践中得到提升。

学院在设计思想政治教育实践活动时应充分调研，针对培养目标和学生实际，可以与实践单位共同制定培养方案。在顶岗实习的过程中，也要让学生到生产一线亲身经历和体验竞争给企业和员工带来的极大压力，进一步明确自身的优势和不足，增强学习的动力和明确发展的方向。

（五）在新媒体背景下，思想政治教育形式要丰富多样

在新媒体环境下，学生工作者如何积极主动地运用现代科技手段，使大学生能够通过现代信息传播渠道接受积极健康的思想文化，是当前面临的重要课题。我们要继承和发挥传统思想政治教育的优势，充分挖掘新媒体的思想政治教育功能，开辟大学生思想政治教育创新发展的新阵地。

首先，要提升学生工作者的信息化素养，提高学生工作者运用新媒体手段开展教育的能力和技术水平，通过参加校内和校外的培训和学习，学生工作者基本掌握 PPT、视频、微课制作等技术，具备用新媒体开展思想政治教育的能力。其次，要拓展思想政治教育的新媒体渠道，建立"贴近实际、贴近师生、贴近生活"的融思想性、知识性、趣味性、服务性于一体的思想政治教育阵地，如网站、微信公众号等，支持更多的新闻、宣传、文化以及党团组织进入网络，让思想政治教育内容在"进教材、进课堂"的基础上"进媒体"。最后，运用新媒体促进思想政治教育者与学生进行有效互动。学生工作者要充分利用 E-mail、QQ、微信、微博等新媒体平台，及时地针对大学生关注的热点问题，加强与学生的交流互动，形成积极向上的思想政治教育舆论导向，有效地将社会主义核心价值理念转化为大学生的思想意识和行为习惯。

（六）突出学生主体，注重实效

首先，思想政治教育要尊重学生的主体地位，充分尊重大学生的个性需求，融入人文关怀，与他们真诚沟通，理解、关心、帮助他们，不断提高高校思想政治教育的亲和力、说服力，增强思想政治教育的针对性和吸引力。其次，教师应当与学生平等互动，引导学生说真话、讲实情、畅所欲言；在各种活动中，要充分尊重学生的意见，让他们参与其中。学生工作者要深入学生，了解学生的生活，倾听学生的心声，与学生互动交流、沟通思想。最后，注重实效，不摆花架子。在思想政治教育中，不管采取何种形式、何种手段，都要以是否能实现高校

思想政治教育目标为检验的标准，而不能完全以取悦受教育者的喜好为目的，故意摆花架子，过分追求形式的新颖或刺激。

第二节　高职经济类思想政治教育实践与探索

一、社会主义核心价值观引领下的理想信念教育

大学生是祖国的未来和民族的希望，能否形成正确的价值观，是影响到我国社会主义建设事业成败和中华民族兴衰的关键，但由于受到成长规律的限制，他们亟须增强辨别力、洞察力与判断力，厘清价值观取向，以面对社会中良莠不齐的社会现象与繁复多样的文化思潮的冲击。高职经济类专业学生社会经验尚浅，易于接受新鲜事物，他们虽然具有一定理性思考的能力，但社会上有太多与校园不同的东西，很多人从小到大接受的教育所形成的理念在现实面前被击得粉碎，甚至有的人人生观、价值观被完全颠覆，由此会带来很多困惑，因此对他们进行社会主义核心价值观的教育显得尤为重要。

（一）大力宣传把握社会主义核心价值观深刻内涵

党的十八大提出，倡导富强、民主、文明、和谐，倡导自由、平等、公正、法治，倡导爱国、敬业、诚信、友善，积极培育和践行社会主义核心价值观。富强、民主、文明、和谐是国家层面的价值目标，自由、平等、公正、法治是社会层面的价值取向，爱国、敬业、诚信、友善是公民个人层面的价值准则，这24个字是社会主义核心价值观的基本内容。社会主义核心价值观是社会主义核心价值体系的内核，体现社会主义核心价值体系的根本性质和基本特征，反映社会主义核心价值体系的丰富内涵和实践要求，是社会主义核心价值体系的高度凝练和集中表达，是对我国的每一个成员的严格要求。

社会主义核心价值观提出的"三个倡导"深度概括了社会主义核心价值观，真正体现了社会主义核心价值体系当中的精神实质，代表了在社会主义发展中广大人民群众的价值取向及选择。因此，必须让高职院校学生充分理解并赞同"三

高职院校经济类专业学生工作实践与探索

个倡导"的内涵，才能保障其在以后的工作和生活中真正、有效地融入社会，成为推动社会迅速发展的主要力量。

学院通过多种方式大力宣传和弘扬社会主义核心价值观，引导大学生在价值多元化的今天牢固树立马克思主义的科学信念和中国特色社会主义的共同理想。我们要大力加强校园文化建设，充分重视校园文化环境与社会主义核心价值观精髓的结合，在校园、公寓、教室、实训室等场所广泛宣传社会主义核心价值观，使学生耳濡目染，受到潜移默化的影响；充分利用校牌、校标、校徽、校报等学校标识物宣传校史、校情，增强其爱校情怀；利用对中华民族不同节日的活动及宣传取得的建设成果，开展爱国主义教育，增强大学生坚定社会主义共同理想的信念和信心；营造良好的校风、教风与学风，为学生的全面发展创造良好的精神环境；开展丰富多彩的主题教育活动和校园文化活动，旗帜鲜明地对学生进行社会主义核心价值观教育，如经济管理学院从2014年开始开展的"思想政治教育精品"系列活动已经连续举办3届，"青春梦·职院人·经管情"活动开展了4届，都取得了非常好的教育效果。

📖 案例

大学生社会主义核心价值观主题教育活动

一、活动宗旨

社会主义核心价值观是社会主义核心价值体系的根本性质和基本特征，反映社会主义核心价值体系的丰富内涵和实践要求。党的十八报告中明确指出：倡导富强、民主、文明、和谐，倡导自由、平等、公正、法治，倡导爱国、敬业、诚信、友善，积极培育和践行社会主义核心价值观。

"践行社会主义核心价值观，引领高职学生成长成才"主题教育活动深入贯彻落实党的十八大和十八届三中、四中全会精神，以《关于培育和践行社会主义核心价值观的意见》为指导，按照社会主义核心价值观关于"爱国、敬业、诚信、友善"的要求，积极培育和践行社会主义核心价值观，引领青年学生全面发展，牢牢把握学生的思想脉搏和思想政治教育的主动权，促进高职学生健康成长。

二、活动过程

（一）动员部署阶段

学院成立社会主义核心价值观主题教育实践活动领导小组，负责活动的安排与实施。院学生会、班级团支部、寝室活动小组根据学院实施方案，结合实际，制定具体教育实践活动方案，明确各个阶段、各个环节需要开展的具体工作，切实提高广大学生参与教育的积极性、主动性和自觉性。

（二）活动实施阶段

此次活动主要包括"社会主义核心价值观内涵解读与学习""培育和践行社会主义核心价值观""社会主义核心价值观优秀活动总结提升"三个阶段，依托专家讲座、团员组织生活、青年志愿服务月、主题教育、大学生社会实践等不同载体开展形式多样的教育活动，切实做到用社会主义核心价值体系引领青年学生的成长成才。

1. 第一阶段：社会主义核心价值观内涵解读与学习

（1）全方位、多角度宣传，增强学生认同感。充分利用宣传栏、校园网、QQ群、微博、微信等多种形式和工具进行全方位、多角度宣传，坚定学生理想信念，帮助学生树立正确的人生观、世界观和价值观，使社会主义核心价值观深入人心，为推动社会主义核心价值观融入教育教学全过程打下坚实的思想基础和舆论根基。

（2）开展调研，深入生活，了解学生思想动态。设计调查问卷，开展调研活动，了解同学们对社会主义核心价值观认同的现状，分析原因，因地制宜为社会主义核心价值观系列活动的开展打下基础。

（3）系统学习，全面掌握，夯实理论基础。以院团委为主导，班级团支部、寝室为主体，集中学习与自主学习相结合，深入学习贯彻党的十八大精神和习近平同志系列讲话精神。邀请校外专家通过报告会、座谈、讨论等形式，教会学生深刻领会和把握社会主义核心价值观的丰富内容和基本要求，为实践发展提供理论支撑。组织开展"培育和践行社会主义核心价值观"主题征文活动和"核心价值观伴我成长"主题演讲比赛。引导大学生谈体会、谈认识、谈理想，注重作品的思想内涵和时代意义，进一步打牢社会主义核心价值观的思想基础。

2. 第二阶段：培育和践行社会主义核心价值观

（1）明礼诚信，仁爱感恩，形成良好的道德风尚。以诚信教育为重点，开展文明守纪、勤学知礼、忠孝仁爱、感恩生活等主题教育活动，与班级签订诚信学习和文明生活承诺书；以勤俭节约教育为基础，面向青年学生开展"勤俭节约从每一滴水、一粒米、一度电、一张纸、一分钱开始"的主题教育活动，用切实可行的教育活动引导学生讲文明、重品行、树新风，形成修身律己、崇德向善、礼让宽容的道德风尚。

（2）雷锋精神，与我同行，深化志愿服务。将学雷锋和志愿服务结合起来，建立健全志愿服务常态化运行机制，依托自强社、青协等社团组织，发挥志愿者在学校、社区、基地及重大社会活动中的作用，围绕扶贫济困、大型活动、校园环境等方面，围绕空巢老人、留守儿童、农民工子女等群体，组织开展形式多样的志愿服务活动，传承雷锋精神，增强学生社会责任感。

（3）铭记历史，爱我中华，发扬革命传统。紧密结合重要纪念日、重大事件，开展主题班会、主题党团日和形势政策教育，组织"学习雷锋精神"、纪念"五四""七一""一二·九"运动等活动，进行"走访老英雄""走进革命根据地"等红色实践活动，进一步学习和弘扬优秀革命传统。

（4）调研实践，关注热点，走近社会。积极开发和利用社会大课堂资源，针对社会热点问题如环境问题、道德准则、大学生就业、光盘行动等，精心组织开展社会实践，使学生在社会大课堂中接受生动具体的社会主义核心价值观教育，提高学生理论联系实际的能力。

（5）务实创新、追求卓越，提升人文素养。实施"文化素养提升计划"，开展优秀传统文化教育普及活动，针对国学、历史、书法、国画等进行体验式学习实践活动；广泛开展以"民族文化""家乡方言""地方美食"等为主题的交流活动。用文化的纽带将各民族、各地域的同学联系起来，营造和谐校园氛围，提升学生文化素养。

3. 第三阶段：社会主义核心价值观优秀活动总结提升

认真总结社会主义核心价值观主题教育活动的经验和做法，注意保存文字和影像资料，以研讨会、座谈会、表彰大会等形式总结、提炼、提升，形成一批典型经验、研究成果，及时宣传教育活动中的好典型、好做法，积极探索构建活动开展的长效机制，不断巩固社会主义核心价值观教育活动优秀成果。

三、活动成效

培育和践行社会主义核心价值观是一项凝魂聚气、强基固本的基础工程，需要教育引导、舆论宣传、文化熏陶和勤于实践等诸多方面相融合。培育和践行社会主义核心价值观，既是一个理论课题，也是一个实践课题，重在认知认同、做到知行统一。

本次主题教育活动集理性认知、感性认同和实践养成于一体，增强认同，内化于心，知行结合，外化于行。

首先，注重理论学习，促进学生内化于心。教育引导青年学生重品行、做表率，促进社会主义核心价值观入心入脑、知行合一，使其成为践行社会主义核心价值观的先行者、引领者、示范者、推动者。各级学生组织要引导团员青年深刻理解、准确把握社会主义核心价值观的基本内容、深刻内涵、理论特色和实践要求，真正内化于心，在心灵中产生共鸣，在精神上聚集价值，在思想上形成共识，成为思想的指引、精神的追求、价值的坐标。春风化雨、润物无声，使核心价值观真正转化为认识处理问题的根本立场、观点和方法，转化为党员干部的理想信仰、精神追求。

其次，注重学用结合，知行合一，促进学生外化于行。实践是形成核心价值观的基础，也是衡量核心价值观是否确立的标准。坚持不懈地开展社会主义核心价值观实践活动，运用多种形式和手段，搭建多种载体和平台，充分发挥学生党员模范和示范表率作用，为培育、践行和传播社会主义核心价值观贡献智慧和力量。

最后，注重把社会主义核心价值观融入学生学习生活、成长成才的全过程，构建长效机制。

要把培育和践行社会主义核心价值观贯穿到工作实践中，从小事做起，在实践中感知、在行动中领悟，引导经济管理学院学生以社会主义核心价值观为个人的价值追求、精神支柱和道德规范，凝心聚力，为培养更多、更好的技能人才，发展地方经济贡献一分力量。

四、活动体会

人不学，不知义。做什么人，立什么志，具备什么样的道德素养，拥有什么样的世界观、人生观和价值观，教育是关键。培育和践行社会主义核心价值观，既是一个理论课题，也是一个实践课题。

社会主义核心价值观主题教育活动工作方案的制定要符合学院实际和学生自身发展特点，并将其纳入学院整体工作计划之中。

学院要高度重视对大学生进行社会主义核心价值观主题教育工作，各项教育活动要指定专人负责，抓好具体落实，创造性地开展各项教育活动。

本次教育活动集中开展时间为一年，要及时认真总结阶段性成果。对于社会主义核心价值观主题教育活动的优秀经验和做法，要做好存档工作。

（二）用社会主义核心价值观引领以"中国梦"为核心的理想信念教育

价值观是主体对事物价值的总体看法和根本观点，它决定着人们看问题的态度和行为的取向。理想是人们对未来事物的想象或期望，是人们的价值观在人生奋斗目标上的集中体现。价值观决定理想，理想决定行动，共同理想决定共同行动。实现中华民族的伟大复兴的中国梦是全体中国人民在现时代的共同理想，将中国梦同每一个学生的理想结合起来，是高校学生工作者思想政治教育的重要内容。

学院首先通过开展职业生涯规划教育和学生活动，帮助大学生根据自己的兴趣爱好树立自己的目标追求，确立属于自己的个人理想和梦想；其次让大学生明确个人理想确立的原则，把个人理想和社会需要有机结合，让学生意识到个人理想的实现需要社会的支持，只有把个人理想同社会需要结合起来，个人理想才有意义，才有实现的可能；再次引导大学生把实现中国梦作为自己的目标追求，让大学生认识到中国梦的美好前景，"实现全面建成小康社会、建成富强民主文明和谐的社会主义现代化国家的奋斗目标，实现中华民族伟大复兴的中国梦，就是要实现国家富强、民族振兴、人民幸福"；最后让大学生认识到中国梦的实现需要所有中国人的共同努力，进而引导大学生将个人的理想之梦与民族的复兴之梦紧密结合，让"个人梦"融入"中国梦"，以"青春梦"托起"中国梦"。这种教育的效果是非常明显的，如通过多年来对大学生西部计划的宣传和教育，每年都有学生选择到祖国大西北去奉献自己的青春，仅 2017 年经济管理学院就有 4 名同学参加大学生西部计划，展现了当代大学生的精神风貌。

党团知识竞赛活动现场

（三）在实践中内化社会主义核心价值观

理论只有与实践相结合，才能使自身产生更深刻的力量，因此社会主义核心价值观教育不能仅停留在依靠说教的认知和情感层面，更要通过实践使其内化为信念，并使行为方式固化。因此，要把实践育人贯穿于人才培养的全过程。

针对高职经济类专业学生的特质，重点进行社会主义核心价值观个人层面的"爱国、敬业、诚信、友善"的教育和培养。通过精心设计，形成贯穿三年的系统的、全方位的社会主义核心价值观的培养体系。

第一，树立"大实践"的理念。在实践载体上，除了传统意义上的思想政治理论课的实践教学环节和暑期社会实践，还包括校园文化活动、社团活动、志愿服务、勤工助学等诸多的课内、校内、校外实践载体，做到将第一课堂和第二课堂融合、将校内和校外融合。

义工社团参加志愿服务活动

第二，根据不同的年级层层递进。根据学生在校不同阶段，低年级以军事训练、日常管理、主题教育、社会服务为主，增强大学生的时代责任感和使命感，明确学习目标。例如，结合考风考纪教育开展诚信教育；通过报告讲座、升旗仪式开展爱国主义教育；通过公寓文化建设、团队训练开展友善品质和沟通能力的培养。高年级以社会调研、企业实践、创新创业活动等为主，理论联系实践，在提高社会生存能力与可持续发展能力的同时，了解社会实际，培养爱国情操与奉献精神。例如，组织学生去百胜餐饮中国有限公司、宝胜国际有限公司体验和实践，培养学生敬业精神；开展各专业技能大赛，培养学生团队合作精神。

第三，精心设计形式多样的活动，提升对学生的吸引力。以往价值观教育给人的印象是严肃、刻板，缺乏趣味性和吸引力，为改变这种状况，我们精心设计了"社会主义核心价值观教育"系列精品活动，旨在使学生通过参与贴近学生、寓教于乐和富有针对性及吸引力的活动，从中获得感悟和收获，从而提高对学生的教育效果。

社会主义核心价值观主题教育活动

案例

"日行一善，日增一知"主题教育活动总结

1. 活动宗旨

为了进一步强化学生的行为养成教育，培养学生良好的行为习惯，结合经济管理学院的实际情况，开展"日行一善，日增一知"主题教育活动。在思想教育的基础上，以教师目的性的训练、教育、管理等手段，以学生自我管理为前提，促使学生在日常学习、生活中养成良好的行为习惯，最终升华为爱岗奉献、敬业乐业的职业精神。

通过实施"日行一善，日增一知"主题教育活动，使经济管理学院学生充分体验习善、行善、扬善的快乐，逐步实现由"日行一善"到"时时行善"，最终实现"善行一生"。通过活动引导学生树立善念、拥有善心、实践善行，最终实现人格的优化与完善，让学生"勿以善小而不为"，从而积善成德，形成健全的人格。同时通过"小手拉大手"，带动家庭其他成员共同参与，起到"一个学校教育一批学生，一个学生带动一个家庭"的社会效应，构建学校、家庭、社区三位一体的德育教育网络，达到全社会参与、全方位育人的目的，形成人人向善、人人崇善、人人行善的社会道德新风尚，推动全民道德水平的提高。

2. 活动过程

"日行一善"是一个从想善、言善、写善到行善、思善、扬善的过程，是一个不断发展与升华的过程。想善就是每天在心中回想自己或他人的善行、善言。言善包含两层含义，一层是每天说一些自己或他人的善举、善言；另一层是语言文明，要会安慰人、会鼓励人、会理解人等，不断送给他人温馨与热情。写善就是把每天想的善事、说的善事、做的善事、看的善事一点一滴记录下来，是形式上积德、厚德的一个过程。行善，是善的落脚点，能积极为他人做好事，对人有礼貌，与人和睦友好相处等。行善就是方便他人、善待自然、和谐社会。行善也可以是改掉自身存在的缺点，修正已有的错误。思善，是想善、言善、写善的思想升华，是自己内在品质提升的重要过程，自己通过对善事的感悟和反思，将善变成自己优秀品质的一个重要组成部分，变成一种自觉的道德意识，从而支配自己的行为。扬善就是不断地利用各种机会向周围的人宣传行善的好处，讲古今中外行善积德的名人故事，宣传行善积德与自然、他人、社会以及诸事众物的相生关系，引导大家都明白行善于人于己都有利的道理。

本次活动成立由学院书记为组长、辅导员与任课教师为成员的领导工作小组。

(1) 召开主题班会。针对各年级、各专业、各班级的不同特点，在全学院范围内召开主题班会。大一班级以加强基础文明行为养成为主题；大二班级以培养学生诚信品质、敬业精神、责任意识、遵纪守法意识为主题；大三班级以培养学生养成良好的职业习惯、敬业乐业的职业精神为主题召开班会。通过主题班会进一步强化了学生对文明礼仪的认识，培养学生养成一种礼貌待人、团结协作、遵纪守法、善于交际、乐于思考、勇于创新的良好行为习惯。

（2）利用条幅、海报、宣传板、橱窗等载体，广泛宣传大学生行为养成教育活动，强化学生养成良好的行为习惯。

（3）辅导员牵头，以班级为单位组织学生认真学习《大连职业技术学院学生日常行为礼仪规范》，并要求学生结合自己的现实表现展开讨论，查找自己的不足，规范自己的言行。

（4）举办"文明驻心灵，美丽遍校园"系列活动，提高学生对文明礼仪的认识，规范学生的言行，从而提高学生的综合素质。

（5）继续组织好"大学生文明行为指导员"和"大学生文明行为督查员"的队伍建设和管理工作，充分发挥"两员"的监督、检查、指导作用。

（6）继续推行辅导员进课堂、宿舍、学生活动中的活动。要求辅导员深入学生学习、生活和工作中，了解学生的表现，掌握学生的言行，从而有针对性地开展各项教育、监督、检查和管理工作。

（7）采取各种方式、通过各种渠道建立学生《"日行一善，日增一知"成长手册》，通过看、读进行体验并记录下来，定期在一定的范围内汇报，各班及时组织总结，开展总结评价，发现闪光点，将突出的人和事加以推广。发动学生看、读向善从善的名人名言、诗词歌赋和善人善举的故事。组织开展优秀事迹报告会，表彰做善事的先进集体和先进个人，通过校报、黑板报、电视等途径宣传优秀事迹，把做好人好事作为学校的一种校园时尚。

3. 活动效果

"日行一善，日增一知"教育实践活动是加强成年人思想道德建设的重要内容，是全面提高学生思想道德素质的有效途径。"日行一善，日增一知"教育实践活动是一个从学善、行善、思善到扬善的过程。通过长期的观察、记录、感受、体验，在学生的头脑中逐渐形成善的道德观念，使学生在日常学习生活中懂得有所为、有所不为。

通过这项活动，同学们能够更加明确善待自己、善待他人、善待环境的深层含义。善待自己具体表现为正确认识自我，积极上进，珍爱生命，热爱生活，追求美好，快乐成长，心理自调，行为自律，情感自控。善待他人指正确认识别人的长处与不足，接纳他人，乐于助人，宽容他人的过失，忍让他人的过激，能为别人的快乐而快乐，能为别人的忧愁而忧愁。善待环境指正确认识人与自然和谐相处的道理，追求人与自然的和谐。同时也将善行善举的范围进一步扩大，从善在学校——认真学习科学文化知识，培养良好的心理品质，养成良好的行为习惯，尊敬老师，友爱同学，做合格的学生；到善在家庭——孝顺父母，生活自理，主动承担一些力所能及的家务活，待人热情，做合格的主人；最终善在社会——正确认识和面对社会，主动为社会上需要帮助的人提供方便，正确处理人际关系，爱护环境，追求和谐，做合格的公民。

4. 体会建议

经济管理学院通过开展"日行一善，日增一知"活动，使同学们深刻地认识到无论生活还是学习，都应该从点滴做起。今后，我们还会一如既往地做好学生行为养成教育。采取有力的措施，进一步强化学生礼仪知识、文明习惯、诚信敬业等的教育；通过社会实践、亲近基层，培养学生由"行为习惯养成"到"职业精神养成"，促使学生的言行由自发到自觉、由感性到理性、由教育到实践的良性过渡，为社会培养综合素质高、动手能力强的高技能型人才。

第四，依托基地建设使社会主义核心价值观教育常态化。我们充分利用校内校外资源，主动出击，积极同企业、社区、爱国主义教育基地等取得联系，建立长期的合作关系，定期开展实践活动。大连市烈士陵园、大连市中华总工会旧址是我们经常带学生接受教育的场所，我们还在大连市残疾人最多的社区——大连市中山区昆明街道武昌社区、大连市义鸿养老院等建立思想政治教育基地，学生定期去志愿服务，在服务中受到教育和影响。

二、做好大学生安全教育与管理

高校校园安全问题是当今世界各国高校共同面临的问题。在我国，由于近年来高校校园安全事件呈现逐年上升的势头，大学生的安全问题已经引起社会各界的高度关注。学生安全教育和管理问题是维系、稳定校园环境的基础，尤其对学生工作者来讲，对学生安全教育是高校思想政治教育的重要组成部分，大学生安全教育与管理是学生工作的重点内容之一。

经济管理学院思想政治教育基地挂牌仪式

当前，高职院校面临的安全问题主要包含以下几个方面：一是人身和财产安全，如社交安全、打架、偷盗、校园贷等；二是消防安全问题，如使用违章电器、私拉电线、乱扔烟头等引起的火灾；三是食品安全问题，如集体食物中毒等；四是网络安全问题，如网恋、游戏上瘾等；五是心理健康问题，如抑郁症、精神分裂症等。针对以上常见的安全问题，我们主要从以下几个方面入手：

（一）做好新生入学安全教育，上好第一堂课

经验表明，大一新生刚入学时最容易发生各种安全问题，因此新生入校的头等大事就是做好安全教育，我们在新生到学院报到的第一时间就为新生和家长各准备了一份"致新生的一封信"和"致新生家长的一封信"，里面不仅有报到的相关事宜、学院简介、新生入学教育时间表等，同时还有一份专门有关安全的"温馨提示"，上面列举了常见的新生安全问题，以增强新生的防范意识。在报到当天的新生家长会、辅导员到寝室与学生见面等场合，安全问题都是我们重点要向学生宣讲的内容。

新生的第一次年级大会是辅导员同全体学生的第一次见面，会议的主要内容

就是组织学生学习大学生日常行为规范和学生手册等制度，让学生了解校纪校规，向学生介绍校园周边治安环境和交通情况，结合发生在校园或身边的典型案件和事例，提醒学生存在的安全隐患，增强学生安全意识。

（二）采用灵活多样的形式对学生进行安全教育

新生军训期间，学院会开展一次专门的安全教育讲座，邀请公安局内保支队的警察同志针对典型案例对学生进行安全教育。同时我们还通过主题班会、系列安全活动、知识竞赛、播放纪录片等形式，向学生普及交通、消防、饮食、财产、人身、心理健康、传染病常识及医疗知识，对学生进行防火、防盗、防骗、防抢、防敲诈勒索、防交通事故、防性侵害教育等，逐步增强大学生的安全意识。

学生工作者必须加强学生的网络思想教育，提高学生对网络的认识，包括如何利用网络来帮助自己提高学习能力、提升综合素质；如何正确对待不良的网络诱惑；如何正确认识网络世界和现实世界的差距，正确处理网上与网下的人际关系；正确对待虚拟空间与现实空间的区别；能在发生心理冲突时做出合理的判断和选择，并采取理智的应对方式；能在网上进行有效的自我管理，学会自我心理调适，成为网络的主人；要了解学生上网的情况（包括上网的时间、地点、内容、形式等）对于上网成瘾不能自拔的学生进行个别教育，进行心理辅导。

（三）在重点时期或有突发事件时有针对性地开展安全教育

每年的开学、放假前、平常节假日、社会实践与兼职、外出实习等都是安全事故多发的特殊时期，辅导员都要定期提前做好安全教育，对学生提出预警。尤其是经济管理学院位于郊区海边，是交通事故、游泳事故的多发地段，每年我们都要定期对学生进行相关教育，防止发生安全事故。

当学校发生突发事件时，要及时组织学生进行分析和思考，一方面，要求客观面对安全问题，避免产生不必要的安全恐慌和扭曲、夸大突发事件的现象；另一方面，抓住事件的本质，开展深入教育，深化大学生的安全防范意识。

近年来媒体上多次曝光大学生被不良网贷诈骗事件，说明新型网贷诈骗手段屡屡得逞，高校陆续发生在校大学生被校园网贷公司采取辱骂、恐吓、胁迫、控制、限制人身自由等非法手段催收欠款事件，有的大学生失联、"失踪"多日，有的甚至被迫退学，校园贷已经成为影响校园稳定的重要因素。高职经济类专业学生乐于参与经济活动，当他们受家庭经济状况限制不能满足个人的消费欲望时，会愿意尝试各种信贷手段，因此他们非常容易陷入校园贷。

针对以上情况，近几年我们每学期定期开展校园贷专项教育，进行风险防控，主要工作如下：一是采用校园网贷安全隐患防范知识问答、主题班会等形式集中开展防范校园网贷风险宣传月活动。二是采取寒假《致学生家长的一封公开信》的形式，扩大宣传范围。公开信写清校园网贷的风险与不良校园贷的危害，并告知家长"贷款公司不得向未取得家长、监护人或者其他管理人等第二还款来源书面同意愿意代为还款的学生发放贷款"的规定要求，要求家长配合做好防范校园网贷风险的具体工作。三是要求辅导员每年度与每位学生或家长取得联系，详细了解学生消费、创业、贷款的具体情况，特别是掌握有无异常情况，并填写谈话记录或家长联系记录备查。四是通过摸排参与校园网贷的学生情况，建立特殊学生档案，定期跟踪并与家长取得联系，有针对性地教育。

案例

辅导员在防范校园贷教育主题班会上的讲话稿

同学们：

大家下午好！

今天我想跟大家说件事，这件事让我昨晚彻夜难眠，曾经是你们中间的一位同学昨天退学了，原因就是校园贷。几个月前他贷了几千块钱，买了一部 iPhone 手机和一些东西，他以为自己会分期还上，但资金却出现了问题，自己不敢告诉父母，于是他借新贷还旧贷，最后还找了贷款公司借贷，由于高手续费加上高利息，当老师和家长知道的时候，借贷已经达到了十几万。这位同学的家是农村的，父亲卖了家中所有的羊，搭上家里多年的积蓄，还借了很多债才把他的账还上，但学已经不能念了，最终他选择了退学。当我看着他家长无奈的表情的时候，有种痛彻心扉的感觉，所以我今天跟大家再谈谈校园贷。

我曾经跟一些同学聊过，很多同学对贷款消费不以为然，认为家长买房都是贷款的，没有什么，自己也可以通过贷款提前买到喜欢的东西，每月多付点利息还上就行了，殊不知一些不法分子正是利用了你们的这种天真、简单的心理。要知道，你们的经济来源主要靠父母提供的生活费，几百块钱对你们来说都是个大数目，一旦逾期，利息高得惊人，这不是你们能承受得了的，不法分子就是利用你们社会经验缺乏、防范心理弱的缺点，大肆敛财，一旦你们不能按时还贷，放贷人可能会对你们及其你们的家人采取恐吓、殴打、威胁的手段进行暴力讨债，还有的用裸照威胁女同学等，导致一些学生无法在学校继续学习，更有甚者，有的同学被逼得跳楼、自杀，这些新闻我们也都在网上看到过。所以我想跟同学们说，千万不要碰校园贷款。

曾经有人做过调查，同学们贷款都为了什么。调查结果表明，大部分同学是为了买手机、名牌服装等，还有同学即使家里经济条件不好也要买一款iPhone 手机，以为这样就可以在同学中有面子。可是大家认真地想一想，这样奢侈浪费、盲目攀比就真的能有面子吗？社会真的只会用我们身上的名牌物品而不是才华来评价我们吗？

每个人的家庭经济条件不一样，我们都不是王思聪，如果我们的家庭不足以支撑高消费，还一味用富裕的物质生活来充实美化自己的形象，满足自己的自尊，只能暴露出我们的轻浮、虚荣和不成熟，暴露出我们的财商——也就是理财能力低，这样会让人家更看轻我们自己。因此，拥有正确的金钱观、财富观，才能让我们做出理性、明白、智慧的选择。

Facebook 的创始人扎克伯格穿的只是很便宜的 T 恤，开的也是很便宜的车，但没有人看不起他，因为社会看重的一定是实力。你们现在经济还不独立，是积攒实力的时候，习总书记在前几天的新年贺词中说："天上不会掉馅饼，努力奋斗才能梦想成真。"希望同学们按照习总书记说的，"大家撸起袖子加油干"，依靠自己的实力来实现梦想，未来靠自己才能拥有想拥有的东西。

我的演讲结束，谢谢大家！

郭轩霆
2016 年 12 月

辅导员苏传民在为学生做防范校园贷专题教育

（四）要充分利用学生干部体系，加强对学生日常行为的了解和管理

对大学生进行安全教育与管理是一项综合性工程，需要全校各部门密切配合、齐抓共管，把大学生安全教育与管理工作抓实、抓细。学生工作者在学生安全和管理中承担着重要的责任。

第一，辅导员要认真贯彻和落实《国务院关于加强和改进大学生思想政治教育》文件精神，深入公寓、深入课堂、深入网络，成为学生的良师益友，这样当学生出现突发事件的时候，学生会在第一时间通知辅导员，辅导员也会及时发现学生的不当行为，及时进行教育和引导。

第二，加强对学生的日常管理。由于高职新生初入校门，自我约束能力稍显不足，因此我们在大一学生日常管理上相对严格，形成了一整套的管理制度，如早晚自习制度、晚间公寓查寝制度、周末和节假日离校上报制度等。由于大连职业技术学院地处郊区，为能在晚间和周末节假日及时处理学生突发事件，我们还建立了辅导员值班制度、学生干部值班制度等，这些制度的建立使我们加强了对学生日常管理的落实，成为学生安全的有力保障措施。

第三，充分利用学生干部体系，做到信息畅通。辅导员要对学生干部进行安全教育和培训，提高其安全意识和工作能力，使学生干部不仅具有敏锐的政治头脑，更要具有一定的突发事件处理能力。同时，要求辅导员24小时手机开机，保证信息通畅。

学生在进行消防演练

第四，要加强心理健康教育。辅导员要面向全体学生普及心理健康知识，提高他们的心理调节能力，从根本上预防和减少不安全事件的发生。学院每年对学生进行一次全面的心理普查，做到对学生的基本情况心中有数，掌握有心理问题倾向的大学生，建立心理档案，重点关注"有问题"学生。学院设立心理健康协会，每个班设立心理委员，每个寝室设立心理信息员，每周或每月向辅导员集中汇报班级同学的思想动态，若发现有心理问题的学生，及时向辅导员汇报并配合老师开展心理疏导工作。若学生心理问题比较严重，辅导员会及时与心理健康中心的专业咨询老师沟通，进行心理咨询，帮助同学排忧解难，将可能出现的严重后果扼杀在萌芽中。如遇到严重心理问题或心理疾病的大学生，则及时送到精神卫生机构进行治疗。

第五，制定应急事件处理预案。应急预案是经过一定程序制定的处理突发事件的事先方案（预案），是建立统一、高效、权威的突发事件应急处理体系的基础。对可能出现的危机，经济管理学院建立了具有可行性、可操作性和时效性的学生突发事件处理预案，当突发事件发生时，学院能立即启动应急预案，以最快的速度调动人力资源并使其正确发挥作用以应对危机，把损失降到最低。

三、开展养成教育，促进学生行为规范养成

养成教育是培养学生良好行为习惯的教育，一般包括正确行为的发展、引导，同时也是日常生活习惯、说话方式、思维方式等多方面综合性的训练和培养，其涉及的内容十分纷繁和复杂，可以说，良好行为习惯的养成教育的目的是培养一个人优良的人格。

高职经济类专业学生不是传统意义上在学校埋头学习的听话的好学生，他们当中很多人在行为习惯上都存在着一些问题，如有些学生文明修养较差、没有良好的学习习惯、自我约束能力差等，甚至少数学生抽烟、酗酒、打架。这些都要求我们在开展学生思想政治教育的基础上，在其日常生活、工作和学习中对其进行约束、管理、教育等，使他们在学习、生活、交流中逐步养成良好的行为习惯，从而塑造学生健全的人格和高尚的品质，为学生毕业后的工作、生活打下坚实的基础。因此，高职生养成教育，是高职生德育教育中的重要环节。

（一）发挥制度的规范和约束作用

鉴于高职部分学生自我约束力相对较弱的现象，要对学生进行养成教育就要从立规矩开始，从实处、细处抓行为习惯的养成，通过反复的教育、自身实践和严格的督查使守规矩成为一种自然而然的行为习惯。因此，要从入学之日抓起，在新生军训报到期间我们就将汇集各种制度、纪律、规定的"大连职业技术学院学生手册"发给学生，同时多次召开年级大会、宣讲会，向学生详细讲解大学的各项规章制度、评奖评优规则制度等，让其了解大学生活，理解大学生活的意义和价值。充分利用新生军训这一契机强化学生的遵纪守法意识、吃苦耐劳精神、团队合作理念和生活自理能力，夯实大学生活的第一步。

（二）以学生工作者为主推动全员育人

学生工作者在养成教育中发挥着至为关键的作用，他们是规则的制定者、宣传者、执行者、指导者、监督者，规则教育的好坏，熏陶教育的效果，纠偏教育的强化，都离不开他们。但是，养成教育要求个人、家庭、社会、学校紧密配合，专业教师、家长、学生工作者以及学生本人全面携手才能取得良好效果。因此，只有各方面力量积极配合，实行全员育人，才能引导学生全面健康发展。

（三）严格管理和人文关怀相结合

思想政治教育和道德教育不能仅限于认识层面，而应该是知、情、意、行四个方面的结合，要想将观念扎根于学生心中，必须将观念落实于行动中，因此要把无形的思想政治教育融于有形的学校日常管理之中，从严治教，加强管理，通过严谨细致的管理，有效促进高职学生的态度养成和行为习惯的培养，最终提高学生的思想道德素质。

由于学生身心尚未完全成熟，严格管理与他们以往对大学的理解有矛盾，因此容易产生误解和冲突，甚至使学生产生极端和偏激的心理甚至行为，这就需要学生工作者积极与学生开展心灵对话，了解学生的真实心灵状况，做到适时引导，营造和谐、宽松的人文关怀氛围，呵护学生心灵的成长。

（四）精心设计，分阶段、有重点开展活动

养成教育要精心设计，针对高职学生各阶段学习、生活的特点，结合专业特色，分阶段、有重点地开展活动，将养成教育融入高职学生在校学习的全过程，渗透到高职学生成长成才的每一个环节。针对高职经济类专业学生，我们对一年级学生侧重加强基础文明行为养成，主要是培养学生良好的生活、学习习惯，养成文明的个人行为和品质，强化学生良好的行为举止；对二年级学生侧重加强人文素质养成，主要是培养学生的人文知识和人文精神，重点培养学生的诚信品质、敬业精神、责任意识、遵纪守法意识；对三年级学生侧重加强学生职业精神的养成，主要是培养学生能够自觉调整自身的行为，养成良好的职业习惯。

学院每年10月为"日常行为规范月"、4月为"学风建设月"，重点对学生开展养成教育，以此为突破口对学生日常行为和学习习惯养成进行强化训练，虽然养成教育已经成为常规工作，但我们也不是全面出击、四处开花，每年的工作重点和主题都各有侧重。

🙎 案例

经济管理学院日常行为规范月方案

根据学校统一工作部署，为进一步加强经济管理学院大学生日常行为规范养成教育，促进大学生规范日常行为、养成优秀习惯，增强学生遵守校规校纪的自觉性，促进校风、学风建设，经济管理学院决定开展以"强化基础文明，规范日常行为，养成优秀习惯"为主题的"大学生日常行为规范月"活动。

1. 活动主题

强化基础文明，规范日常行为，养成优秀习惯。

2. 活动目标

以强化基础文明、规范日常行为、浓厚学习风气为重点，引导学生培养优秀习惯，自觉树立当代大学生的良好风范和形象；推进良好校风、学风的建设；努力提高思想政治教育的针对性与实效性。

3. 活动具体措施

（1）大力营造宣传教育氛围。通过多种方式加强对学生的宣传和教育，各辅导员分别召开年级大会，进一步强调学校的各项要求，通过微信平台、宣传海报打造氛围，督促学生重视。

（2）以班级为单位召开主题班会，组织学生学习相关规定，查摆本班同学存在的问题，提出改进的措施。

（3）开展主题承诺签名活动。通过学生分析自己的优缺点，重点针对自己的不足写出改进措施，进行承诺并郑重签名，增强学生的认同感，让学生能够更好地遵守日常行为规范。

（4）辅导员加强检查。通过辅导员坚持每天在教学楼、公寓的检查增强学生的自我规范意识，做到发现问题及时批评教育，并将检查结果同学院评奖评优结合，提高教育的效果。

（5）调动任课教师的积极性，共同参与到课堂规范的管理中。从学院行政的角度强化教师对课堂的组织和管理，强化课堂规范。

（6）班导师队伍建设。本学期继续开展班导师的聘任工作，加强班导师在学生日常行为规范中的作用。

（7）在教师中开展"一对一"结对子活动，学院对全体学生进行摸底，筛选一些自我约束能力比较差的学生同任课教师进行结对子活动，通过对他们进行日常的谈心和监控，帮助这些学生改正缺点，提高自我约束能力。

（8）总结表彰。12月召开年级大会和2015年度表彰大会，总结本次活动经验、存在的问题及下一步的要求，逐步完善大学生日常行为规范活动，将加强日常行为规范作为今后学生工作的常态。

经济管理学院
2015 年 10 月 19 日

（五）发挥学生自我管理、自我教育的作用

养成教育的最终目的是学生的自我管理、自我约束、自我发展，因此，推动学生自我管理是主线。我们突出学生的主体地位，充分发挥学生干部在学生自我管理中的作用，积极搭建可以让学生进行自我展示、分享、交流、提升的平台，形成批评与自我批评的良好氛围，在思想和行动上提升自我，调动学生的自主性和积极性，帮助学生从"他律"走向"自律"，引导高职学生完成从"学校人"到"职业人"的过渡。同时，我们还通过榜样示范引导高职学生的意识养成，通过大学生标兵、自励自强标兵、先进班集体等荣誉称号的评选，挖掘学生身边先进的个人和集体，起到示范的作用。

（六）营造良好的校园氛围，使学生受到潜移默化的影响

校园是育人的主阵地，校园环境是实施养成教育的主要载体之一，良好的育人环境对学生身心健康的发展、文明行为的形成具有巨大的熏陶作用。校园环境包括物质环境、人文环境、精神环境和行为环境。第一，通过努力建设良好的校园环境感染学生，如开展公寓文化活动美化学生寝室、用6S管理理念打造实训室文化、开展彩绘校园活动等，使学生不仅能在优美的环境中陶冶情操，还能在用自己双手美化校园的过程中使心灵受到良好的熏陶。第二，努力营造良好的校

园文化环境，发挥其陶冶、激励学生的功能，使学生在良好的人文环境中耳濡目染，逐渐提高个人修养，如中华古诗词大会、读书季系列活动、管理文化沙龙等都是我们的品牌活动。第三，通过激发学生母校情怀和团队精神，鼓励学生努力提高素质为学院增光，尤其在大型活动中，学院集体以良好的精神面貌展现在全校中，使学生通过自己的良好表现为团队加分。例如，经济管理学院在学校运动会中连续 7 年获得"道德风尚奖"，既可以提高团队凝聚力和自豪感，同时也强化了学生的文明修养。第四，抓班风、院风、校风，形成整体的氛围效果，激发学生顺应周围的行为方式，从而实现内涵的提升。

四、加强高职经济类专业学生党建工作

高校肩负着学习、研究和宣传马克思主义，培养中国特色社会主义事业建设者和接班人的重大任务。习近平总书记在全国高校思想政治工作会议讲话中指出："我们的高校是党领导下的高校，是中国特色社会主义高校。""办好我国高等教育，必须坚持党的领导，牢牢掌握党对高校工作的领导权，使高校成为坚持党的领导的坚强阵地。"因此，加强和改进大学生党建工作，对确保社会主义大学育人目标的实现具有重要意义。对高职经济类专业学生来说，他们思想活跃、朝气蓬勃，是富有活力、具有创造性的群体，同时他们还处在世界观、人生观、价值观形成和确立的重要时期，通过加强大学生党建工作，发挥学生党员的先锋模范作用，组织青年学生自觉学习党的各项方针政策，深入持久地对大学生进行思想政治教育，增强他们辨别是非的能力，抵御不良思想的入侵，对学生的成长成才具有特殊的重要意义。

（一）加强学生支部规范化建设

根据上级党组织的要求，为切实加强基层党组织建设，充分发挥党的思想政治优势、组织优势和群众优势，引导广大高职经济类专业学生在新形势下进一步增强党性观念，强化学生党支部的战斗堡垒作用，结合"五个好"——"支部班子好、党员队伍好、活动开展好、制度建设好、作用发挥好"的党组织建设标准，学院认真开展支部规范化建设，形成了符合学院工作实际的建设标准和建设内容，使学生支部工作逐步走向标准化、规范化、制度化的轨道。学院学生支部规范化建设工作主要从以下几方面开展：

1. 组织健全，支部坚强有力

选举优秀的辅导员担任学生支部书记，选优配强党支部书记。支委会成员分工明确，整体功能充分发挥。

2. 完善制度，严格组织生活

（1）坚持"三会一课"制度。做到每季度召开一次支部党员大会（不设党小组的支部一般每月召开一次党员大会），每月召开一次支委会和党小组会，每季度上一次党课。

（2）坚持组织生活会制度。每半年召开一次党支部组织生活会。

（3）坚持民主评议党员制度。年终支部组织党员进行民主评议。

（4）坚持联系服务群众制度。开展主题实践、服务承诺、结对帮扶、走访慰问等活动。

（5）坚持谈心谈话制度。党支部书记每年与所在支部的党员谈心不少于1次。

（6）坚持和完善党员活动日制度。每个月第一个周五为党员活动日，学生支部要积极搭建载体，深化党日活动。

学生党员主题实践活动——到烈士陵园扫墓

（7）坚持请示报告制度。党支部每半年向上级党组织报告工作，每年向支部党员大会报告工作；党员每半年向党支部汇报一次情况。

3. 运行规范，工作扎实开展

（1）坚持民主集中制。支部重大问题由支委会或党员大会集体讨论决定。

（2）党支部书记定期述职。每年向上级党组织和本支部全体党员述职一次。

（3）做好党员发展。培养教育入党积极分子，严格遵循程序发展党员。

（4）抓好党员教育。党员每年参加集中培训不少于32学时。

（5）按规定交纳党费。全体党员主动、按时、足额缴纳党费。

4. 活动经常，富有组织活力

（1）定期开展活动，丰富党组织生活内涵。全年党支部组织生活不少于12次，突出主题。积极参加上级党组织举办的各类活动。

（2）落实党内激励关爱帮扶机制，帮助党员解决实际问题。

（3）建设党员活动室。建设学院党员活动室，活动室标识醒目、设置相应栏目，专人管理，各类台账清晰。

（4）规范使用活动经费。制订活动计划，并以书面的形式上报党总支审批。

5. 档案齐全，资料管理规范

建立党支部党员名册、入党积极分子名册、发展对象名册、党费收缴簿、会议记录、活动记录、工作计划、工作总结、党课讲稿等，资料齐备、记录翔实，管理使用规范。

6. 作用突出，服务工作大局

（1）做好党员结对工作。每名党员与一名学生结对联系，教师党员年内至少走访一户学生家庭。

（2）开展"党员亮身份"活动。按组织要求佩戴党徽，学生党员所在寝室摆放"党员示范寝室"标志牌。发挥党员和党支部的积极作用，创先争优。

（二）创新开展学生党支部活动和组织生活

1. 建立《经济管理学院学生支部工作制度》

在建设初期，学院首先进行制度建设，加强制度的指导作用，通过研究学院工作实际和特点制定了《经济管理学院学生支部工作制度》，尽管没有做到面面俱到，却也有效避免了难以执行的难题，做到重点突出、针对性强，言必行、行必果，一旦制度确立就一定不折不扣地执行。

2. 制定《经济管理学院学生党员考核办法》

制定《经济管理学院学生党员考核办法》（以下简称《考核办法》），作为考核和发展党员的重要依据。《考核办法》围绕思想政治、组织纪律、文化学习、服务奉献四个方面对党员提出明确要求，并给予相应的赋分标准。

在发展党员的过程中先向全院师生公布《考核办法》，全院师生以此为标准选出自己心目中的发展对象，发展对象以此为标准努力提升自己，争取早日入党，支部按照党员的标准对发展对象进行初步考核作为是否发展的重要依据。党员以此为标准严格要求自己，接受群众的监督。支部建立了每学期一次的考核和评议制度，按照《考核办法》对所有发展对象和党员进行考核，并将考核结果和考核排序反馈给他们，使他们看到自己身上存在的不足，明确今后努力的方向。

3. 建立菜单式的支部活动计划和明确的责任分工

每学期开学前，支部会利用假期召开本学期工作部署会，制订本学期工作计划并以菜单的方式列出，时间、内容清晰，支部所有委员都承担相应的任务，分工具体、责任明确，确保支部各项工作的有效完成。

4. 严格组织生活，规范学习制度

按照组织规定高质量地开展组织生活会，每月召开一次全体党员参加的组织生活会，组织生活会由支部书记主持，通过党员们交流认识、感悟，进行思想汇报，认真开展批评与自我批评，做到党员之间开诚布公。每学期末要进行民主生活会，每名党员要对本学期思想、工作、学习情况进行总结，全体党员民主评议，总结成绩，指出缺点和不足。

建立了支部每月一次的学习制度，每次学习要有笔记、讨论、有记录、有心得体会，切实做到学习内容、时间、人员、笔记"四落实"；明确了每位党员每个学期读一本书，做一次读书体会沙龙的制度。通过读书，关注新知识、积累新经验；通过报告，分享体会、共同提高。

5. 开展承诺践诺，实现目标管理

为促进党员和发展对象更快成长，弥补身上的缺点和不足，支部对党员和发展对象实行目标管理，具体流程如下：①每学期党员根据支部工作目标、结合个人实际自定目标；②组织生活会上支部全体党员集体讨论并提出目标意见，确定本学期的目标任务；③报党支部审批，签订目标责任书；④党员结合组织生活会按月进行自查互查；⑤学期末通过民主评议党员等形式，全面考核党员工作目标的落实情况。

通过目标管理，党员可以更加清楚地看到自身的不足，有的放矢地改正缺点，由于目标是由党员自主提出，因此更能调动党员自我提高的积极性和主动性，帮助党员尽快成长。

6. 搭建党员交流、服务的载体和平台

（1）建立经济管理学院学生党员微信群。微信是当前应用最广泛的交流工具，由于党员分布在不同的班级，为方便党员之间的交流，让学生有团队意识，我们建立了经管学生支部党员交流群，党员可以在群中交流思想、沟通信息、布置工作、上传学习资料，有助于党员形成归属感和荣誉感。党员微信群成立以后，群里成员交流非常活跃，不仅成为了一个学习工作的平台，也成为了一个情感交流的平台，甚至以前毕业进入私企的学生党员也主动要求加入群，觉得这样他们与组织的关系又进了一步，又有了归属感，有了家的感觉。

（2）建立"党员志愿服务日"制度。为使党员志愿服务活动经常化、制度化，提高党员的角色意识，更好地发挥共产党员的先锋模范作用，学院建立了"党员志愿服务日"制度，支部党员、发展对象利用业余时间在校内或校外开展公益劳动或志愿服务。党员在开展服务活动时，要佩戴党徽，时刻提醒自己党员的身份。

学生党员开展"你是我的眼"志愿服务

（3）开展"党员亮身份"活动。为教育引导学生党员在任何岗位、任何地方、任何时候、任何情况下都能铭记党员身份，履行党员义务，不断增强党员意识，支部实行党员身份亮出来。一是要求有学生党员的宿舍，必须在宿舍门上张贴"党员示范寝室"标志。党员在其床铺上张贴照片，制作写有姓名、职务、政治面貌等情况的小卡片。二是要求学生党员自觉佩戴党徽，特别是在重大场合和考试中。将党员身份亮出来，让广大同学监督学生党员，有利于使学生党员真正成为学生中的典范。

（4）开展党员"五个一"活动。党员"五个一"活动是经济管理学院传统项目，每年根据工作实际，"五个一"活动的具体内容会有相应的调整，但"五个一"活动会继续传承下去。2016 年开展大学生党员"五个一"系列活动的内容如下：带好一个寝室、帮助一名特殊学生、参加一次主题实践活动、读一本理论书籍（《习近平重要讲话摘编》）、递交一份"两学一做心得体会"。

（三）二级党校党课创新实践

党课是高校大学生党员发展的重要环节，也是对大学生入党积极分子和党员进行思想政治教育和素质教育的主阵地，对大学生入党积极分子和党员树立正确的世界观、人生观和价值观有着重要的指引作用，是大学生思想政治教育的有力抓手。因此，我们充分发挥二级党校更加贴近学生、结合专业的特点，创新内容和形式，以提高党课对学生的教育效果。

1. 拓宽党课教育的主体和客体，提高党课教育的群众性

就党课教育的主体而言，成立党课讲师团，让学院领导班子中的全体党员、全体学生工作者和教师中的党员骨干都参与到讲师团中，同时还聘请校内外专家为学生上党课，扩充了党课教师队伍。

高职院校面对高校发展学生党员数量上严格控制、质量上不断提高、周期上越来越长的客观现实，我们认为，党课教育不应是少数人能接受的教育，而应是让所有大学生都有机会接受教育，更广泛地普及马克思主义中国化的理论成果，才能使其最大限度占领大学生的意识形态领域，引领他们在政治上、思想上不断进步成熟。

2. 党课内容丰富化，更加贴近学生实际

学院党课讲师团由党总支书记牵头，带领全体上课教师集体备课，认真研究党课内容，确保党课教育真正能入脑、入心，受到学生的喜爱。

学院根据大学生不同阶段，分层次对学生进行党课培训。第一层次是新生入学第一学期，针对大一全体新生着重做好入党启蒙教育，选定党的发展历程、党的光辉成就等内容，与入党启蒙教育相结合，让同学们认识党、了解党、拥护党，调动广大同学加入党组织的积极性；第二层次是针对递交入党申请书的学生，则以党章、党史、党的基本理论；第三层次是针对入党积极分子，主要是"端正入党动机，创造条件入党"的素质提高培训；第四层次是针对学生党员，将党员如何在实践中发挥先锋模范带头作用、保持党员先进性和纯洁性、党风党纪等内容作为教育重点。

党课教育内容坚持贴近生活、贴近实际、贴近学生的原则，密切结合专业和学生的思想实际，引领他们的思想成长，解答同学们的生活困惑，如"营销人生""解读'一带一路'"等与专业结合紧密的内容都深受学生喜爱。

3. 党课形式多样化，增强党课吸引力

随着社会的不断发展，大学生接触信息资源的范围越来越广，传统的党课教学形式已不能完全满足新一代大学生对知识的需求。为提高党课对学生的吸引力，讲师团在集体备课的过程中充分利用现代化教育手段，创新教育形式，如将互动式情景教学、微党课、云班课等形式引入课堂，同时还组织学生以小组为单位对国内外时事热点问题等进行讨论汇报，增加学生党课学习的积极性，培养学生用理论分析实际问题的能力。

4. 拓展党课空间，开辟社会体验课堂

我们党课的形式不再仅限于课堂，更多地开辟社会体验课堂，如组织学生到大连市中华总工会旧址、大连市烈士陵园等爱国主义教育基地接受现场教学；组织集体观看革命教育电影和视频；设立党员活动室；建立党员微信群；在校内外开展公益劳动；到养老院、社区、儿童福利院等志愿服务基地开展公益服务等。

党总支书记石晓春在为学生上党课

例如，学院通过"党史报告会"的形式，把党史学习教育贯穿纪念建党90周年系列活动之中，使全院师生加深对党的历史、党的知识、党的理论和路线方针政策的认识，引导广大师生增强为中国特色社会主义伟大事业不懈奋斗的使命感和自豪感。第一，与时俱进，题材丰富。学院在师资配备上遴选一线党务工作者，针对经济管理学院专业特色，举办了"振兴老东北工业基地面临的机遇与挑战""供给侧改革是什么"等将党史理论与经济理论、政治学习和专业学习结合起来的主题报告。不同题材和内容的报告会给学生提供多角度的认识和思考。第二，教学相长，上下联动。担当主讲人的党政干部将做党史报告作为提高个人思想政治素养的一种方式，把学习和工作相结合，从自身的研究视角，结合个人精力或兴趣准备报告内容，提高了自身的党性和专业素养。第三，结合实践，加强教育。为了拉近党史距离，适应学生喜欢"可以触摸的历史"的特点，组织学生进行主题实践活动，如在大连党史主题党课结束后，带领学生参观关向应纪念馆、大连中华工学会旧址等，让传统不再只是"传统"，拉近了党史报告的距离。

第六章
职业素质教育

第一节　高职职业素质培养概述

一、职业素质的内涵

高等职业院校的学生素质一般划分为基本素质和职业素质。基本素质是全体"社会人"所共有的，主要包括思想道德素质、文化素质、业务素质、心理素质和身体素质，它是职业素质的基础。职业素质应是"职业人"所具有的，适应职业岗位需要的素质。

职业素质包含两个部分，即职业和素质，简单地说，是指满足职业生涯需要的一种特定素质。职业素质是指劳动者在生理和心理条件的基础上，通过专业（职业）教育（培训）、职业实践和自我完善等途径而形成和发展起来的，在职业活动中起着重要作用的内在基本品质，主要包括职业道德、职业意识、职业知识、职业技能、职业心理、职业形象等。

任何一种职业对人的素质都有一定的要求，它不仅包括从事某项具体职业所应具备的素质，还包括为获得这些素质应具备的潜力。因此，职业素质是一个人从事职业活动的基础，是事业取得成功的基石，是立足职场的根本，决定了一个人职业生涯的发展，是每位高职学生及从业者都应该具备的品质。

二、职业素质的特征

职业素质具有五个特征：①职业性，表现为不同行业的从业者素质有所不同；②稳定性，表现为素质一经形成，便会经常地在职业生活中体现出来；③内在性，表现为素质以潜能的形式存在，在职业活动中才能显现出来；④整体性，表现为从业者各方面能力和品质的综合体现；⑤发展性，表现为随着社会的发展对从业者素质的要求越来越高。

三、职业素质教育对高职学生的作用

目前，秉承"以服务为宗旨，以就业为导向"的高等职业教育，正肩负着为社会培养高素质、高技能人才的重任。高等职业教育与普通高等教育的重要区别在于注重以职业岗位能力为重点施教，与中等职业教育的区别在于除职业岗位能力的水平要求普遍提高外，更注重基本素质的养成和应变能力的加强。因此，高等职业院校的教育目标，应是在培养学生综合素质的基础上，重点培养学生的职业素质，建立以职业素质培养为核心的人才培养体系，这是衡量高职院校学生能否跨入职业门槛以及胜任职业的重要条件。

（一）职业素质教育对高职大学生职业生涯具有重要作用

一个人要是缺乏良好的职业素质，就不可能取得突出的业绩，大学生个人职业素质水平在很大程度上决定着自己是否能被认可，直接影响到今后职业生涯的发展。随着中国经济的高速发展，企业对高素质人才的需求越来越高，对大学生的职业素质也提出更高的要求。智联招聘副总裁赵鹏曾说过："现在大学生就业面临的最大困难不是成绩、知识和经验的欠缺，而是职业规范和职业意识等职业素质的缺乏，企业招聘人才的标准有接近七成的权重是放在应聘者的职业素质上。"因此，培养大学生的职业素质对大学生顺利就业有重要的作用。

（二）高职职业素质教育对现代企业发展具有重要意义

一个企业要是没有一支素质过硬的员工队伍，就不可能在激烈的市场竞争中占有一席之地。中国正处于由劳动密集型、资金密集型的企业迅速向技术密集型、知识密集型的产业转化的阶段，企业迫切需要一大批有较高水平的技能型、技术型的实用人才及管理、经营、服务人才。培养高素质的员工队伍如果完全依靠企业，需要花费大量的人力、物力和时间成本，因此在学校就对学生进行职业素质培养，会帮助学生尽快适应企业和岗位，极大地降低企业培养人的成本，同时高素质的员工队伍也可以促进企业的长远发展。

（三）职业素质教育是高职院校教改的需要

我国的高职教育绝大部分是起源于国民教育系列，很多高职院校在教育教学的过程中不可避免地在延续传统本科院校的教育教学模式，没有真正做到产教融合，培养的人才也难以满足社会的需求。实际上，高职教育和一般性的本科院校是有差别的，培养具有较高职业素质的高技能应用型人才是高职教育的主要培养目标。如何进行教育教学改革，使高职教育同国际接轨，改革和完善职业素质教育是重要的突破口。

四、高职开展职业素质的基本要求

（一）贯穿高职三年，分阶段、有重点、全过程实施职业素质教育

职业素质教育一般应涵盖职业理想、职业道德和职业精神教育、职业生涯规划指导、就业指导等多方面的内容。职业素质教育是一个根据大学生自身特点而循序渐进的教育过程，按照不同阶段的不同任务对学生实施有针对性的教育指导，将职业素质教育贯穿和渗透于大学四年教育的全过程。高职院校开展职业素质教育一方面必须对人才培养方案进行系统设计，做到全面规划、统筹安排、合作分工、整体推进，以保证学生的健康全面发展；另一方面由于职业素质是一个动态的概念，这就要求职业素质教育要分阶段、有重点、全过程实施，根据不同年级学生的身心特征和素质养成要求分阶段、分层次推进，要围绕企业需要的人才特点及学生职业生涯规划，以初建职业观念为职业素质教育的着力点，从设计系统的职业生涯切入，培养学生独特的职业兴趣，锻炼实用的职业技能。因此，可以将职业素质教育活动分为适应过渡、逐步养成与全面提高、就业准备三个阶段，将职业素质教育贯穿于学生在校学习的全过程。

（二）职业素质培养方式要多样化

职业素质教育是一个系统工程，只有改革学生校园活动的内容和形式，突出高职教学特色，才能切实提高职业素质的教育质量。因此，要建立职业素质的活动体系，开展丰富多彩的活动，如培养学生的思想素质可以采用业余党校学习、公益服务型学生志愿服务活动、政治理论型的辩论赛、思想政治活动、暑期社会实践活动等方式，培养学生职业技能和职业精神可以采用各种各样的科技文化节、专业实践、技能竞赛、学生创业活动、就业讲座、以职业能力为主的学生社团活动、企业参观顶岗实践活动等，在活动中将与专业相关的培训内容融入其中，可以促使职业素质教育活动更有效地开展。

（三）职业素质教育需要第一课堂、第二课堂和第三课题相融合

高校职业素质教育的途径主要有以课堂教学、校内实习为形式的第一课堂，以社团活动、科技文化活动为形式的第二课堂，以及以社会实践、校外参观、实习为形式的第三课堂。第一课堂是基础，第二、第三课堂是第一课堂的拓展和延伸。作为第二课堂和第三课堂的课外活动和社会实践在倡导专业精神的基础上，对培养职业素质的其他要素起着巨大作用，因此要深化第一课堂与第二、第三课堂的相互协调机制，学生工作者要充分利用这两个渠道，使其同第一课堂一道在职业素质教育中发挥重要作用。

（四）充分利用社会、企业资源，加强实践环节

在职业素质教育过程中，必须注意积极吸引社会资源和企业参与。因此，实施职业素质教育必须打破封闭式的办学模式，最好的方法是校企合作办学，打开校门走出去，建立起较为紧密的校企合作平台。要组织学生走进企业、走入社会参加实践、实习，在实践、实习中提高认识、增强能力。同时，学校可聘请社会上专业的人力资源专家对学生进行自我测评和职业规划、形象设计等；也可以邀请成功人士、企业家、优秀校友等为学生开设讲座，提供职业咨询服务，增强学生求职自信心，提高学生动力。

（五）职业素质教育教师专业化

大学应有一批具有广博的人力资源管理与开发管理理论、职业设计的专业知

识和丰富的实际操作经验的专家，但现实是很多高职院校因为师资力量有限，缺乏相应的人才。因此，作为与学生接触最多、关系最紧密的学生工作者可以成为学校的重要资源，他们是学校中最了解学生的教师，年轻，善于学习，熟练应用现代教育技术，与学生沟通密切，通过学习和培训具备专业的职业教育知识，可以承担起职业素质教师的责任，可以有效地破解高职院校职业素质教师缺乏的难题。他们通过积极参与教育科研和教学研究，遵循教育规律，着眼于学生素质的培养与提高，因材施教，可以使学生在先天基础上都能得到最好的发展。

第二节　职业素质培养的实践与探索

随着科技的迅猛发展，生产力水平不断提高，新时代对劳动者的素质要求越来越高，职业素质教育的地位也越来越重要。在多年的学生工作实践中我们发现，大学毕业生素质与市场经济要求不吻合、不匹配会造成这样的现象：一方面大学毕业生就业难，找不到合适的工作；另一方面用人单位招聘不到合适的毕业生，造成人才紧缺而影响企业发展的速度。因而，全面推进职业素质教育是当前高职院校教育改革与发展的主题，是提高办学质量的重中之重。对于高职经济类专业学生，我们进行了多年的尝试，主要从以下几个方面着手：

一、开展高职经济类专业学生职业道德教育

职业道德是同人们的职业活动紧密联系的符合职业特点要求的道德准则、道德情操与道德品质的总和，是社会道德在职业生活中的具体体现。它是维护正常的职业活动秩序、形成良好社会风气的根本保证，是发展和完善社会主义市场经济的客观要求，是提高劳动者整体素质、提升企业竞争力的关键因素。

高等职业教育特定的培养目标是面向生产、建设、服务和管理第一线需要的高素质技术应用型人才。其职业指向十分明确，学生毕业后能否胜任工作、发挥应有的作用，既要看其专业知识与技能的掌握程度，更要看其对待工作的态度和责任心。用人单位和企业对这类人才的第一要求并非知识和技能，而是职业道德方面的水准，他们总是将人品、敬业和责任感作为聘用员工的先决条件。由此看

出，职业道德素质已经成为高等职业教育人才培养的第一质量。

中共中央、国务院《关于进一步加强和改进大学生思想政治教育的意见》指出，"要进一步加强思想政治教育，把社会主义核心价值体系融入高等职业教育人才培养的全过程；要高度重视学生的职业道德教育和法制教育，重视培养学生的诚信品质、敬业精神和责任意识、遵纪守法意识，培养出一批高素质的技能型人才。因此，对学生进行职业道德教育，提高他们的职业道德水平，是高职院校学生思想政治教育的核心内容"。

（一）明确经济类学生应当具备的行业道德规范内容

职业道德规范是从事职业活动的人们应该遵守的职业行为准则，其基本内容是爱岗敬业、诚实守信、办事公道、服务群众、奉献社会。各行业的工作性质、社会责任、服务对象和服务手段不同，每一行都有各自具体的行业职业道德规范，同时每一行职业道德的侧重点也有所不同。通过对我们学院市场营销、物流管理、国际贸易与实务、报关与国际货运四个专业学生就业岗位的分析，我们将诚信、责任、团队合作、沟通作为我们的职业道德教育的主要内容。近几年，通过用人企业对经济管理学院毕业生的反馈，我们又将敬业、坚持、规则纳入重点教育内容之中。同时，我们还引入现代职业道德意识，包括竞争意识、质量意识、效益意识、信用意识、法律意识等。例如，教育学生树立公平的竞争意识，既要看到竞争的积极意义，也反对任何以不正当竞争手段参与的市场经济的行为。再比如法律意识，通过指导学生掌握与日常生活和职业活动密切相关的法律常识，使学生明确社会主义市场经济应该是法制的经济，市场经济活动必须以法律为准绳。

每年新生入学伊始，我们就开展全面的宣传教育，使每一个学生明确高职生的就业竞争力主要表现在两个方面：一是动手能力强，二是职业道德素质高，因此只有技能是远远不够的，只有具备良好的职业道德，才能适应职业岗位的需要，满足职业活动要求。

（二）职业道德规范内容贯穿三年的专业教学中

学院要求每名专业教师在教学的过程中必须将职业道德内容渗透到日常的教育教学中，对学生进行潜移默化的影响，通过结合学生专业课进行有针对性的行业职业道德教育，对学生讲清本专业的职业理想、职业道德、职业纪律等；专业课教师还可以结合本专业的发展历史，列举杰出人物在专业领域内的所作所为以及他们所表现出来的敬业奉献精神，有意识地渗透职业道德教育；也可以列举行业中的反面典型对学生进行警示教育。

(三) 第二课堂开展职业道德校园文化活动

在学生在校的三年中，第二课堂的校园文化活动重点围绕职业道德养成开展。通过网络、广播、报纸、宣传栏等形式，大力宣传职业道德教育；开展"学长课堂"，邀请已毕业的学生与在校生进行关于职业道德方面的经验交流，激发学生爱岗敬业、乐业勤业、艰苦创业的意识；开展企业家讲堂，邀请企业家到学校为学生举行相应的讲座；开展文明班集体、文明宿舍创建活动，把职业道德教育融入日常活动中；开展以职业道德教育为主题的活动。如主题班会、征文比赛、朗诵比赛、演讲比赛、辩论赛、文艺汇演、摄影赛等，让学生参与其中并获得体验；开展诚信考试教育、"诚信售卖"等活动，培养学生的诚信意识；依托大型活动尤其是集体活动如运动会、"一二·九"长跑等强化学生的团队精神。

(四) 严格学生日常管理，养成习惯

一个人的道德修养包括知、情、意、行四个方面的统一，高职学生职业道德的塑造是一个知行统一的教育培养过程。职业道德光有道德认识不行，要引导学生在理解职业道德内涵的基础上，养成适应职业需要的道德行为习惯，而行为习惯的培养实践训练不可或缺。

为此，我们以学生日常生活为切入点培养学生良好的行为习惯，重点抓学生课堂行为、公寓行为和校园行为，要求学生从我做起，从自己的身边做起，从现在做起，从行为规范入手，从行为习惯训练抓起，克服一些不良的行为习惯，使学生认识到自己的任何不符合职业道德规范的言行都不是"小节"，都应该将其消灭在萌芽状态，施教者与被教者共同重视"小节"，久而久之，就会养成良好的行为习惯，培养学生的规则意识、责任意识和文明行为。

随着大学生对手机依赖程度的增强，手机已经成为干扰学生听课的重要因素，课堂上经常出现老师辛苦讲课而学生们却在低头玩手机的现象，这样不仅影响大学生自身的成长和发展，而且严重影响了教学活动的正常开展。为提高学生们的听课效率，号召大家拒当"低头族"，同时也为了尊重授课教师的辛苦劳动，近日，经济管理学院面向大一学生开展"绿色课堂"主题教育活动。

学生将手机放入手机保管袋中（2015 级经济管理学院物流管理 2 班）

为开展好本次活动，调动广大教师和学生参与的积极性，学院领导、辅导员和任课教师们进行了充分的研讨，开展了广泛的宣传和教育，确保每个学生都清楚活动的内容和意义。学院不仅通过学院团委微信平台向学生广泛宣传，同时各班也制定实施方案，召开主题班会，为每个班级还配备了"手机保管袋"，任课教师也都积极参与配合和督促活动的开展。

"绿色课堂"活动虽然初期出现了一些学生不理解的情况，但通过辅导员耐心细致的思想工作，现在大部分学生都能做到不带手机进入课堂，带了手机的自觉关闭手机或设置静音，将手机放在"手机保管袋"中。学生们上课认真听讲，与老师积极配合，课堂学习情况有很大改进。与此同时，到课率大大提高，迟到早退现象明显减少。

（五）注重教师职业素养对学生职业道德教育潜移默化的影响

常有人说，师者为范，什么样的老师带出什么样的学生，教师的职业理想、职业态度、职业义务、职业技能、职业纪律、职业良心、职业荣誉和职业作用在潜移默化中影响着学生，而高职生正面临着人格的重建与完善，在这关键时期，教师的素质和形象往往直接给他们带来深远的影响。学生工作者是在学校中与学生关系最紧密的教师，辅导员对工作的态度、责任心、敬业精神、奉献精神、创新精神和对学生的爱心无时无刻不影响着学生。

（六）做好学生职业生涯规划和就业指导引导学生

高职生职业生涯规划将对其一生的成就产生重大影响，我们从大一开始就对学生进行职业生涯规划教育。首先通过专业导入使学生了解专业人才培养目标、课程设置，其次结合往届毕业生就业状况和学院校企合作状况，详细分解各个专业的具体岗位分类及专业知识、技能和能力要求，最后让每个学生根据自己的性格和兴趣思考自己想干什么和能干什么，确定未来的职业理想。在这个过程中，辅导员会帮助学生客观地了解自己及自己的职业理想，同时帮助学生明确理想岗位的职业道德要求，使学生清醒地看到自己的不足和差距，明确自己的努力方向，从而形成自己三年的职业生涯规划，最终每个学生以此指导自己三年的学习生涯，并努力向自己的职业理想迈进。

就业指导是帮助学生尽快就业的必要环节，也是使职业道德教育落到实处的重要环节。在这个环节中，我们主要从以下几个方面着手：首先，对全体学生通过多种方式开展职业道德教育。其次，对不同就业单位和就业岗位的学生进行富有针对性的教育，如针对每一个订单班的学生我们都要召开专门会议，向同学们详细介绍企业文化、学生在企业中的发展路径、企业和学校对学生职业道德提出的要求等；对分散在其他中小企业就业的学生我们也根据企业性质和岗位性质的不同，分别召开就业专题教育会，重点分析学生在就业中常见的问题，提出具体的要求。最后，我们为每名进入企业实习和就业的学生配备了专门的就业指导教师，专门负责指导学生就业，解答学生在实习就业中遇到的困惑和问题，从而帮助学生尽快达到社会和企业对学生的要求，同时也使学生能很好地适应社会。

（七）充分利用实践、实习环节，增强实践锻炼机会

职业道德的养成和职业道德教育目标，只有在职业道德规范的训导下，在环境的熏陶和职业道德的实践中才能得以实现。因此，高职学生只有在学习职业道德理论的基础上，把自己的学习和社会实践活动相结合，到实践中去领悟、体会和感受职业道德，才能养成良好的职业道德行为习惯。我们充分利用教学过程中

丰富多彩的各种实践、实习环节，对学生进行职业道德教育。例如，我们带每个专业的学生去合作企业参观、实践体验，市场营销专业的学生在大二的时候还利用大连商场促销活动直接去商场实践；同时我们在第二课堂也组织多种实践活动，如我们要求所有的同学在寒暑假都要参加社会实践；组织团队去企业调研，参加志愿服务，同杭州娃哈哈集团、广州蓝月亮集团、大连桑扶兰有限公司等合作，使学生在校期间就能参与企业的真实业务，在这个过程中对学生进行职业道德教育。

学生到百胜集团参加实践活动

二、开展职业生涯规划教育

大学生职业生涯规划就是指大学生在进行自我剖析，在全面客观地认识主、客观因素与环境的基础上，进行自我定位，设定自己的职业生涯发展目标，选择实现既定目标的职业，制订相应的教育、培训、工作开发计划，并按照一定的时间安排，采取各种积极的行动去达成职业生涯目标的过程。大学生就业指导是指贯穿于大学生培养和就业全过程、为顺利就业而开展的一切咨询服务和指导工作。

教育部提出，高校大学生就业指导工作要实现"四化"，即全程化、全员化、专业化和信息化。目前高职院校的大学生就业指导工作虽然已经全面展开，但仍然存在缺乏理论的研究、理性的思考和长远的眼光等不少问题。因此，要帮助大学生树立职业生涯规划意识，从自我认知开始，科学设计自己的职业生涯，通过继续学习，以科学的价值观和人生观理智面对自己所从事的职业，并不断检查和评价，最终实现自己的职业生涯发展。具体来说，职业生涯规划和就业指导的关系如下：职业生涯规划是大学生就业指导的重要内容；职业生涯规划是大学生就业指导的理想平台；要用职业生涯规划的思想做大学生全程就业指导工作。

（一）提高学生对职业生涯规划的认识

我们对学生开展职业生涯规划教育从新生入校开始进行。由于很多学生在入学前对专业不是非常了解，因此我们新生入学教育的第一堂课就是专业导入，帮助学生详细了解专业的人才培养目标、课程设置等，在这个基础上，向学生细化分析专业的岗位类别及素质和能力要求，可以使学生一入学就认真思考自己的职业发展问题，主动去关注就业形势、了解社会需求。同时，还要指导他们树立正确的价值观、人生观、就业观，认识到为职业生涯做好准备是在校阶段的一项重要任务，只有提前准备才能够顺利就业，实现自己的人生理想。

（二）开设职业生涯规划课程

把《大学生职业生涯规划》作为必修课纳入教学计划，使全体学生通过对职业生涯规划课程的学习，全面掌握职业生涯规划的理论，掌握职业生涯规划的方法，提高学生做出职业生涯选择的能力，引导每一个学生积极合理地规划出自己的职业生涯。

（三）开展职业测评，帮助学生了解自我

帮助学生开展职业生涯规划的过程就是一个让学生发现自我、认识自我、挖掘自我潜能的过程。因此，我们首先要做的就是评估自我，给自己一个恰当的定位，选择自己的择业目标，进行职业定向，使择业获得成功。而要自我认识，开展职业测定必不可少。我们引进了北森公司的人才测评系统，为全体学生开展职业测评工作，帮助学生了解自己的性格特点、工作态度、工作方法，提出适合性格与能力特点的职业发展建议，帮助学生进行职业选择，规划职业生涯。

（四）职业导师开展一对一职业辅导

我们为全院每一名学生设立职业导师，负责三年的职业生涯规划和就业指导，每名指导教师每个年级带十几名学生。职业指导师的主要职责如下：一是指导大一新生正确认识自我，树立自己的职业理想，做好自己的职业生涯规划，找到正确的人生定位和奋斗方向，同时帮助新生按照职业生涯规划制订学习和技能培养计划，帮助学生快速由高中学习模式向大学学习模式转变。二是根据大二学生一年来执行计划的表现进行总结，同每个学生谈心，指出不足，并指导学生根据自己的实际情况修改自己的职业生涯规划，向学生提出改进方向。三是大三的学生即将进入实习阶段，职业导师任务要根据学生的职业理想，为学生择业面试提供建议，对学生进行简历制作、面试技巧等方面的指导，对学生进行就业咨询服务；当学生进入实习岗位以后，职业导师还要进行跟踪，定期了解学生的实习情况，为学生答疑解惑，帮助学生尽快适应岗位要求，实现由学生向职业人的转变。

职业导师由学生工作者和专业教师共同担任，从大一入学开始一直到学生毕业，负责三年的全程职业生涯规划和就业指导，这样安排是从以下两个方面考虑的：一方面，可以使职业导师能更好地了解学生，使指导更具有针对性。很多学生和职业导师的关系非常亲近，把职业导师作为自己的人生导师，当他们在大学中有任何困惑或难题时都会及时向导师咨询，使自己的人生更有方向。另一方面，高职的学生自我约束能力还有所欠缺，再加上大学的生活圈子大大拓展，学生面对的诱惑也比从前多很多，因此完全靠一个职业生涯规划方案是行不通的，还需要老师的监督执行，职业导师经常了解学生的表现，鼓励学生积极进取，纠正学生的不足，会在一定程度上保证学生按照自己的职业生涯规划发展，进而达到最佳的发展方向。

（五）开展系统的具有针对性的就业指导教育和活动

我们对经济类高职的就业指导不是临近毕业才开展的，而是在大学生涯的全

高职院校经济类专业学生工作实践与探索

过程持续深入渗透的，给学生一个系统的就业指导教育。

在新生入学教育的过程中通过专业导入、专家讲座等方式让学生对未来的职业有一个展望，对自己所在的高职院校的优势、专业的前景以及对自己有一个定位。之后，通过讲座和活动以及其他各种形式，时刻来给予能够帮助学生认识自己所学专业的就业前景及本行业的发展趋势的专业指引，以使学生在大学期间的学习更有目标性和方向性。从大二下学期开始就开展丰富多彩的就业指导讲座，如社交礼仪讲座、模拟面试、简历大赛等活动，帮助学生掌握一定的面试与求职技巧，使他们在就业时能有稳定的心态和娴熟的技巧，提高就业能力。同时，我们开展"学长课堂"，邀请往届优秀毕业生回来进行求职与进入职场前的交流与引导，交流他们的经验和教训供同学们借鉴。

案例

"妆"扮人生　赢在职场

对于大学生来讲，化妆是必要的社交礼仪，如何选择适合自己的妆容、打造自己的完美形象成了学生们的必修课。10月16日下午，经济管理学院与屈臣氏共同举办的"'妆'扮人生　赢在职场"活动在一教楼307教室进行。本次活动邀请屈臣氏资深彩妆师为学生和学院女教师进行现场授课。

屈臣氏资深彩妆师现场选取观众演示了日常妆和职业装的基本美妆画法，通过现场化妆步骤的讲解，让同学们更好地去理解、学习。在课堂上同学们受益匪浅，并尝试自己动手操作。

学生教学展示结束后，屈臣氏彩妆师到学院教师办公室，为学院女教师进行日常护肤和美妆的讲解和指导，并依据教师们的个人肤质、肤色提供了有针对性的护肤建议。

本次彩妆进校园活动丰富了大学生的校园文化生活，提升了大学生的自我形象，使学生掌握了日常美妆和职业美妆的化妆技巧，同时也为学生的日常生活和面试求职带来便利。"妆"扮人生，洋溢自信，赢在职场，青春飞扬。

屈臣氏化妆师为学生进行化妆知识的讲解

在就业指导的过程中学院注重从以下几个方面入手：

1. 注重就业观念的教育

通过加强理想信念教育，帮助高职毕业生树立为社会主义建设服务的择业观。引导学生从国情出发，从实际出发，到急需人才的西部、基层和农村展示自己的才能，发挥自己的能力，这不仅有利于高职院校毕业生自身的发展，也有利于自身价值和社会价值的实现。例如，经济管理学院每年通过多种方式大力宣传大学生西部计划，广泛宣传参加西部计划优秀学生的事迹，邀请他们回母校与学生交流，充分调动学生建设祖国大西北的积极性。我院每年都有学生参加西部计划，仅 2017 年经济管理学院就有 5 名同学参加西部计划。

大学生征兵入伍保家卫国也是青年学生的光荣使命，每年学院都开展一次征兵宣传，通过板报、讲座、微信公众号等方式对以往入伍的优秀学生进行广泛宣传，组织一次征兵政策的解读，因此每年学院都有 3～4 名学生应征入伍。

2. 充分利用信息做好就业服务

在各高校，大部分的就业服务如为学生发布就业信息，组织学生参加招聘面试、办理学籍毕业证等事务性工作，帮助学生办理派遣手续等，都是由学生工作者完成的，因此就业服务工作也是学生工作的一部分，尤其是毕业班辅导员工作的重要内容。在就业服务的过程中，我们尤其注重全方位、立体的信息服务平台的建设。

首先，建立 QQ、微信群，当有招聘信息时，学院会第一时间在群里发布，使学生及时获得信息。

其次，学校建立了毕业生就业服务平台，用人单位根据要求提供必要的文件注册登录，通过我们审核后可以直接在毕业生就业平台发布信息，学生也可以在平台上获得就业信息。

最后，建立毕业生信息数据库。辅导员每年将应届毕业生的个人信息如常用信息、个人特长、学校的奖励情况以及就业意向等整理上传到毕业生就业信息平台。用人单位可以在平台上更方便找到自己需要的人才。

3. 教师全员参与就业指导

当学生进入大三的时候，学院实行就业导师制，全体教师担任学生的就业导师，对学生进行一对一的就业服务，为学生进行就业指导，解答学生的就业咨询，对学生在实习、就业过程中遇到的问题给予帮助，使学生能够顺利地度过就业适应期。

三、职业技能培养

职业技能是指"从事某种职业所必需的各种技能"，或者说是"人们在职业活动中，运用专业知识或经验顺利完成某种职业任务的行为方式或程序的总和"。职业技能是学生将来就业的技术和能力。

高职院校职业技能培养的优劣，关系到高职院校学生的就业和学院的长期可持续发展，哪所高职院校职业技能过硬，学生毕业能够胜任工作岗位，学生就业率高，这样的高职院校就发展得好，学生生源质量也有保障，学校也就能够步入良性发展循环。因此，我们一直以来非常重视职业技能的培养。学生职业技能的提高单纯靠课堂教学是远远不够的，还需要大量的课余时间训练和练习，因此学生工作者在第二课堂进行有效引导和组织显得尤为重要。培养学生职业技能主要从以下几个方面着手：

（一）注重宣传教育，使学生全面了解本专业职业技能的成长路径

初入大学，绝大部分同学的思想认识还停留在高中阶段，认为只要认真学习知识就可以，针对这种情况，我们从入学开始就对学生进行专业导入，不仅将三年的知识目标向学生讲解清楚，更重要的是向学生详细描述三年的技能目标和培养路径，使学生真正从思想上认识到职业技能对高职学生的重要性。

每年10月，学院针对大一新生开展职业技能提升项目启动大会，大会的主要内容包括对整个职业技能提升项目的宣贯、对上一学年职业技能提升的总结、对表现突出的学生进行表彰和奖励、本学年职业技能提升项目的启动和部署等，通过这种方式既可以充分发挥榜样的力量，也可以使学生进一步明晰职业技能的目标和具体任务，调动学生锻炼职业技能的积极性和主动性。

（二）成立专业学生社团，使职业技能训练常态化

传统的社团往往是为了丰富学生的课余文化生活，以兴趣爱好类为主。大连职业技术学院社团实行二级管理模式，社团分为两类：一类是由学校团委统一指导的一级社团，主要以兴趣爱好类社团为主，称为一级社团；另一类则是由二级学院管理的专业类社团，称为二级社团。经济管理学院每个专业都有专业社团1~2个，如市场营销社团、管理文化社团、物流社团、国贸社团等，每个学生都根据自己的兴趣爱好参加一个一级社团，同时又根据自己的专业和发展方向参加一个专业社团，专业社团由二级学院负责，团委书记负责各二级社团的日常活动和管理，每个专业社团聘请专业教师担任指导教师，活动主要内容就是职业技能训练。专业社团由专任教师指导日常的活动，高年级的学生骨干作为小师傅具体负责活动的组织和开展。

社团的管理和考核由二级学院学生工作者负责，每个社团都有明确的章程，每学期开学初各社团在指导教师的指导下制订活动计划，学院为社团配套相应的经费，社团可以根据活动的需要提出方案申请经费，经指导教师、团委书记签字认可使用经费。社团每次活动都有完备的活动记录，社团成员有严格的考勤制度，只有在社团活动中考核合格才能获得相应的素质学分。每年学院都要对社团活动进行总结，同时对明星社团和社团活动积极分子给予奖励。

（三）依托职业技能大赛，达到"以赛促学、以赛促教、以赛促练"的目的

职业技能大赛是依据国家职业技能标准，结合生产和经营工作实际开展的以突出操作技能和解决实际问题能力为重点的、有组织的群众性竞赛活动。职业技能大赛既是对职业教育质量和办学水平的检验，也是推动职业院校深化教学改革、加强校企合作、促进工学结合的重要手段。高职院校根据学院的专业特色，开展相关的职业技能大赛，既可以激发学生的学习兴趣和学习动机，又有助于巩固学生的理论知识，锻炼学生的实际操作能力，培养学生开拓进取、团队协作的意识和临场应变能力，提升学生的专业能力、业务素质和人文素养。

为使职业技能大赛达到"以赛促学、以赛促教、以赛促练"的目的，我们从以下几个方面进行了实践和探索：

1. 稳步提升职业技能的规模和水平

当前，在全国技能大赛的带动下，各省市、各地县都已经开展了轰轰烈烈的技能比赛，高职院校的职业技能大赛已经形成体系，各校都派出参赛队伍参加比赛，从市级、省级一直到国家级比赛，层层选拔。同样，我们学院四个专业每年都参加省赛、国赛、行业比赛等技能大赛，并多次获奖，每次参赛，专业教师和参赛学生都充分准备，认真总结经验，学生职业技能水平越来越高，比赛成绩越来越好。

在比赛成绩稳步提高的基础上，我们更加注重技能大赛的学生参与率，我们营造了"人人可以参赛，人人都要参赛"的氛围，不限制每个比赛的参与学生数，也没有对每个学生参赛的次数做限制，最大限度地鼓励学生的参赛热情。学院每年都举行学院职业技能大赛，举办的竞赛项目和参赛人数逐年增加，至今已经基本达到人人参赛的程度，竞赛中学生的表现和成绩逐年上升，充分显示了学院职业技能竞赛的优越性和教学成果。在学院比赛的基础上，我们层层选拔参加省市和国家级的比赛，并取得了优异的成绩。

2. 建立了规范二级学院职业技能竞赛的管理体制

学校为了保证竞赛的顺利组织和运行，建立了校、院二级管理体制。学校设立职业技能鉴定中心，主要负责对各竞赛项目的审核、组织、运行、协调和控制。二级学院成立职业技能竞赛领导小组，由学院党政领导班子、团委书记和各

专业主任组成，负责具体项目的申报、宣传、组织和评奖，协调并确定各项目竞赛的时间和宣传工作。各专业则根据专业和学科特点以及对学生能力的不同要求组织申报竞赛项目，项目的内容和形式要以加强对学生职业技能的训练、加强综合应用能力考查、调动学生学习兴趣和主观能动性为目标，强调项目的实践性、创新性，力求为学生打造一个新的实践平台。

市场营销专业学生获辽宁省市场营销技能大赛一等奖

3. 打破传统的评价体系，改革奖学金的制度

目前，高职院校的评价体系普遍沿承了本科精英教育的评价和奖励体系，即以知识本位的教学评价为中心，以学生的学业成绩为主要标准，这种对学生的评价停留于对学生知识掌握程度的考查的体系，不利于高技能型人才的培养目标和学生能力的培养。为激励学生提高职业技能的积极性，我们在评奖评优方面进行了全面的改进，除对参赛者给予奖金或奖品外，学校还设立职业技能个人奖学金和职业技能团体奖学金，对获得市级以上技能大赛奖项的同学给予奖励。在此基础上，学院设立二级学院奖学金，其中对参加校级技能大赛及行业协会或企业举办的职业技能大赛给予学院职业技能团体奖学金和学院职业技能个人奖学金。同

时，在荣誉称号方面我们设立了"职业技能能手"称号，对在职业技能方面有特长或突出成绩的学生给予表彰。每年我们为在各级各类比赛中获得职业技能获奖的同学举行表彰会，为在技能竞赛中取得优秀成绩、有突出表现的学生颁奖，这些都极大地调动了学生参赛的积极性。

4. 组织学生参加各项大赛，以赛促练

当前，高职院校职业技能竞赛最常见的模式是学生在校内由专业教师根据上级教育部门的要求和比赛内容在校内指导训练，通过层层选拔，参加市、省、国家等各级教育职能部门的比赛，这种模式的技能竞赛的比赛内容、比赛形式和比赛规则等相对固定，便于学生和教师备赛，比赛获奖也能得到各职能部门认可，因此学校、教师和学生都很重视。

学院每年组织参赛队参加省赛、国赛并双双获得佳绩，但由于技能大赛比赛内容相对固定，比赛人数也有限制，一般一所院校只允许一个队伍参赛，绝大多数学生都被挡在了比赛的门槛之外，因此，学院每年还在校内组织全员参与的各专业技能大赛，使全体学生都能积极参加，通过以赛促练，使全体学生技能得到提升。同时，各级比赛都配套有技能奖学金，更进一步激励了学生参赛的积极性。

学生参加全国大学生智慧供应链创新创业挑战赛获二等奖

学院积极组织学生参加"挑战杯"创业大赛，2018 年经济管理学院有三个项目获得省赛银奖，调动了学生创新创业的积极性，在教师的指导下，学生创新创业能力有所提升。

5. 引进来、走出去，与社会和企业对接

产教融合是高职院校办学的核心特色，学院努力引进来、走出去，与社会和企业对接。学院与企业联系，校企合作共同开展职业技能竞赛，如同广州蓝月亮集团合作开展"蓝月亮杯营销大赛"，参加杭州娃哈哈集团有限公司在全国举办的"全国娃哈哈营销大赛"，与大连茂昌眼镜共同举行"茂昌亮眸杯营销方案大赛"等。尤其在"全国娃哈哈营销方案大赛"中，我校学生同大连理工大学、大连海事大学等"985"、"211"本科院校学生同台竞技，作为参赛的 7 所院校中唯一的一个高职院校，我校派出了 2 支参赛队伍，由于教师的用心指导和学生的充分准备，在全部 20 个队伍中获得一个第二名、一个第三名的好成绩。通过此次比赛，学生们受到了很大的鼓舞，明白只要全力以赴用心准备，他们也可以做得比本科学生更好，极大地调动了同学们努力学习和锻炼职业技能的积极性，提高了学生的自信心。

经济管理学院学生参加"全国大学生娃哈哈营销方案大赛"

有意义的技能比赛关键是要与就业需求紧密结合。因此，比赛指导教师要走出校园、开润视野，积极研究社会和企业需求，与企业的技术专家一起对技能比赛内容进行研究，突出技能比赛的职业性与实践性。例如，通过市场调研，结合大连时令水果樱桃的上市，我们举办了"樱桃红了"网络营销大赛，市场营销和物流管理的学生合作组队参赛，在比赛的过程中学生不仅学会了如何在淘宝开店、如何通过微商销售、怎样采购和控制成本、如何做财务报表，同时明白了冷链运输的整个过程。由于这个比赛专业综合性强，对学生的锻炼也是多方面的，学生积极性很高，有的同学淘宝店铺销售量排名非常靠前。

6. 注重学生的传帮带，充分发挥学生的主体作用

高职学生学制三年，实际在校时间只有两年半，而技能的培养则是一个循序渐进的培养过程，即使是从新生入学开始就着手培养，也是时间紧、任务重，必须要充分利用学生的课余时间练习，专任教师在时间上难以做到时时与学生在一起，因此要充分调动学生的主动性和自觉性，通过专任教师培养高年级学生作为"小教师"，由他们再带领学生练习和备赛，达到传帮带的作用，同时也提高了学生的学习能力。多年来，我们一直采用这种方法，并取得了非常好的效果。

（四）开发实践活动，提高学生的职业技能

总结多年的学生工作和就业工作经验我们发现，学生干部和非学生干部在职业技能水平上存在明显的差异，前者明显高于后者，这说明工作、活动等具体实践有利于职业技能的发展，且成效相对较好。实践活动是学生职业技能的更有效且易于操作的培养方法，它体现了"做中学"的教育思想，符合技能学习的规律。基于以上原因，学生工作者应当成为开发实践活动的主要力量，实践活动的开发既要扎实开展传统的实践活动，也要提出具有吸引力和创新性的针对性实践活动；既要扎根校内实践活动，也要加强校企合作，积极寻求和发现社会实践机会和活动契机。更重要的是，所开展的多数实践活动应当惠及全体学生，使每个学生参与其中，获得锻炼和成长的机会。

首先，在第二课堂活动中挖掘职业技能要素。学生工作者在学生第二课堂开展主题活动或校园文化活动的时候要充分考虑学生的专业特点，选取与专业对接紧密的活动组织和开展，同时在活动中要挖掘专业因素，在提高学生通用职业能力的基础上，发挥专业特长，如当我们要开展校园文化活动时一般会安排市场营

销专业学生负责前期宣传方案，物流管理专业的学生负责物品的采购和准备。

其次，在社会实践活动中贴近专业。根据学院要求，学生每年都要利用假期开展社会实践，其中至少要有一次的社会实践必须在本专业的企业或岗位，我们鼓励学生自己联系社会实践单位，同时学院也积极为学生牵线搭桥，同合作企业对接，选派学生进入合作企业进行社会实践，以此推动学生职业技能的提升。

最后，鼓励学生利用业余时间兼职或从事相关专业的职业活动。高职经济类专业学生思想活跃，动手能力强，他们愿意尝试市场经济活动，作为他们的老师，我们对他们的这些想法给予肯定和保护，主动从专业的角度为他们提供咨询指导、出谋划策，帮助他们解决一些困难。例如，市场营销专业的学生喜欢在学生中尝试推销一些学生用品或食品，我们则帮助他们分析选择的产品、目标群体及销售渠道、指导陌拜技巧等，确保他们的销售活动更顺利也更专业，可以使学生在整个销售过程中体验活动乐趣的同时提高职业技能。

（五）与行业、企业对接，使学生在校期间接触到真实的企业业务

首先，订单班培养期间引入企业的真实业务。订单班是高职院校最常见的校企合作方式，也是学生就业的主要方式，从订单班宣讲、面试、组织及培养和实习就业的整个过程，辅导员都是直接的管理者和参与者，因此辅导员对学生的实际情况最为了解，学生需要什么、企业需要什么、双方哪些方面可以进一步合作，这些问题都是学院交给辅导员思考和调查的课题，而且在订单班培养过程中，企业将真实的业务拿到学校让学生实践需要学生利用课余时间完成，因此辅导员的积极参与和保驾护航显得尤为重要。

其次，引入行业协会。受行业特点和企业规模的影响，并不是所有的企业都适合建立订单班，对于以下中小型企业如外贸公司和跨境电商公司，因为公司规模小，每个公司的用人需求少，难以组成订单班，我们采用的方式是将行业协会引进来，从协会的众多公司中聘请专家为学生培训，学生采用自愿报名的方式，企业专家利用业余时间为学生免费培训，同时将企业的真实业务纳入培训课程中，学生在校学习的就是企业需要的技能，培训结束后行业协会公司可以优先录用学生，既达到学校、学生和行业企业三方的共赢，又能够使学生在校期间就接触企业真实业务，提高职业技能，从而缩短学生的就业适应期。

学院与大连好利贸易有限公司合作，将企业在阿里国际站的业务纳入校园，

在企业的指导下，由教师带领学生一起处理，使学生不出校门就具备真实业务能力，学生看到了他们工作的成果，公司网站的排名跻身整个阿里国际站同行的前列，极大地调动了学生的积极性。

再次，以实践基地为依托提高学生的职业技能。具有职业性、仿真性特点的好的技能型紧缺人才实践基地既有实践教学与职业素养训导功能，又具有技能培训功能，因此我们主动联系企业，建立实践基地，通过组织学生进入实践基地参观、实践，使学生在真实的岗位上提高专业技能。例如，宝胜国际就是我们市场营销专业多年合作的基地，学生在大二时每学期有两周的时间在企业实习参加"运动风暴"等活动。

最后，一直以来，高职学生的企业实践往往停留在岗位体验层次上，学生难以深入企业管理核心，学院教师成立中小企业管理咨询服务中心，对企业开展管理咨询服务，遴选优秀的学生作为老师的助手，由教师带领学生对企业进行深度调研，研究企业管理深层次问题，破解企业难题。这不仅可以使学生更深入地了解企业管理问题，实现实践教学的功能，也可以实现培育学生进行创业的功能。

学生同老师一起在企业调研

👤 **案例**

选准企业　精心培育　促进学生持续就业
——市场营销专业与宝胜国际的合作案例

市场营销专业的学生实习和就业的核心问题之一是企业需求和学生期待之间有差距，因此，学生在就业过程中离职率较高是企业也是学校亟须解决的问题。

一、与宝胜国际合作历程

宝胜国际是全国三大运动服零售商之一，主要经营和销售在中国领先的国内外运动服品牌，包括 Nike、Adidas、Reebok 等。在与宝胜合作的六年中，分成三个阶段：

培育促进学生

第一阶段是学校对企业的"绝对服从"阶段，时间是 2009 年和 2010 年。由于专业想保持与企业的合作，即使学校离企业较远，为了学生安全等希望学生能提前下班，也完全遵守营业时间等，达到了对学生职业素质和能力的培养。同时，积极的配合和学生的良好表现给企业留下了深刻的印象，稳定了与企业的合作关系。

第二阶段是磨合期，时间是 2011 年和 2012 年。通过近两年的时间，合作基本稳定，在实习岗位的提供、学生的实习时间以及各种安排上，进行协商调整。比如，在大商、麦凯乐等商场中的促销员，需要通过商场的面试才能被录用，没有被录用的学生被安排在周边的专卖店中进行实习，这样同学就可以全员同时进入实习岗位。

第三阶段是双赢阶段。到 2013 年春，校企展开了多方面合作，并设置了"管理培训生的订单班"。与本科一样，2014 届毕业生近 30 名学生以管理培训生的名义进入订单班，22 名学生进入到最后的考核，两名同学成为其开发区新店的店长人选；2015 届毕业生也有近 30 人进入管理培训生订单班。

二、选准企业，精心培育

在校企合作中，企业与学生的互惠互利是最重要的保障与前提，也是合作是否能够持续稳定发展的关键，为此，学院尽全力使两者利益最大化。针对企业与学生需求，精心选择了不同策略。

1. 对企业的主要策略和做法

第一，灵活安排实训周。企业的促销时间是不固定的，而学校的实训周时间安排通常提前三个月左右，为了更好地实现校企合作，专业及时与企业进行沟通，根据企业活动时间调整实训教学运行时间，满足企业的用人需求。

第二，严格管理，保障企业"权益"。每次在学生进入企业实习时，学院院长、专业主任、指导教师分别对学生进行指导和要求，对参加实训的意义进行沟通，使学生意识到自己不仅仅代表自己，也代表学院、专业，更是为自己、学弟学妹创造实训和就业机会；每天保证有一位教师深入企业、岗位现场，了解学生情况，协助企业对学生进行管理和协调；严格实习考核制度，要求学生按照企业管理要求，履行岗位职责，不得私自与企业管理者进行争吵，有问题及时反馈给教师，教师酌情进行沟通，没有极特殊情况，必须按照企业安排时间进行作息，不得擅自离岗，以上最大限度地保障了企业的权益，也使学生提高了责任与服从意识。

第三，及时与企业进行沟通。在学生实训的全过程积极与企业进行多层次的沟通。实训前，主要针对本次促销的任务以及岗位要求进行沟通，充分理解企业需求，并有效地与学生进行沟通，使学生能够准确把握企业的需求；

过程中，主要是对学生出现的问题进行沟通，及时了解企业、学校以及学生本身对这些问题的看法，减少学生、企业与学校间的分歧和隔阂；结束后，及时沟通企业对学生整体的看法以及需要改进的地方，为下次实训安排增加经验。

企业的主要策略和做法

2. 对学生的主要策略和做法

第一，树立"就业典型"。这是对学生策略的核心，也是对企业有益的方法。这种典型有三个方面：一是每一届学生第一次实习时安排学生干部作为组长，对学生进行组织，并作为就业推荐的依据，增加学生对实习意义的认识；二是让愿意去实习的学生利用课余时间打工，培养学生对企业的感情，增进就业的选择；三是积极培育表现好、与企业岗位较为匹配的学生进入企业就业，树立成功就业典范，对后续的学生产生示范效应。这是校企合作的核心，只有成功的就业，才会促使学生通过上下级的同学沟通，形成良性的合作润滑剂，更加促进校企合作的发展。

第二，多方协调，保护学生利益。为了更好地保护学生的利益，提高学生的积极性，学院进行多方协调。比如，反复和企业讨论实习工资与餐补等，尽量保障学生的劳动能有所得；为了保障学生的安全，协调学校的班车进行接送，尤其是晚上下班后的接送等，虽然困难重重，但学院都尽力地解决；对出现的意外事件积极进行解决，使学生意识到学院的关怀，如在实习中个别岗位的学生因为工作原因没有赶上接送的班车，就安排学生打车回校，要求企业给解决费用问题，让学生感受到学校和企业的关注。

总之，市场营销专业与宝胜国际的校企合作经过六年探索，互惠双赢是基础和前提，精心培育是保障，学生的良好就业将会使校企合作得到继续发展和不断深入，三者缺一不可，收获了企业、学校、学生的"三赢"。

四、以素质教育学分引领学生综合素质提升

《国家中长期教育改革和发展规划纲要（2010－2020年)》指出："把育人为本作为教育工作的根本要求，教育要面向人人、面向社会，着力培养学生的职业道德、职业技能和就业创业能力。"为适应高端技能型人才培养的工作，经济管理学院始终将大学生素质教育工作作为转变教育观念、改革人才培养模式的核心。

随着企业对高职毕业生需求量的增大，对毕业生的综合素质、职业素质的要求也越来越高，而高职毕业生由于自身对高等职业教育的定位上存在认知偏差，从而出现了与企业文化素质要求不合拍的现实问题，因此，除了在课程设置、能力培养上进行改革外，培养学生的综合素质、提高学生适应社会的能力尤为重要。

经过几年的研究和试点我们发现，在高职院校学生中推行素质教育学分制度，不失为一个有效的举措，因为综合素质学分制不仅能有效地帮助学生规划在校期间的学习与生活，而且从制度上保证其必须参加的教育活动，既能增强学生社会责任感、创新精神、实践能力，培养德智体美全面发展的、满足社会需求的高素质技术技能型人才，达到最基本的发展目标，也能够体现出高等职业教育"张扬个性、全面发展"的素质教育理念，促使学生成人、成才。

（一）大连职业技术学院素质教育学分的设定

素质教育学分是指学生在校期间，按照学校规定或根据个人特长与爱好，取得超出专业教学计划要求的思想政治教育成果、具有一定创新意义的智力劳动成果、其他优秀成果，经核准认定后可取得的学分。

《大连职业技术学院关于制订2015级教学计划的原则意见》规定，学生在校期间必须通过一定形式获得素质教育学分，以提高学生自身综合素质。学生素质教育学分包括第一课堂和第二课堂两类，涵盖五大项目、六大模块、23项课程内容（见表6-1）。六大模块包括公共素质课、行为道德修养、学习能力提升、社会能力提升、技能技术创新、人文素质拓展，每个模块包含若干课程内容，学生按兴趣在规定时间段学习（见表6-2）。其中，公共素质课模块由教务处负责；其他五大模块由学生发展中心负责，主要由学生工作者负责。

1. 公共素质课模块素质学分的设定

在课堂教学中落实素质教育任务，以丰富、健全学生的人格，提升学生的职业素质。学生可以通过选修心理健康教育、职业生涯设计、形势与政策、就业指导、人文社科类课程、自然科学类课程、艺术类课程获得学分。

2. 行为道德修养模块素质学分的设定

有针对性地开展理想信念、爱国主义、政治意识、职业道德、公民道德以及文明习惯养成教育。学生通过参加主题教育活动、公益劳动、素质论文答辩活动和选修政治、哲学、军事、民族精神等公共素质选修课获得学分。

3. 学习能力提升模块素质学分的设定

引导学生主动地探求知识，掌握求知的本领，促进自身职业能力提升。学生通过学习专业学历提升、职业资格证书、相关专业技能证书、应用能力类证书获得学分。

4. 社会能力提升模块素质学分的设定

提高学生的团队协作意识和服务意识，培养学生的道德关怀与人文关怀，使学生具备与人交流、与人合作和解决问题的能力。学生可通过参加各类社会工作、社会实践和志愿服务、核心能力培训课等获得学分。

5. 技能技术创新模块素质学分的设定

培育学生的创新意识，养成热爱创造性劳动的良好习惯，提高学生技能水平和创新创业能力。学生可通过参加专业技能竞赛、创新创业大赛、取得专利证书、公开发表学术论文、创业培训课等获得学分。

6. 人文素养教育模块素质学分的设定

引导学生在积极参与社团活动的过程中领悟人生、领悟社会、发现知识、完善品格，培养学生的高尚情操和文化素养。学生可以通过参加社团活动、各项人文素质类竞赛和校园文化活动获得学分。

（二）素质教育学分的特点

大连职业技术学院实施的学生素质教育学分制度，坚持了定性与定量、纪实与评议相结合的原则，对于学生综合素质的提高及建立科学公正的学生综合评价体系发挥着重要的作用。总的来说，它有如下几个特点：

1. 导向性

素质教育学分将学校素质教育工程项目化，将学生在校期间除专业课程学习外的发展任务进行了系统梳理，引导学生积极参加学校的各项教育教学活动，并且用模块化的方式使学生明确三年的发展任务和发展目标，尤其是在学院将素质学分制度与评优评先工作相结合之后，院系学生活动参与率明显增加，导向作用凸显，取得了预期的效果。

2. 客观真实

素质教育学分可以全面地反映出学生品德、智能、体能等方面的综合情况和发展情况。它建立在原始资料收集和数据统计的基础之上，准确记录了学生三年的在校表现，体现了测评方法的科学性和准确性，既可以反映学生的发展成果，也可以反映学生在校期间的表现。

3. 量化可比性

测评计算结果的显示更加清晰地反映出学生的综合表现，因而可比性非常强。学生既可以横向比较自己与同班同学的表现，也可以纵向比较自己在不同时期的综合表现，这更有利于学生客观地评价自己、评价他人，形成健康的心态。

4. 兼顾学生个性发展

素质教育学分分为必修学分和奖励学分，鼓励学生在达到日常管理要求的前提下、获得规定的必修学分的基础上，发展自己的个性和特长，极大地调动了学生参加各种课外科技文化活动、社会实践活动、专题讲座、知识竞赛等的积极性，培养了学生多方面的兴趣、爱好，拓宽了学生的视野，提高了学生的社交能力，培养了学生的创新思维和创新精神，提高了学生的综合素质。

（三）素质教育学分的实施

1. 建立了素质教育学分的组织保障体系

学校成立大学生素质教育指导委员会，统一领导和部署全校的学生素质教育工作。党委书记和校长任主任，相关职能部门负责人以及各学院党政负责人任委员。学校成立学生发展中心，具体负责组织、督促检查、学分监管等日常工作。各相关部门树立全局观念，各司其职，各负其责，通力协作。各学院成立相应的大学生素质教育工作小组，学院党政负责人任组长，教学副院长、党总支副书记、分团委书记、专业（教研室）主任等为成员。各学院工作小组具体组织实施素质教育工作。辅导员在学院工作小组领导下负责素质教育学分日常工作。

2. 进一步建立、健全学校各种规章制度

为推进素质教育学分的实施，学校制定了一系列相关规章制度，特别是学生日常管理、学生学分制管理、学生考核评价、校园文化活动管理等制度，保证素质教育学分工作顺利开展。将大学生素质教育纳入教学管理，制定《大学生素质教育学分实施条例》和相关实施细则，推行《素质教育课程培养过程与评估手册》，开发素质教育学分认证系统。将大学生素质教育工作纳入评价奖惩管理，每年学校将对各单位实施大学生素质教育情况进行考核评价。

3. 学校配备相应的经费支持

学校切实加大素质教育投入，将素质教育专项经费列入学校常规预算。进一步完善素质教育经费拨款办法和使用申请程序，不断提高教育经费的使用效益。规定相关部门要加强管理，专款专用、统筹使用。

4. 建立与素质教育学分相配套的评奖评优体系

为进一步发挥素质教育学分对学生的导向作用，学校配套修订了《大连职业技术学院奖励办法》，使奖学金和荣誉称号的评比同素质学分挂钩，极大地调动了学生的积极性和主动性。

5. 充分发挥二级学院在素质教育学分工作中的主体作用

（1）完善程序，学院建立评优评先素质教育学分评价小组。为使素质教育学分评价工作能够尽量公平、公正地进行，学院成立专门的素质教育学分评价小组。小组成员负责素质教育学分制度中各活动参与情况的记录，以及相关材料的审核与评定，并由该小组成员定期公布结果和公示成绩。

（2）加强素质教育学分的宣贯工作。新生入学伊始，我们就全方位开展素质教育学分的宣贯工作，通过宣讲会、班会、宣传海报、网络等多种方式对新生宣传和教育，使每个新生都全面了解素质教育学分的政策、流程等，使素质教育学分深入人心，每个学生做到心中有数。同时还充分发挥学生干部、党员、先进典型等学生骨干的作用，积极进行各年级学生间的交流活动，借助朋辈的影响更能取得学生对素质学分工作的认可。

（3）学院大力开展校园文化活动要根据素质学分体系制订具体工作计划，打造丰富的第二课堂。学院注重开展丰富多彩的校园文化活动，营造良好的文化环境氛围，充分挖掘学生的各项潜能，为素质学分的实施提供载体。

（4）学院根据自己的专业特点制定本学院的实施细则。大连职业技术学院制定了《大连职业技术学院学生素质教育学分实施条例》，在此基础上，各二级学院根据自己的专业特点和培养目标制定了各二级学院的素质教育学分实施细则，表现为既统一又各具特色，各有侧重。

（5）建立二级学院奖励办法。为充分发挥评奖评优的导向作用，大连职业技术学院在学校奖励办法的基础上设立了二级学院的奖学金，各学院可以根据自己学院的实际情况和工作重点开展二级学院奖学金和荣誉称号的评比。经济管理学院制定了《经济管理学院奖励办法》，既是对学校《奖励办法》的补充，也为充分发挥素质教育学分的导向作用提供了有力的帮助。

（6）组织好素质教育学分的补考工作。根据大连职业技术学院的规定，"学生在校期间应取得的最低素质教育学分为23分"，"学生必须按照学校人才培养方案的规定取得6个模块及自主选修相对应的最低学分，各模块之间、各模块与自主选修之间所取得学分不可相互弥补，各模块内课程内容取得学分可以相互弥补（有特殊要求的除外）"。其中，学生在道德修养模块扣分，不能用其他模块的学分弥补，必须通过一定的方式补考，因此二级学院要认真组织学生参加补考以获得学分。

素质教育学分2016年开始在经济管理学院实行，在运行的过程中也出现了一些问题，如学生参加活动功利目的的增加。这些问题的出现，反过来也会促进素质学分制度更加完善，以达到其设立的最终目的，这需要我们在接下来的实践中不断地总结、改进。

表6-1 大连职业技术学院大学生素质教育工程项目设置

工程	目标	项目	模块		内容	负责部门
素质教育工程	学会做人	1 思想道德教育	理论	公共素质课	1 国防教育与军事理论	思政理论与公共基础教学部
					2 思想道德修养	
					3 思政理论	
					4 法律基础	
					5 形势与政策	
					6 中华民族精神	教务处
					7 中国的社会与文化	
					8 中国经济热点问题研究	
					9 法学人生	
					10 军事理论	
					11 马克思主义哲学	
			实践	行为道德修养	12 行为规范养成	学生处各学院
					13 公益劳动	
					14 主题教育活动课	
					15 综合素质论文	

工程	目标	项目	模块		内容	负责部门
素质教育工程	学会求知	2 学习能力发展教育	理论	公共素质课	1 职业生涯规划	思政理论与公共基础教学部 信息工程学院 国际商务语言学院
					2 高等数学	
					3 计算机基础	
					4 外语	
					5 看英美电影学地道口语	教务处
					6 初级日语	
					7 图形与图像处理	
					8 网页制作	
					9 Flash 动画制作入门与精讲	
			实践	学习能力提升	10 职业资格证书	职业培训与技能鉴定处
					11 相关专业技能证书	各学院
					12 应用能力类证书	教务处 各学院
					13 本科自考课程	继续教育学院
	学会共处	3 社会能力发展教育	理论	公共素质课	1 心理健康教育	思政理论与公共基础教学部
					2 应用文写作	
					3 跨文化商务交际（双语）	教务处
					4 个人理财规划	
					5 商品选购与养护	
					6 推销技巧	
					7 演讲技巧	
					8 人际关系与沟通	
					9 现代交际礼仪	
					10 职场沟通与思维创新训练	
					11 普通话演讲训练	
					12 现代交际礼仪	
					13 普通话训练与方音辨正	
					14 大学生情商成长训练	
					15 亲密关系心理学	
					16 商务礼仪与职业素养	
					17 大学生职业核心能力训练	
			实践	社会能力提升	18 社会实践与服务	校团委
					19 校园服务管理	学生处
					20 核心能力培训	思政理论与公共基础教学部

续表

工程	目标	项目	模块		内容	负责部门
素质教育工程	学会创新	4 创新创业技能教育	理论	公共素质课	1 就业与创业指导课	思政理论与公共基础教学部 各学院
					2 新生入学专业导入	
			实践	技能技术创新	3 专业技能竞赛、创新创业大赛	各学院 校团委 思政理论与公共基础教学部 科学技术处
					4 取得专利证书、公开发表学术论文	
					5 创业培训课程	
	学会生活	5 人文素养教育	理论	公共素质课	1 人文社科类	教务处
					2 自然科学类	
					3 艺术类	
					4 东亚文化赏析	
					5 电子产品与现代生活	
					6 珠宝鉴赏与营销	
					7 饮食文化	
					8 中医养生保健	
					9 流行歌曲演唱	
					10 经典动画片欣赏	
					11 篮球	
					12 影视声音鉴赏	
					13 流行音乐鉴赏的技巧	
					14 卡通漫画	
					15 广告名作欣赏	
					16 世界百幅名画赏析	
					17 花卉栽培技术	
					18 排球	
					19 足球	
					20 羽毛球	
					21 拓展训练	
					22 智慧人生问庄子	
					23 有氧健身操	
					24 日本社会文化	
					25 宗教文化概论	
					26 LED 照明灯具设计与赏析	
					27 汽车文化	

续表

工程	目标	项目	模块		内容	负责部门
素质教育工程	学会生活	5 人文素养教育	理论	公共素质课	28 造船技术史	教务处
					29 基本急救	
					30 魅力科学	
					31 中华诗词之美	
					32 食品安全与日常饮食	
					33 美学原理	
					34 文化地理	
			实践	人文素质拓展	35 社团活动	校团委宣传部各学院
					36 文体竞赛	

表 6-2 大连职业技术学院素质教育安排

序号	模块名称	内容	课时	最低学分	途径	学期	学分认定部门
1	公共素质课	心理健康教育	32	2	课堂教学	第1或第2学期	教学单位
2		职业生涯设计	16	1		第3或第4学期	
3		形势与政策	16	1		第3或第4学期	
4		就业指导	22	1		第4学期	
5		人文社科类课程	64	4	课堂教学	第2~5学期	
6		自然科学类课程					
7		艺术类课程					
8	行为道德修养	行为规范养成		2	学校组织	第1~5学期	学生发展中心
9		公益劳动		0.5	学校组织		
10		主题教育活动课		1			
11		综合素质论文		1			
12	学习能力提升	职业资格证书		1.5	学校组织（至少取得0.5以上）		
13		相关专业技能证书			自主取得		
14		应用能力类证书					
15		本科自考课程					
16	社会能力提升	社会实践与服务		1	学校组织（至少取得0.75以上）		
17		校园服务与管理			学校组织		
18		核心能力培训课					

续表

序号	模块名称	内容	课时	最低学分	途径	学期	学分认定部门
19	技能技术创新	专业技能竞赛创新创业大赛		1	学校组织（至少取得0.25以上）	第1~5学期	学生发展中心
20		取得专利证书公开发表学术论文			自主取得		
21		创业培训课			学校组织		
22	人文素质拓展	社团活动		1	学校组织（至少取得0.5以上）		
23		文体竞赛			学校组织		
24	自主选修	序号5~23中任选内容		5	学校组织或自主取得		教学单位学生发展中心
	总计		150	23			

资料来源：大连职业技术学院学生处。

第七章
校园文化建设

第一节　高职院校校园文化概述

　　"校园文化"这一概念始于 20 世纪 80 年代。1986 年 4 月，上海交通大学召开了第十二届学生代表大会，学生代表发言首次提出了"校园文化"建设这一新课题。三十几年来，这一概念随着时代和社会的发展进步变得更加多元、立体和开放。高职院校的职业教育决定了自己独立的校园文化，其培养目标、培养方式、教学模式、就业层次和办学思路等方面彰显着职业教育的独特性，职业教育工作者通过长期不断的理论提升、实践探索、整合优化，沉淀出了职业教育特有的校园文化。

一、高职院校校园文化的概念内涵

（一）校园文化的内涵

　　"校园文化"这一概念是基于实践提出的，学者们对于这一概念见仁见智，并没有统一的界定。对于校园文化，存在着广义和狭义两个角度的理解。从广义的角度，校园文化指除去第一课堂以外一切与学生有关的教育文化活动。从狭义的角度，校园文化指在校园历史中形成的，反映校园主体即师生们在价值标准、基本信念、思维方式以及行为规范上有别于其他社会群体的一种固态意识和精神力量，是在校园这一特定环境中进行教学、管理、活动中所形成的以精神文化为核心、物质文化为载体、制度文化为保障、行为文化为依托的动态发展系统。

对于"校园文化"这一概念的定义要从其内涵去理解和挖掘，文化本身的复杂性决定了校园文化深刻的内涵。首先，校园文化是一种客观存在。校园文化是一种客观存在，在学校成立之初，校园文化便产生了，随着学校的发展变化而不断积累、沉淀和创新。其次，校园文化是一种亚文化。校园文化发生在学校这一特定场所，校园里的教职员工和学生在教育、教学实践过程中自觉或不自觉产生文化，即为亚文化，它与社会文化存在着密不可分的关系。再次，校园文化是一个多层次的有机复合体。随着对校园文化研究的增多，借鉴文化结构的划分把校园文化分为精神文化、行为文化、制度文化和物质文化。最后，校园文化是一个动态发展的系统。社会是不断发展进步的，学校的各项教育教学活动也是不断更新的，所以校园文化也是不断发展变化的动态体系。

（二）高职院校校园文化的内涵

高职院校校园文化应具有高等教育校园文化的共性和内涵，需要强调的是，高职院校是高层次职业教育，同时，它的培养目标是面向生产、服务和管理的一线岗位的实用技能型的专门人才，它的立足点是以服务为宗旨，以就业为导向，因此，高职院校的校园文化应该尽可能突出"职业教育"的特点，将职业特点、职业技能、职业道德、职业理想融入高职院校校园文化建设中去。

在多数学者看来，高职校园文化是高职院校全体师生围绕高职教育培养目标，在日常教育和教学活动中，逐步形成的以培养学生良好企业职业素养，提高文化素质和审美情趣，增强实践动手能力、社会适应能力及企业适应能力为目标，具有高职教育特色的校园文化。

高职院校校园文化建设突出的内涵为：以校风、教风、学风建设为核心，以精神文化、行为文化、物质文化和制度文化为抓手，以优美的校园环境、浓厚的学术氛围、多彩的文化活动、科学的人文精神、高雅的艺术情趣，形成催人奋进、学以致用的学校精神和民主、科学、实用的价值理念，引导正确的舆论环境，使学校文化和师生心态内外和谐，办学水平、学校活动、实践能力、文明魅力刚柔并济，促进学校全面、协调、可持续发展。

二、高职院校校园文化的功能

教育部《关于加强和改进高等学校校园文化建设的意识》（教社政〔2004〕16号）强调指出：高等学校校园文化是社会主义先进文化的重要组成部分。加强校园文化建设对于推进高等教育改革发展、加强和改进大学生思想政治教育、全面提高大学生综合素质具有十分重要的意义。

（一）导向功能

高职院校校园文化的导向功能即把全校师生引导到学校的总体目标上。高职院校的教育目标为培养高素质高技能型人才，育人是其首要任务，学校提倡鼓励的校园文化，将师生的奋斗目标转变为具体的行动方向。校园文化能调动所有人工作学习的主动性和积极性，强有力的校园文化能够统一全校师生共同实现学校发展目标。不论是基于就业导向还是能力导向，都可归纳为职业导向，校园文化成为开展思政教育和职业教育的新载体，使学生们在成长成才的道路上目标远大、方向正确、规划清晰，为成为合格优秀的职业人而努力。

（二）凝聚功能

高职院校校园文化的凝聚功能体现在全体师生员工具有相同的理想信念、价值观念、行为规范等群体意识，使得全体师生团结一致，产生凝聚力和归属感。在学校组织的校园活动、文体社团、志愿服务以及具有专业技能特色的各类活动中，学生们通过共同组织和参与能感受到一种文化氛围，进一步激发师生的自豪感、荣誉感和归属感，提高了学生的综合素质，也使学校的凝聚力得到了升华。

（三）激励功能

良好健康的校园环境从物质方面和精神方面强调对师生的尊重、关心、培养和提高，积极发挥其在学校建设中的主体作用，从而产生潜移默化的激励作用，使学校形成朝气蓬勃、精神振奋、开拓进取的良好风气，形成一种良性循环的激励环境和激励机制。

（四）辐射功能

高职院校学生数量众多，占全国大学生数量的近一半，高职学生在校期间兼职、实习，毕业后走向社会参加工作，能辐射校园文化。高职院校校园文化得到了社会更多的关注，其影响力也逐渐增强。高职院校校园文化在吸收社会文化和企业文化的同时，也通过人才输送把自身的特色文化带到社会和企业中去，从而产生一定的影响。良好的校园文化以及反映出的学校形象，是高职院校在水平质量上的重要体现，是高职院校可持续发展的基础。

（五）稳定调节功能

良好的校园文化给学生提供优质的土壤和环境，将学生的学习生活、兴趣爱好集中在学校内部，精力主要放在自我成才和自我成长上，防止校外不良思想和习气浸透到校园中，影响学校正常的教育教学秩序，对校园稳定起着重要作用。校园文化还具有调节调试功能。丰富多彩的校园文化活动能适当地调节紧张、单调的学习，有利于学生身心健康成长，提高学生的综合素质。同时，校园文化造成了一种"软约束"，对师生具有一定的约束作用，是一种心理约束而产生的行为约束。比如，图书馆不占座、阅读后将书放回原处等，师生如果共同执行这些良好习惯，将会对学生产生深厚的影响。

总之，校园文化是学校的一种"教育场"，它不仅能陶冶师生的情操、规范师生的行为，而且能够激发全校师生对学校目标、准则的认同感和作为学校一员的使命感、归属感，形成强烈的向心力、凝聚力和群体意识，同时，还能对学生起到潜移默化的教育作用。高职院校要充分重视校园文化建设。

三、高职经济类专业校园文化特征

高职院校的高等职业教育，是培养生产、服务和管理一线的高技能型人才的教育。高等职业教育是高等教育体系的重要组成部分，属于职教类型，主要实施技术的、职业的教育。高等职业教育在教学理念、课程设置和培养目标等方面都存在着显著特征，因此，高职院校校园文化存在着职业性、实践性、创新性、社会性等相应的特点。

高职经管类专业校园文化不同于普通高校以及其他高职专业校园文化的根源

在于其深受经济管理行业影响，经济管理行业文化渗透到高职经管类专业的各个层面。除专业知识外，经济类行业对于毕业生的核心能力要求为：沟通、协调和合作。因此，校园文化建设一定要与培养目标结合起来，贯穿教育教学工作始终。结合经管类行业文化特点及其对高职经济类专业的影响，高职经济类专业校园文化有以下几个特征。

（一）具有新经济时代特征，反映经济类行业的发展方向

目前，中国经济从高速增长进入中高速增长阶段，主要表现为部分行业产能过剩，外贸对经济增长贡献率降低，经济发展方式发生转变，产业结构优化升级，经济增长进入新常态。每个时代的经济现象都扎根于这个时代的经济环境背景中，不同的时代经济环境的表现形式是不同的。作为培养经济类专门人才的经济类高职院校，应该从教育教学等多方面将校园文化建设与经济行业的发展特点同步起来，培养符合当代经济行业需求的经济类专门人才，如学生经济观念的形成和培养，专业设施、设备的建设等，力争符合时代特征，体现经济发展的前进方向。

（二）带有深刻的经济行业特色，凸显职业岗位要求

经济行业的变化发展一直体现在经济类高职院校的人才培养目标、学校建设和专业设置中。因此，经济类高职院校应当密切关注行业的发展，从物质层面和精神层面依托行业发展，以行业标准为培养人才的依据，把经济行业文化融入校园文化建设之中，在方方面面都要体现经济行业的文化特点。

经济类学生毕业后从事的工作多是与人打交道较多的职业，尤其是市场营销、国际贸易等专业，这类工作要求具有严格的工作纪律、较强的表达沟通和协调合作的能力，在新经济时代更要有勇于创新的精神。经济类院系应该在职业素质和职业能力的教育上进行强化和倡导，将其融入日常教学、实习实训中，在各项规章制度中体现经济专业职业道德的要求，让学生在潜移默化中得到学习和成长。

（三）立足区域需求和地域特色，反映当地文化

经济类高职院校要满足区域经济发展的人才需要，立足当地经济结构特点，培养符合当地经济结构特点的经济类专业人才。另外，在校园环境建设上体现当

地社会文化特色，如校园景观、标志性建筑等。

（四）教学方式更加开放，校企交流更加密切

学院课程设置强调"理实一体"；教学形式多样化，不局限于课堂教学；任课教师不限定理论专职教师；在校内校外均有实习实训课程；要求学生到企业进行顶岗实习，参与实际操作。学院与相关用人单位保持密切的联系和交流，开设"订单班"，将企业的用人目标和教育教学相结合，将企业文化融入校园文化，从而扩大校园文化对学生的影响力，培养大批专业人才。

第二节　经济类高职院校校园文化建设的实践与探索

一、经济类高职院校校园文化建设的体系构建

体系是指若干有关事情或某些意识相互联系而构成的一个整体。要构建一个体系，需要明确这个体系由哪些因素构成，这些因素之间的关系是什么，它们之间是如何相互作用的。我们知道，校园文化建设主要有学校文化和二级学院文化两个层面，构建具有高职经济类专业学生特点的二级学院校园文化，要以学校校园文化为核心，用学校的校园文化影响学生，同时结合专业、行业特点，构建高职经济类二级学院文化建设体系。

（一）以大连职业技术学院校园文化核心内涵塑造学生

校园文化建设是以校园为主要空间，涵盖院校领导、教职工在内，以校园精神为主要特征的一种群体文化。作为高职院校，应该从建校伊始就系统思考，大连职业技术学院非常重视校园文化建设，逐步形成了以"海·融"文化为主要内容的校园文化体系。

学校以社会主义核心价值体系为引领，围绕学校办学定位和发展目标，通过构建和完善导向引领平台、环境培育平台、载体支撑平台和影响传播平台，不断

丰富学校精神文化、物质文化和制度文化内涵，形成了有特色的"文化引领—文化培育—文化支撑—文化传播"职院文化格局，实现文化以文化人、以文育人的功能。

学校校园文化体系建设围绕"高职教育"这一主线，孕育了"同舟共济、艰苦奋斗、务实创新、追求卓越"的学校精神，形成了"合作、进取、超越"的校风，砥砺出"用忠诚、知识和能力充实人生"的校训，这些精神文化成为引领学校发展的核心理念和生生不息的文化动力。学校从精神文化和物质文化建设方面构建了"文化阵地、文化团体、品牌活动、制度文化"等文化建设体系。

（二）构建具有专业特点的高职经济类二级学院校园文化育人体系

培养符合经济行业要求的技能技术型人才，是高职经济类专业人才培养的目的，也是其校园文化建设的出发点和落脚点。鉴于经济行业特点及本章第一节中所阐述的经济类院系校园文化特征，将经济类高职院系校园文化建设体系分为精神文化、制度文化、行为文化和物质文化四个部分，作为二级学院可以在学校校园文化的基础上构建二级学院独有的校园文化，将行业职业的要求融入其中，形成自己的特色文化，用以加强对学院的熏陶和感染。

二、经管类高职院校校园文化建设具体实施

（一）构建具有经管类专业特色的二级学院校园文化建设

精神文化是人类在创造和形成文化时产生的精神活动及其结果的总称，包括社会心理、价值观念、思维方式、政治思想、道德情操、宗教情感、国民特性，以及教育、文学、艺术、科学等，是文化的高级层次。

学院注重将传统文化和社会主义核心价值观与学院的办学理念、传统特色、理想追求相融合，铸就新时代的校园精神文化，引领校园文化建设，营造具有时代特征和专业特色的精神文化氛围。

1. 做好顶层设计，构建文化意象

学院把职业素养作为大学生素质教育的核心内容，结合学院发展历史、专业特色、人才培养目标凝练出高职经济类专业学生校园文化的主题为"蓝海·新经

济"。"蓝"寓意着智慧、理性和沉静等，这与经济的本质与学院的内涵的发展和需要一致；"海"寓意着宽阔、包容、传承等，这与对人的人格、素质要求与职业素养的培育相一致；蓝海是与红海相对的一组词：红海指已知的市场空间，蓝海则是未知的市场空间，红海中的竞争是激烈和"血腥"的，向蓝海出发的精神是创新和锐意进取的开拓精神；"新经济"代表经济新常态，发展新经济是供给侧改革的重要内容，强调发展新经济，是以习近平同志为核心的党中央对我国经济问题的准确判断和对世界发展趋势的深刻把握。这与学院发展的愿景相符，作为学院，不仅要培养学生创新、进取的职业精神，也要适应新经济的发展，不断地开拓和进取，保持走向未知领域的勇气、决心和创新精神。

经济管理学院文化 LOGO

经济管理学院院徽

2. 围绕培养目标，创建文化内容

校园文化内容的建设不仅要与学院服务的生产性服务业的行业企业文化相融合，还要与学院本身的发展和学生的发展需求相一致，形成有特色的经济管理学院的文化内涵。根据高职经济类各专业的实际，凝练的校园文化的核心内容有两个主要方面：

（1）围绕"一条主线"。一条主线即以培养学生职业素养为主线。高职教育以就业为导向，学院把职业素养作为大学生素质教育的核心内容，针对学院市场营销、物流管理、国际贸易实务和报关与国际货运四个专业的岗位要求，组织师生共同开展职业素养大讨论，并通过企业调研继续明确和提升学院原有的文化思考和建设，确定了以"诚信、合作、传承、开放、进取、创新"作为学院的职业素质培养目标。

（2）贯穿两个"核心精神"。在学院文化建设中，围绕职业素质的养成，为了更好地突出特色和重点，在人才培育过程中突出两个"核心精神"的建立。一是团队精神，培养学生团队合作能力；二是创新精神，培育学生积极进取、勇于创新。

结合经管类专业的培养目标，学院文化建设凝练出具有经济类专业特点的学院精神，即教师与学生共同认同的蓝·海文化，实现文化的三大核心功能：对全体（学生和教师）行为约束与凝聚、对内外的价值辐射与传播、对整体目标激励与导向。

根据"蓝海·新经济"文化的释义和核心内容，学院凝练出"诚信、合作、传承；开放、进取、创新"的学院精神和核心内涵，这个核心内涵也包含着学生未来在经济领域中必须具有的职业素养。三年中，通过多种形式、全方位的宣贯和潜移默化的影响，学院精神在学生身上打上了深深的烙印，成为其价值体系中的重要部分。

3. 注重核心价值，构建精神引领

学院注重以社会主义核心价值观引领校园文化建设，以思想政治理论课、党课为主要渠道，以校园文化活动、社会实践活动为"第二课堂"，广泛深入开展马克思主义、共产主义信仰教育和马克思主义立场、观点方法教育，教育引导青年学生提高辩证思维能力。以习总书记系列重要讲话精神为指导，加强对中国特色社会主义理论的学习，不断增强对中国特色社会主义的道路自信、理论自信、制度自信和文化自信，自觉践行社会主义核心价值观。

4. 依托活动载体，探索文化建设形式

学院文化建设探索学生、教师两个主体，学院、专业两个层面的文化建设，一个平台即传播平台建设，设计规划学院的各种活动，发挥文化的潜移默化的功能，突出文化的传播与价值导向，提升专业建设水准，引领学院的专业建设，丰富专业人才培养的途径，提升专业人才培养的水平。

（1）探索两个主体的文化活动。首先，针对教师的活动设计。以学院核心文化为引领，设计各种针对教师的主题活动，规范教师的行为、传递正确积极的价值观，使教师成为学院文化的建设者和主导者，充分发挥教育者的作用。其

次，针对学生设计主题精品活动。围绕职业素质的培养，建立传统文化、现代管理文化、职业技能文化三位一体的学院文化体系。精品活动围绕"弘扬传统文化，陶冶学生情操，提升文化修养，传承现代管理文化，全面提高学生综合素质，凝练职业技能文化，提升学生就业能力"；借助实践"内化于心，外化于行"，使学院文化扎实落地；以老带新，实现学院精神和优良传统无缝对接；积极推进视觉文化建设，提高团队认同和归属感。

（2）探索两个层面的文化活动。首先，学院层面的文化活动，贯穿和传播学院的核心文化。其次，探索专业文化建设。以专业进行专业文化的建设活动，促进和提升专业建设、人才培养的水平。以物流管理专业为例，学院积极建设物流管理专业的特色文化，探索建立以规范学生的行为和培养职业精神为目标，通过 VR 体验式课堂等第一课堂教学和第二课堂素质教育融合，从行为养成、专业理念形成以及视觉识别为专业文化体系的专业文化建设，实现文化对学生潜移默化的影响，探索以物流行业企业核心文化（效率、成本、安全）为引领的物流管理专业文化，并探索专业文化建设的途径及主要内容。

案例

经济管理学院开展"我与院徽有个约会"活动

学院成立伊始就在全院率先启动了院徽设计工作，收到了较好效果。现在每逢学校大型活动，院徽作为学院的形象代表都悬挂在学院的醒目位置，起到了凝聚力量、鼓舞人心的作用，大大增强了学生对学院的认同感、凝聚力、向心力。同时，院徽也成为学生在微信朋友圈和QQ空间表达对学院感情的最常见的形象标志。本活动包含三个子项目：一是校徽、院徽的普及。广泛在学生宿舍、实训室布置张贴校徽、院徽，加强视觉文化对学生潜移默化的影响。二是为每位同学制作院徽，在集体活动的统一服装上印制院徽，要求学生参与各项大型活动如军训、升旗、运动会等都要佩戴院徽，增强学生的集体荣誉感。三是开展"我与院徽有个约会"图片展，既展出近几年学院在全校大型活动的照片，同时也在新生中开展与校徽、院徽的创意照片比赛，使校徽、院徽形象深入人心，加强其对学生的影响力。

（3）探索一个平台的文化传播。建立二级学院的传播平台，传播二级学院的文化建设。学院全面加强网络思政教育建设，使网络成为弘扬主旋律、传播校园精神文化的重要手段。利用经济管理学院微信网络公众平台形成"紧贴学生热点、传达党团动态、团结学院师生"的功能定位，开展了《社会主义核心价值观培养》《文明网络》《经管人物——榜样力量》《四六级高频词汇》等专题报道累计100余期，融合知识性、思想性、服务性和趣味性于一体，在学院上下形成良好反响，对在校学生社会主义核心价值观的塑造培养、思想政治教育起到了正面引导的作用，有效地传播了校园精神文化。

5. 围绕核心文化构建文化建设的体系

建立与蓝·海文化的核心内涵一致的精神文化、行为文化、制度文化与视觉文化，真正得到全体的认同，实现文化的引领作用。

（1）行为文化建设。建立与核心文化一致的行为文化，规范和传递专业文化核心价值文化。建设的核心任务：专任教师以及学生的行为规范体系建设及行为要求，建立可识别、考核、易行的行为标准，通过践行行为规范，形成良好的职业素养，使专业文化在专业中得到传承。

学院在确定"一条主线"和"两个核心"后，组织全体教师和学生进行了文化内涵的讨论和研究，通过对四个专业培养目标和职业素养的总结，凝练出符合经济管理学院各专业的文化内涵，即"诚信、合作、传承；开放、进取、创新"，并对每个文化内涵结合专业要求进行了具体的对接，形成了各专业的行为规范。学院将"蓝海·新经济"的六个核心内涵在全过程培养的基础上，针对不同年级有重点地对学生进行宣贯和培养，具体如下：第一学期，诚信和合作；第二、第三学期，传承开放；第四、第五学期，进取创新。

（2）视觉文化建设。通过各种载体，使专业文化得到充分的展现。建设的核心任务是寻求完善、可操作、有特点的载体使专业文化得到充分的展示。例如，为进一步推进经济管理学院校园文化"蓝海·新经济"品牌化建设，提高"蓝海·新经济"的知晓度和影响力及经管师生的认同度和归属感，在学院公开征集"蓝海·新经济"校园文化品牌标识LOGO。学生通过举办班会、小组讨论等形式对"蓝海·新经济"的内涵进行了深入的学习和讨论，集思广益，设计出自己心目中的LOGO。在确定LOGO后，应用于班级文化手册、学生个人文化手册、笔记本、微信公众号等进行推广。同时，在学生校园学习生活的场所以及各个大型活动等进行全方位展示，通过潜移默化的熏陶和感染，使文化根植于学生心中。

6. 构建专业、班级、个人三个层面的文化特色

（1）专业文化。学院围绕各专业学生职业素养这一主线，依据学生的专业发展与人才培养目标，深入挖掘各个专业的专业内涵。例如，物流管理专业根据仓储配送类物流企业在运营过程中对员工的要求，形成了物流专业核心文化，通过在实训室内学生目光所及的位置张贴标语，将各种制度上墙，力求学生在来往穿梭于实训室之时，在实训和休息间隙，在"耳濡目染"之中，受到潜移默化的启迪和教育。

（2）规划班级文化。2018级新生作为班级文化建设的重点对象，系统规划了三年的文化建设内容，设计了班级文化手册，用以记录班级三年的文化建设轨迹。班级文化建设手册上体现本班级文化建设LOGO、班级格言、班级文化建设核心目标、总目标、阶段性目标、工作计划、班级文化建设活动记录表和阶段性总结等内容。

（3）设计学生个人成长地图。学院为学生制定个人成长手册（每个学生一本）。由学生记录自己大学期间在专业、职业素养方面的成长轨迹，包括我的成长地图（对专业的认知、职业规划和预期、个人提升目标等）、活动记录表、学期末总结与反思、绘制我的成长树。这个过程使学生能更明确学院的文化内涵和职业素养的要求，文化的根会扎得更深、更牢。

大连职业技术学院经济管理学院

学生成长记录手册

_____的成长地图

___级_____专业__班

一、报关与国际货运专业简介

报关与国际货运专业成立于2014年，本专业坚持面向企业与社会，在学生学习报关与国际货运专业知识的同时，加强应用能力的培养和锻炼。

在近年来参加的职业技能大赛中获得多项省级三等奖以上荣誉。

通过与报关公司、货代企业的合作，充分发挥校企合作的优势，改革人才培养模式，将职业岗位能力要求纳入专业课程标准，着力培养在报关与国际货运代理方面能够解决实际问题的高素质技术技能人才。

本专业是辽宁省高水平现代化高职院校建设项目覆盖专业之一。

二、报关与国际货运专业课程体系

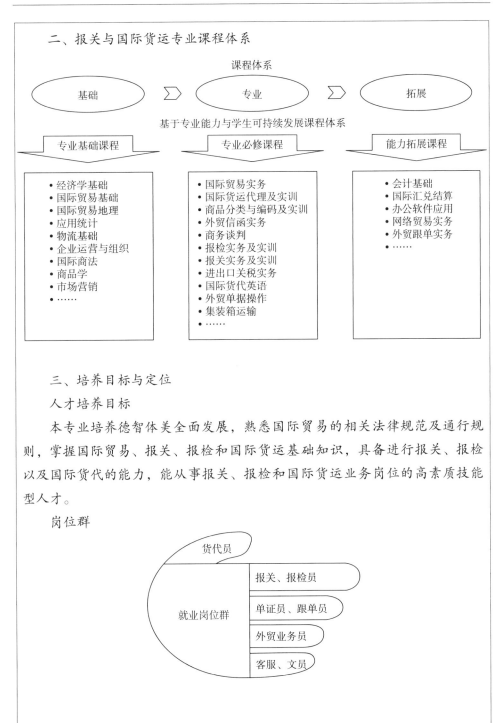

课程体系

基础 ▷ 专业 ▷ 拓展

基于专业能力与学生可持续发展课程体系

专业基础课程　　　专业必修课程　　　能力拓展课程

- 经济学基础
- 国际贸易基础
- 国际贸易地理
- 应用统计
- 物流基础
- 企业运营与组织
- 国际商法
- 商品学
- 市场营销
- ……

- 国际贸易实务
- 国际货运代理及实训
- 商品分类与编码及实训
- 外贸信函实务
- 商务谈判
- 报检实务及实训
- 报关实务及实训
- 进出口关税实务
- 国际货代英语
- 外贸单据操作
- 集装箱运输
- ……

- 会计基础
- 国际汇兑结算
- 办公软件应用
- 网络贸易实务
- 外贸跟单实务
- ……

三、培养目标与定位

人才培养目标

本专业培养德智体美全面发展，熟悉国际贸易的相关法律规范及通行规则，掌握国际贸易、报关、报检和国际货运基础知识，具备进行报关、报检以及国际货代的能力，能从事报关、报检和国际货运业务岗位的高素质技能型人才。

岗位群

货代员

就业岗位群

报关、报检员

单证员、跟单员

外贸业务员

客服、文员

职业岗位定位

| 初次定位 | 核心能力 | 课程设计 |

职业岗位定位

初次定位
报关助理
报检助理
外贸业务员
货代员
单证员

未来发展
报关员
报检员
外贸业务主管
货代、单证主管

核心能力
报关业务能力
报检业务能力
国际货运代理
业务能力
制单业务能力
外贸业务能力

课程设计
报关实务
报检实务
报检报关实训
国际货运代理及
实训
商品分类与编码
及实训
进出口关税实务
国际贸易实务
外贸单据操作

职业素养

我的成长地图

大一学年（_____学年第____学期）：

我对报关及国际货运行业的认知：（学生写出自己对报关及国际货运行业的基本认识）

_____

_____

_____

_____

初步发展方向：（自己对未来职业发展方向的初步预期，以及想做的准备）

_____

_____

_____

_____

我的提升目标：（针对自身存在的不足，提出提升和改善的目标）

_____

_____

_____

_____

我的活动记录表：

时间和地点		负责人	
活动类型		记录人	

活动名称：

活动内容：

我的准备工作

我的心得体会

学期末总结与反思

大一学年（_____学年第____学期）：

我的收获

_____

_____

_____

_____

我的展望

_____

_____

_____

_____

绘制一张自己从入学到现在个人成长的地图

（二）突显"以人为本"，多途径建设校园行为文化

1. 重视课程文化，加强通识教育

（1）坚持开展"英语晨读"。经济类专业，尤其是国际贸易方向，对英语有着较高的要求。语言的学习强调诵读的重要性。在内容方面，选择经典美文、专业范文等，通过诵读增强学生英语交流能力。为了保证和巩固英语晨读的效果，学院开展英语朗诵大赛、英语演讲比赛系列活动，进一步强化英语学习的重要性，营造良好的英语学习氛围。

（2）开设跨学科选修课，加强通识教育。学生素质教育学分中第一课堂选修课，设置了除专业知识之外的文化、科技、人文社科、民主法治等多方面的通识课程供学生进行选修，通过知识的整体性、综合性、基础性，使学生拓展视野、避免狭隘，培养独立思考与判断的能力、社会责任感和健全的人格。

2. 开展能够体现经管类专业精神的校园文化活动

（1）传承现代管理文化，全面提高学生综合素质。作为管理类学生，必须掌握现代企业管理文化，具备管理者的各种素质。学院开展"经管跫音渐起，铸就美好未来"管理文化节活动。主要内容包括：管理大师文化沙龙系列活动，与学生分享乔布斯、马云、松下幸之助等风云人物的创业之路，分享大师的经典思想和成功案例，感受大师的思想与灵魂；开展"沐浴经典品悟文化"读书活动和"带一本好书回家过年"活动；组织了多场读书报告会和名著朗诵会分享自己的读书收获和感悟，鼓励学生多读书、读好书、好读书，营造良好的学院文化氛围；开展"营销人生·筑梦未来"系列讲座，围绕人生营销的理念、人生的战略规划与定位、打造人生品牌等内容帮助同学开始自己的人生营销，让学生受益匪浅。

（2）培养"诚信、沟通、合作，传承、感恩、创新"的职业精神。在学生活动中我们始终突出两个重点内容，即要有助于高职学生成长成才和培养学生对母校和学院的深厚感情，将"爱校兴院"思想深深根植于每个学生心中。因此，我们积极研究探索行之有效的活动形式和载体，除开展读书朗诵会、读书报告会、讲座、征文比赛、主题演讲等常规活动外，还积极探索采用形式新颖、在当代"90后"和"00后"学生中更具有影响力的活动载体。例如，开展文化沙龙活动，对当前热点经济问题和大师管理思想进行研讨；组织微电影大赛，让学生对大学常见现象和经济案例进行思考；举行PPT课件大赛，帮助学生掌握当代人才必须掌握的技能；开展"彩绘校园"活动，让学生用自己的创意亲手为校园绘上浓墨重彩的图画，为校园物质文化建设贡献自己的一分力量；组织学生积极参加、充分备战学校的各项比赛，在比赛中打造学院精神，培养增强学生团队凝聚力和学院自豪感；开展年度表彰及新年联欢会、中秋迎新晚会、毕业欢送会等大型晚会，培养学生对母校和学院的深厚情感；充分利用贴吧、QQ空间、微信朋友圈等网络平台在学生中的影响力，根据不同的时间阶段主动引导学生的关注话题，使正能量在学生中逐步扩散。

（3）注重弘扬传统文化，提升文化修养。学院始终立足于中华民族传统文化，结合中华民族传统文化开展讲座和实践活动，用优秀的传统文化影响学生。主要包括：开展"中国茶文化"漫谈；开展"弘扬传统文化，营造精彩人生"讲座；举办多场"与经典同行，与圣贤为友"中国古典名著赏析活动；开展"学好弟子规，做好中国人"活动，组织学生利用课余时间放映学习视频、开展座谈会进行交流、举办朗诵大赛等方式掀起学习《弟子规》高潮；开展"今又重阳——爱老敬老"志愿活动；等等。

📖 案例

举行"中华古诗词大会"活动

在经济管理学院承办的第十八届校园文化节系列活动之第一届"中华古诗词大会"中，做了两个"全体动员"。一是动员全体学生参与比赛设计，组织学生自主研发答题系统，选手可通过手机网络现场答题，答题结果即时出现在大屏幕上，系统自动识别答题对错、自动计分。这种比赛方式形式新颖、趣味性强，极大地调动了全场观众的积极性，现场的观众同学也踊跃参与互动答题，气氛十分热烈。二是动员全体学生参加比赛，比赛分为初赛、复赛和决赛。活动设置的主旨是增强全体同学对中国古典文化的了解和掌握，因此要求全员参加初赛，给定考试范围，笔试作答进行筛选。这样就确定了活动的覆盖面，取得了较好的活动效果。

中华古诗词大会现场

3. 深入开展青年志愿者服务和社会实践活动

（1）以传递爱心为宗旨，积极开展志愿服务活动。经济管理学院成立了二级青年志愿者协会、义工协会、红十字协会等公益类学生组织的立体化志愿服务工作体系。目前，学院共有青年志愿者组织和公益社团4个，在岗注册志愿者213人，2010年至今累计志愿服务2332人次。学院倡导团员发挥带头作用，增强社会责任感。定期到蓝天养老院和大连市星星之火孤独症支持中心开展志愿服务，定期到武昌社区为结对子的盲人朋友服务，在给予了他们亲人般关爱的同时，也提升了同学们的志愿服务精神。

（2）社会实践传递温暖。学院每年都要求全体在校生进行社会实践活动，评选出校、院两级重点团队给予经费支持，收到了很好的效果。2017年暑假，经济管理学院组建了4支校级重点团队和7支院级重点团队，其余同学们自发组队，联系同学，奔赴各地开展暑期社会实践活动。暑期社会实践内容涵盖关爱自闭儿童、关爱留守儿童、环保宣传、专业调研等方面，创建了一个学习实践的广阔平台，让同学们进一步接触社会、感知社会，服务群众，锻炼能力，增长才干。

学院在志愿服务和社会实践中加强思想引领、注重品格培养、服务成才成长，引领广大青年用知识和爱心勇敢肩负起历史赋予的责任，脚踏实地为祖国和人民无私奉献，为中国梦贡献自己的青春力量。

（三）注重基础建设，充分发挥物质建设的文化功能

1. 校园环境建设

校园基础建设是以物质形态展现校园文化的基本特质，是校园文化建设不可或缺的部分，发挥着物质实用和精神美感的作用。它包括了校园环境建设和基础设施建设两个方面。由于笔者所在学院为二级学院，本书主要对学生教室、公寓和实训室的校园文化建设进行介绍。

（1）"彩绘校园"。"彩绘校园"是经济管理学院一项传统的活动，通过让学生用自己的双手美化学校校园的井盖和楼梯，使学生充分感受通过自己辛勤的劳动为校园增添一份美丽的自豪，提升了学生对母校的热爱。

彩绘校园

（2）学生专业教室。著名教育家苏霍姆林斯基说："学校的墙壁也会说话。"教室是学生最主要的学习场所，其文化建设的目的不仅仅是为学生营造良好的学习环境，更重要的是在教室文化中融入企业文化、企业管理理念以及职业价值观的塑造，使学生在获取理论知识、实践技能的同时，通过教室了解企业的价值取向、行业的发展和社会需求的变化。

学校为各专业学生配备了固定的自习教室，学生从以下几个方面进行了教室内校园文化建设。首先，教室的净化。班级须制定值日表，学生定期进行值日，做到教室卫生无死角。引导学生摒弃"课桌文化"，不要在课桌上刻字，同时以相应的规章制度作为制度保障。其次，教室墙面的布置。教室正前方的黑板上方粘贴校训、校风内容，黑板左右侧张贴相关的教室管理规章制度和班级的值日生表。在教室后方墙面布置名言警句、哲理故事，学生自己的书画、摄影作品，可根据社会时事、学生需求而变换，内容积极向上。最后，要注意企业文化的渗透。墙壁和黑板报中可加入企业和行业的相关专栏，设置学生职业生涯规划板块，为学生实现自己的职业目标打下基础。

（3）实训室文化建设。实训室文化建设是校园文化建设和整体育人环境不可分割的重要组成部分。实训室文化建设包括实训室环境文化建设和制度文化建设。实训室文化建设体现科学、和谐的环境氛围，有利于提高学生的科学素养和培养实事求是的作风，能激发学生的探索欲望，培养学生的创新精神和实践能力，培养学生良好的行为习惯，提高道德素养。实训室的环境文化建设包括：①门牌和房屋功能标识，包括实训房间准确的中、英文名称及安全责任人等信息；②宣传橱窗，介绍实训中心的整体情况；③室内外文化氛围营造，在适当位置张贴行业发展历史、国内外优秀企业、先进技术、行业各种设施设备等；④成果展示，展示实训室和学生所取得的成果，包括获奖证书、实训教材及课件、学生训练图片、优秀学生简介等；⑤实训环境布局，主要包括实训室平面图、实训室区域介绍、实训室立体效果图等。

实训室的制度文化建设包括：①实训室制度牌，包括学生实训守则、安全卫生制度、实训教学人员职责、仪器设备管理制度等；②岗位职责牌，包括实训室涉及的所有岗位职责；③仪器设备操作规程牌；④实训项目操作流程图；⑤6S操作要求。

案例

物流专业实训室文化

仓储配送类物流企业在运营过程中，成功的关键在于不断降低成本、高效的物流效率和货品人员安全三个方面，因此大多数物流企业在用人需求方面也要求员工具备这三方面的意识；同时，由于仓储配送企业的员工在工作过程中需要不断接触大量的货品、资金，所以企业对员工的诚信也提出要求。在专业文化建设过程中，我们对企业的需求进行提炼，形成了专业核心文化标语"诚信 安全 效率 成本"。物流设备实训室着力为学生打造良好的学习氛围和职业理念，力求学生在来往穿梭于实训室之时，在实训和休息间隙，在"耳濡目染"之中，受到潜移默化的启迪和教育。因此，我们在实训室内学生目光所及的位置张贴了"诚信 安全 效率 成本"的标语，让学生时刻谨记在物流作业中这八个字会伴随他们的整个职业生涯。

诚信　安全　效率　成本

实训室标语

6S 管理是企业仓储专业技术人员的职业品质要求，仓储岗位群的职业特质强调规范的把握，其专业文化的核心是追求整理（Seiri）、整顿（Seiton）、清扫（Seiso）、清洁（Seiketsu）、素养（Shitsuke）、安全（Safety）六个项目，所以在物流设备实训室建设中，始终将6S建设摆在首位。

1. 整理

将实训室内目前不使用的设备、工具进行入库、定位管理，尤其是无用的托盘归入备用集装箱中，使教师和学生在授课过程中能够方便地找到适用的托盘。

2. 整顿

将实训室内在用的托盘、叉车定位管理，要求学生使用后按照指定的位置进行归位，明确各设备充电区，方便学生对设备进行充电；同时检查实训室内已有的电子标签和实际货品之间的关系，做到一一对应，方便教师授课，也培养学生在学习之初就建立整顿的思想。

归位指示牌

3. 清扫和清洁

建立实训室清扫制度，教师授课结束后，要求当堂课学生简单进行清洁、带走垃圾，要求勤工俭学的学生主负责，对实训室定期进行充分清扫。

4. 素养

实训室授课老师在授课过程中，时刻不忘职业素养的培养，如果发现学生在上课过程中不按照6S的方式对自己使用的设备进行管理，出现乱放的现象，提出警告甚至取消平时成绩。

5. 安全

进入实训室之初，要求每位老师对学生进行实训室安全教育，要求学生按规定操作各项设备，并按照规定着装，防止出现危险。同时，为了使实训室内的学生和教师时刻有安全的意识，我们建立了实训室安全规章制度，强调实训室内日常安全检查，防患未然。

实训室安全制度

为了让学生从专业学习的角度对6S管理有更深刻的认识，在文化建设过程中我们将6S展板结合仓储岗位的实际工作内容以及实训室内的要求重新进行了设计，并在实训室内的醒目位置进行了悬挂，让学生时刻谨记。

专业核心文化、6S文化的建设，为学生工匠精神培育创造良好的环境，达到"润物细无声"的效果。

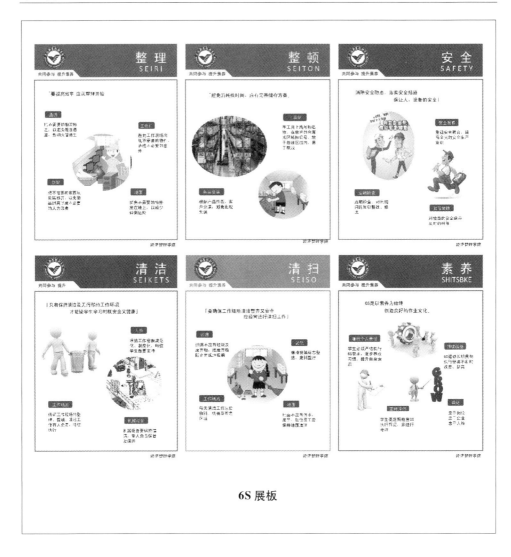

6S 展板

2. 发挥新媒体优势，构筑思想教育网络阵地

近年来，上网已经成为学生学习、生活、交流时选择的主要方式，学院抓住互联网技术迅猛发展带来的机遇与挑战，积极创新宣传思想工作手段，形成了全方位、立体化的宣传思想文化工作体系，提升了校园文化建设水平。

（1）重视网络平台建设，搭建学生沟通桥梁。经济管理学院进行校园网络文化建设时遵循互联网发展规律和社会主义精神文明建设规律，把学院官方网站建设成为传播先进文化和弘扬主旋律的重要渠道。学院官方网站的建设内容包括学院概况、新闻公告、教学科研、精品课程、党建园地、学生工作、下载中心等板块，充分考虑到学生的内在需求，做到内容上贴近学校生活，形式上生动活泼，实现思想性、知识性、趣味性和信息性、服务性相结合，真正吸引广大学生，成为他们获取健康信息的重要渠道。

（2）拓展新渠道，开展网络思想政治教育。利用辅导员博客、空间等思想网络阵地进行网络思政教育，顺应网络博客、微博、微信等新兴媒体飞速发展的形势，充分发挥网络思想文化阵地的作用。辅导员在开设的博客、QQ空间以及微信朋友圈进行"网上辅导员"工作的开展。辅导员避免了空洞的说教，以平等的身份，用青年学生熟悉的网络语言进行信息的表达，与学生进行真诚的交流和对话，掌握大学生的思想动态，从而有针对性地开展工作。

推进"互联网＋共青团"建设，加强学生思想引领，让团学活动在网上有门户、有平台、有声音、有活动。以微信公众平台"大职院经管团委"为主要网络宣传渠道，定期推送时政要闻、学院新闻，并开设了"西部计划"志愿者系列报道、"好书推荐"、"喜迎十九大"等专栏，营造网络育人的浓厚氛围。

经济管理学院还创造性地应用"映客直播"对学院的迎新晚会、大型活动进行直播，吸引了众多毕业生观看点赞，毕业生纷纷表示很高兴在毕业后还能以这样的形式参与到学校的活动中来，能够与在校的老师和同学交流，对在校生也起到了积极的作用。

（3）优化校园网络"文化生态"，加强校园网络管理制度创新。当前校园网络文化环境中存在着许多不良现象，主要包括网络色情、网络暴力、网络文化垃圾等。这些不良现象污染了校园网络文化生态环境，在学生中也产生了负面的影响。首先，经济管理学院建立辅导员—学生干部二级监控体系，密切关注学生在百度贴吧、QQ、微信等平台发布的信息，发现有害信息立即举报，使其无法立足。其次，引导学生通过正确的方式表达观点和诉求，匡正网络舆论，正本清源，打造优良的网络"文化生态"。

（四）发挥先进典型的示范引领作用

学院历来注重发挥榜样的引领作用，定期开展优秀教师、大学生标兵、自励自强标兵等评选活动，本着师生认可、实事求是的原则，积极培育和发掘校内先进典型，用身边的先进典型这一最鲜活的教材、最直观的导向来引领广大师生前行。

1. "感动经管" ——优秀学子评选

在学生中充满了许多令人感动的人物和事迹,有的出身贫寒、自强不息,有的刻苦钻研、勇于实践,有的踏实工作、默默付出……活动以"让感动成为一种力量,让优秀成为一种习惯"为主题,发掘身边感人的事迹,引起全院范围内的"榜样示范性"带动作用。

2. "学长课堂" ——优秀毕业生母校行

"学长课堂"是经济管理学院传统活动,现已经开展三届。此活动邀请经济管理学院优秀毕业生来校对学生进行经验分享,他们回顾自己三年的大学时光,分享自己的成功经验和人生感悟,帮助学生更好地进行职业规划,也告诫同学们要珍惜大学时光,热爱母校,以更大的努力和更好的成绩回报母校。

3. "西部计划"志愿者专访系列报道

学院通过"大职院经管团委"微信公众平台进行了"西部计划"志愿者专访系列报道。经济管理学院 2017 届有 5 位毕业生响应国家号召参加了"西部计划",到新疆最基层的单位工作,报道以访谈的形式介绍了他们在新疆的工作情况、现在的生活、各方面的收获等。其中,在西藏那曲地区儿童福利院工作的毕业生张某在一年的西部志愿者合约期满之后续签了合约,继续做一名"西部计划志愿者",每个月的工资、补助金除了生活必需都花在了孩子身上,张某现已考取西藏民族大学继续深造,立志留在西藏做一名教师。

学院通过系统开展"先进典型示范引领"主题教育活动,用典型的精神感染人,以信仰的力量鼓舞人,在校园文化建设中涵育社会主义核心价值观,增强师生对核心价值观的认知认同,不断深化校园精神文化的建设。

(五)打造特色班级文化、宿舍文化

班级文化和宿舍文化对学生的影响是多方面的,校园文化与二者的关系是相辅相成的。以班级和宿舍为载体传播校园文化,让所有的学生接受到文化的熏陶。

班级文化的打造侧重以下几个方面:首先,结合本班级的专业特色和学生特点,凝练出本班的精神格言,指定班级近期、中期和远期的发展目标,做到每学期有计划、有总结。其次，健全班级规章制度，指定班规，包括学习、考场、日常行为规范、奖励等规范。最后，在班级实施"人人岗位责任制"，包括值日、集合、自习等均有责任人，让所有学生参与班级管理，在不同的角色体验中获得自我发展。

宿舍文化的建设围绕着日常量化考核和每年一度的"寝室文化节"展开。具体包括以下内容：首先，宿舍的每个成员除认真遵守校规校纪外，还应该遵守寝室公约，消除寝室内不文明、不道德的行为，倡导文明健康的言行举止。寝室日常管理纳入素质学分考核，对于各种不文明行为给予扣分并用公益劳动弥补。其次，营造积极向上的寝室文化氛围。定期开展"寝室文化节"系列活动，培养学生的良好习惯和动手能力，助力学生成长。最后，充分发挥学生党员和干部的带头作用。在寝室内设立"共产党员寝室"，充分发挥学生党员的模范带头作用，提高学生干部对寝室文化建设重要意义的认识，帮助同学们形成严守制度的行为习惯，确立正确的自我发展方向。

第八章
高职经济类专业学生心理
健康工作实践与探索

教育部、卫生部、共青团中央《关于进一步加强和改进大学生心理健康教育的意见》中明确指出：加强和改进大学生心理健康教育是新形势下全面贯彻党的教育方针、推进素质教育的重要举措，是促进大学生健康成长、培养高素质合格人才的重要途径，是加强和改进大学生思想政治教育的重要任务。高职经济类专业学生是大学生尤其是高职学生中的特殊群体，他们思想活跃、经济思维敏感、富有活力，同时他们的人生观、世界观和价值观还处于发展阶段，受到网络文化和西方文化的猛烈冲击，有时难以分辨经济活动中的是非对错，易受不良思潮影响；当面临经济压力、就业压力、情感压力、学业压力时，往往会在矛盾与冲突中陷入对生命价值的怀疑和否定，甚至放弃生命。因此，需分析他们的生理特点和心理特点，结合教学方法和管理模式，进行有的放矢的心理健康工作。

第一节　高职经济类专业学生心理健康工作概述

一、大学生心理健康教育的含义

学校心理健康教育是现代教育的产物，是素质教育的一个重要组成部分。自20世纪80年代以来，全国各地许多大、中、小学开展了心理健康教育，虽然内容、目标、形式和方法等基本一致，但提法却各异，如心理卫生教育、心理品质教育、心理素质教育、心理教育，以及心理咨询、心理辅导、心理治疗、心理诊断、心理卫生等，这些提法上的差异，事实上反映了对学校心理健康教育内涵的不同理解。在 1994 年中共中央《关于进一步加强和改进学校德育工作的若干意见》以及 1999 年 6 月中共中央、国务院《关于深化教育改革，全面推进素质教育的决定》等重要文件中，对学校心理健康教育的目的、任务和目标等内容都进行了不同程度的阐述，这为我们进一步加深对学校心理健康教育概念的内涵的理解有重要的启示。

概括起来，所谓大学生心理健康教育，就是指根据大学生生理、心理发展特点，用有关心理教育的方法和手段，培养大学生良好的心理素质，促进学生身心全面发展和素质全面提高的教育活动。大学生心理健康教育是大学生素质教育的重要组成部分，是落实素质教育工程、培养高素质人才的重要环节。

二、高职经济类专业学生心理发展特点

随着 20 世纪 80 年代改革开放和社会主义市场经济观念的深入，经济类专业成为热门，相当一部分选择高职经济类专业的学生对自我期望较高，认为未来就业可以成为白领，工资待遇更为优越，工作环境更加舒适。同时，现代网络信息技术的迅猛发展使信息来源更加多元化，学生在接受教育的过程中面临来自多方面的思想冲击。因此，高职经济类专业的学生心理发育具有一定的专业性特色和时代性特征，主要表现在以下几个方面：

（一）思想成熟，价值观念更为趋向现实

受到互联网时代信息大爆炸的影响，当代学生在复杂网络信息的冲击下，心智发育较为超前，知识面的深度和广度以及早熟程度都显著提升。当代高职院校的学生在遇到问题后能够结合问题发生源和促发环境进行积极的思考，并勇于针对相关问题提出自己个性化的见解，甚至喜欢以成年人的角度进行问题分析和思考，这对其心理健康成长产生了一定的不良影响。但是，随着社会主义市场经济的不断深入发展，我国一部分家长受到各类教育观念的影响，在对学生实施家庭教育的过程中希望学生更为独立和自信，虽然有利于学生在社会上获得良好的生活，但也导致其丧失了一定的团队合作意识和社会责任感，甚至导致一些学生的

价值取向出现偏差，不能顾及社会利益追求现实的平衡，不利于学生的健康成长。

（二）接受新鲜事物能力强，但对网络过度依赖

当代"90后"高职院校的学生伴随着互联网逐渐成长，受到互联网信息传播特点的影响接受新鲜事物的能力强，一般不安于现状，希望通过一定的网络学习、聊天等获得新的发展，与网络之间存在密不可分的联系。但是，学生在通过网络提升生活水平的同时，对网络产生过度依赖，这会对其健康成长产生不利的影响，学生在网络交流、网络游戏中寻找精神的寄托，逃脱家庭和社会的责任，不仅严重限制了其现实人际交往能力的强化，也导致其在潜移默化中受到网络不良信息的影响，心理出现一定的健康问题。

（三）追求张扬的个性，但是心理较为脆弱

相关调查研究显示，"90后"学生的成长经历造成其基本行为习惯具有典型性，如遇到问题不愿意进行沟通交流进而解决问题，而是在网络上查询；长时间登录QQ、微博、微信等与陌生人交流；可以用电脑打出每一个字，但是一般不会书写，甚至在不同的环境中识字能力下降。可见，"90后"学生的成长环境受到网络的影响存在一定的特征，促使"90后"高职学生思想较为独立，喜欢张扬个性，愿意用个性化的方式表现自我，引起社会的关注。"90后"高职院校的学生一般为独生子女，在成长过程中没有遭遇过较多的挫折，这在一定程度上促使其养成了极端自私的不良性格，心理脆弱，一般无法接受打击，不利于学生在未来社会生活中健康成长。

三、高职经济类专业学生常见心理问题

（一）环境适应问题

环境适应不良主要是指高职学生对所处的校园环境从心理上不能很好地适应，不能尽快实现角色转变。大部分新生是第一次远离家门，离开长期依赖的父母、朋友，在面对陌生的环境和人际关系时显得力不从心。有些学生自理能力和人际交往能力较差，难以适应大学独立自主的生活模式，不知如何与他人相处，

往往出现想家、食欲不振、注意力不集中、心情郁闷、失眠等现象，有的甚至会有休学、退学的想法。部分高职学生对大学抱有很高的期望，入学后无法面对理想与现实的落差，学习生活的热情下降，产生沮丧、迷茫等消极心理。

（二）学习心理问题

高职学生与本科学生相比，文化基础较弱，学习能力和学习方法都有待进一步提高。一部分学生是由于在基础教育阶段学习中的不顺和高考中的失利而进入高职学校学习的，对所学专业提不起兴趣，认为将来没啥出路，缺乏学习动力。有的学生学习目标不明确，学习态度不端正，甚至得过且过。学习方法不当，认知水平较低，学习效率低下，导致学习困难，遇到考试时就产生恐惧和焦虑情绪。有的学生成绩不佳，因害怕自己不能顺利毕业而整日忧心忡忡。

（三）人际交往问题

高职学生人际交往问题主要表现为沟通不良、交往恐惧、人际冲突、孤立无援、有代沟等。与高中相比，高职学生来自不同地区，成长背景和兴趣爱好等各不相同，增加了人际交往和沟通的难度，高职学校中的人际交往更加复杂。现在大多数学生是独生子女，常以自我为中心，不能理解和包容他人，常因小事与同学发生矛盾和摩擦。有一部分学生性格较为内向，自我封闭、心理敏感、不善交往，时常感到孤立、无助。还有一些学生将人际关系仅局限于宿舍，凡事都必须与室友一起行动，过于依赖室友，导致人际交往面过于狭窄。

（四）恋爱交往问题

高职学生处于青春期，生理发育成熟开始比较关注两性问题，但由于心理发展尚不成熟，一旦出现情感问题，往往束手无策。有的学生因不知如何与异性进行正常交往而陷入苦恼；有的学生恋爱动机不纯，只是为了弥补内心空虚和自我孤独感而通过与异性交往寻求精神慰藉；有的学生因看到他人纷纷交友结伴而感到自惭形秽；有的学生陷入单相思或多角关系不能自制；有的学生深陷失恋的痛苦中难以自拔，长期萎靡不振，甚至轻生；等等。

（五）就业择业问题

近年来毕业生逐年增多，就业竞争激烈，许多高职学生面临毕业即失业的严峻形势。社会对高职院校毕业生存在偏见，认为高职生能力低、素质差，给高职毕业生增加了就业压力。高职毕业生普遍对就业岗位和薪酬期望值比较高，过于追求功利，眼高手低，盲目选择和自己个性能力不相匹配的职业领域，就业自主选择性不强；没有经过科学全面的职业生涯规划，毕业离校前没有做好融入社会的心理准备，对社会的适应能力和对挫折的承受能力明显不足，容易产生失望、消沉或自我认识偏差等。

四、高职经济类专业学生常见心理问题的影响因素

导致高职学生出现心理问题的原因是多方面的，既受高职学生自身不良的人格倾向及所处的特殊发展阶段的影响，又受社会、家庭、学校等客观因素的影响。

（一）个体因素

高职学生的生理发育趋于成熟，但心理发展还并不完全，面临着独特的心理冲突，这些往往与他们不良的人格倾向有很密切的关系。他们热爱生活又容易因受挫折而悲观失落，思维活跃而又容易产生偏激，自我意识强而又难以客观自我定位，常产生各种心理冲突和心理困惑。除此之外，高职学生对外貌、身材等的过度重视也是影响心理健康的因素之一，如有的学生由于身材矮小、长相不够好等产生自卑心理。

（二）社会因素

当前社会对高职教育的认同度不高，认为高职教育层次低，毕业生素质和能力不高。一些企业单位在招聘的时候提出了苛刻的用人标准，一味追求高学历，高职毕业生在就业竞争中毫无优势，面临着巨大的就业压力。找不到好工作又导致学生不愿进入高职学校就读，许多学生都是因为高考失利或为混个文凭而迫于无奈才做出的选择，如此恶性循环。

（三）家庭因素

家庭环境、父母关系、教养方式等对孩子有着潜移默化的影响，直接影响着孩子的性格、行为方式和心理健康水平。父母关系紧张，经常吵架，尤其是离异

家庭，往往会使子女形成冷漠、孤僻等不良性格特征。否定、消极的教育方式对子女的心理健康产生负面的影响，肯定、积极的教育方式则起了积极的作用。父母（尤其是父亲）消极的教育方式，如常使用惩罚手段、过分的干涉和保护等，容易使子女形成人际关系敏感、抑郁、焦虑等不良心理。来自农村贫困家庭、经济落后地区的高职学生由于家庭经济条件差、人际交往能力不强等原因，也容易产生自卑、焦虑等心理问题。

（四）学校因素

长期以来的"应试教育"理念导致学校教育只重视文化知识学习，常用考试成绩作为衡量学生是否优秀的唯一标准，忽视高职学生健康心理和健全人格的培养。国家颁布了多项政策促使各高职院校对学生心理健康教育工作越来越重视，但大多存在心理健康教育起步较晚、经费投入不足、软硬件设施不足、从事心理健康教育与心理咨询的师资队伍人手不足、专业化水平低、心理健康教育不够精细化、体系不够健全等问题。高职学生心理、行为特点也给开展学校心理健康教育工作带来一定难度。

第二节　高职经济类专业学生心理健康教育工作实践与探索

一、大连职业技术学院心理健康工作模式

大连职业技术学院心理健康教育与咨询中心成立于 2003 年 4 月，经历了起步探索期（2003～2006 年）、全面发展期（2007～2009 年）和规范化、特色化建设期（2010 年至今）三个时期的实践，逐渐形成了"贯穿一条主线、建设两支队伍、落实三项基本制度、构建四级网络、推行五心服务和依托六种途径"的"123456 模式"大学生心理健康教育体系，在引导学生完善人格、优化素质、挖掘潜能、助人自助等方面取得了一定成效，形成了具有大连职业技术学院特色的心理健康教育之路。

贯穿一条主线即以咨询服务和心理测评为基础，以主题教育训练活动为主体，以知识宣传为助力，以突发事件处理为保证，以工作研究为支持，大力推进心理健康教育，构建和谐校园。

建设两支队伍即专兼结合的教师队伍和学生朋辈心理辅导员队伍，发挥师生资源优势。

落实三项基本制度，规范教育主体职责。通过落实《大学生心理健康教育实施细则》《大学生心理健康问题预防方案》和《大学生心理危机干预预案》，以规范程序，明确责任，及早预防、及时疏导、有效干预，点面结合。

构建、发展"校—院—班级—宿舍"四级心理健康教育网络，实现点面结合，发挥整体教育功能。

推行"五心"服务，营造和谐心理环境。注重把情感教育渗透落实到具体帮扶工作中，充分发挥学生自助能力。始终推行的"五心"服务是对待学生有爱心、接待学生有热心、指导学生有诚心、服务学生有耐心、咨询学生有同理心。

依托六种途径，全面拓展教育空间。①课程教育：开设心理健康必修课（16学时）和人际沟通、情商成长训练、亲密关系心理学（均32学时）等选修课，将课堂讲解、行为训练有机融合，使学生在轻松的氛围中不断提升心理素质。②咨询服务：把学生的发展性、适应性咨询和心理危机干预有机结合，采取电话、网络、当面咨询等多种形式的个体及团体咨询和训练形式。③危机预防：每年组织新生进行心理测评，形成调研报告。根据实际不定期开展专项调研，加强对重点时期（新生适应期、就业期、期末考试期、春冬病灶期）及重点对象（经济困难学生、学习困难学生、突遭重挫学生）的关注，做好危机排查。④知识普及：通过宣传板、《馨心月报》、专题网站等形式宣传心理健康知识，营造浓郁的心育氛围。⑤主题活动：通过心理健康月（共举办13届）、自信教育系列活动、新生助跑计划、职业生涯规划和目标导学教育活动，寓教于乐、寓教于学。⑥个性化心育活动菜单：如瑜伽减压、心理沙龙、团体训练营等。

二、经济类专业学生心理健康工作的实践与探索

前文对经济类专业学生心理特点的分析，决定了在进行心理健康工作中要结合学生特点，利用多种平台、多种手段进行心理健康教育，利用企业行业文化进

行职业心理素质的教育等。完整的心理健康教育目标包括防治心理疾病的初级功能、完善心理调节的中级功能和培养良好心理品质的高级功能。结合大学生心理健康教育的五大基本原则，即坚持心理健康教育与思想教育相结合、坚持普及教育与个别咨询相结合、坚持课堂教育与课外活动相结合、坚持教育与自我教育相结合、坚持解决心理问题与解决实际问题相结合，从心理健康教育目标的三个功能层级开展系列心理健康教育工作。

（一）多途径加强知识宣传，营造浓厚的心育氛围

1. 心理校报

充分利用校园自媒体的优势，由校心理健康中心主办的《馨心月报》让大家从读中受益、从读中感悟，接受学生的来信并在报刊中给予帮助和疏导。

2. 心理展板

学校校园网上开辟了专门的心理展板，通过心理教师的及时维护更新，做好心理展板的日常维护和完善工作。心理展板在内容上更多关注本校师生的心理感悟体会，并通过信箱让学生可以提供倾诉的渠道。定期更新心理展板，不断丰富展板的内容。

3. 心理社团活动

定期开展院级心理社团活动，旨在普及心理健康常识，解答学生心理健康方面存在的问题，缓解其在学习、生活和成长中遇到的各种心理困惑和烦恼造成的压力，引导学生充分认识心理健康对自身发展的重要性，并使之学会心理调适的基本技巧，为广大学生的健康成长营造积极向上的心理氛围，促进学生全面发展和健康成长。同时，让更多的学生进一步意识到，在认真学好知识的同时，还应积极地关注自身的心理健康，不断完善自己的人格，以适应现代社会的需要。通过这些活动，经济管理学院师生进一步了解了心理健康，并关注自身身心健康、提升学习生活质量。

4. 专题讲座

针对刚刚踏进学校大门的新生，开展大学生新生适应心理教育讲座，针对适

应不良的表现和如何适应大学生活进行生动讲解，深受学生的欢迎。针对高职经济类专业学生女生多的特点，关心其身心发展，集合全体女生开展"为青春护航"的专题讲座，让学生了解到恋爱及生理常识，减少学生对此的困扰，让学生更好地去保护自己。

5. 通过微信公众号、心理网站等网络媒体

根据各时段学生心理敏感点，及时更新和发布心理健康常识，提高学生心理自我保健能力。针对学生常见的心理困惑和问题，用心理小故事、心理小贴士、心理小游戏等各种类型的小知识教会学生一些自我心理健康教育的方法。

6. "校—院—班级—宿舍"四级心理健康教育网络体系

经济管理学院根据学校心理健康中心的工作安排，指派一名辅导员任心理健康工作专干，每个班级选出一名心理委员，每个学生宿舍选出"宿舍心理信息员"，实现点面结合，发挥整体教育功能，及时关注学生心理动态，保证反馈及时、信息畅通。

全体辅导员均考取国家二级心理咨询师证书，结合经济类专业学生心理特点全方位、立体式、多角度开展心理健康工作。经济管理学院坚持以咨询服务和心理测评为基础，以主题教育训练活动为主体，以知识宣传为助力，以突发事件处理为保证，以工作研究为支持，全员参与、全力合作，推进大学生心理健康教育，构建和谐校园。

(二) 构建符合高职学生心理特点的心理素质培养三大课堂

第一课堂的心理健康教育课程是加强学生心理健康教育的主渠道。2014 年，增加心理健康教育必修课的课时，由原来的 16 课时调整为 32 课时，更好地发挥课堂教育主渠道的作用。在原有《情商成长训练》《亲密关系心理学》的基础上，2017 年增开了《影视作品中的心理学》选修课（32 学时），将知识讲解、案例分析、行为训练有机融合，使学生在轻松的氛围中不断提升心理素质。

第二课堂是搭建心理素质养成教育平台的校园文化和主题活动课。根据高职学生的心理特点，结合不同年级特点和需要，分阶段、分层次、有针对性地进行活动设计，践行按年级、分主题、分层次的心育活动范式。开展自信教育系列活动：一年级以了解自我为主，发现自身潜在优势，提升个体自信；二年级以了解

专业需求为主，挖掘职业技能优势，提升专业自信；三年级以了解市场需求为主，寻找职业与能力结合点，提升就业自信。职业生涯规划与目标导学系列活动：一年级是认识自我，了解专业、确立职业目标，侧重心理素质测评，提高心理素质；二年级是形成职业能力、科学职业定位，侧重生涯设计，突出职业能力培养，优化心理素质；三年级是就业指导、职业导航教育，侧重就业技巧指导，心理素质实践。

第三课堂为社会实践搭建行动育人平台。学院积极开发体现就业导向和生涯发展思路的心理素质提升项目，结合用人单位需求和个体生涯发展需要，基于个人职业心理素质的多个维度（职业兴趣明晰、人格优化、能力提升、价值观践行等），着眼于一生，成长在当下，开发了体验式核心能力训练团体训练包，内容重实用、强发展，方法重体验、强操作，评价重绩效、强过程，使学生在校能理性地从自我心理素质的认知与定位出发，确定职业指向性、稳定性及活动效率性，能动地设计和形成创造能力的生长点；从长远角度指导他们进行合理规划，较早形成"职业锚"，从职业心理素质的深层次角度帮助其尽早实现职业预期。

构建"三大课堂"内外联动、内容呼应、功能互补、形式互动的职业心理素质协同育人体系，使学生在心理教学中感知和渗透，在心理活动中训练和强化，在社会实践中矫正和提高，在内外环境中熏陶和培养。通过构建多层次教育网络，让学生认知有广度、理解有深度、行动有力度，具有鲜明的互动和体验性特点，实现从校园人到职业人的心理转变，积聚从学校成长到社会成才的心理正能量。

（三）主题教育活动常规化，强化活动育人效果

通过心理健康月、新生助跑计划、职业生涯规划和目标导学教育活动，寓教于乐、寓教于学。大学生心理健康月每年开展5～8项大型校级主题教育活动。通过一系列内容丰富、形式多样的心理文化活动，宣传、普及心理健康知识，传授心理调适方法，提高学生心理自助能力。结合新生心理需求，每年开展"新生助跑计划"主题教育实践活动，每年开展3～5项大型校级活动，为新生顺利实现角色转换和适应大学生活导航助跑。

1."新生助跑计划"主题教育实践活动

"新生助跑计划"是大连职业技术学院大学生思想政治教育精品活动之一，

育人效果显著，近年来在学校新生入学教育工作中彰显了独特的作用。活动时间一般为每年开学9～10月，活动对象为全体新生。在完成常规工作的基础上，需结合自身专业和学生特色开展学院特色活动。主要活动内容如下：

（1）心理健康知识普及。结合网络、板报、月报、讲座等形式，积极开展心理健康知识普及工作。针对新生常见的环境适应、人际交往等问题全方位、多角度地进行心理健康知识的普及和教育工作，以期达到普及心理科学知识、开展心理保健和良好行为训练的目的。

（2）心理健康状况普查。采用教育部的"中国大学生心理健康教育测评系统"对全体新生进行试测和筛查，对筛查出的一类、二类心理健康问题学生进行复查和面谈，最后确定一类、二类心理健康问题学生并上报校心理健康中心。

（3）心理委员的选拔及培训。作为一线的班级和宿舍心理委员所肩负的职责尤为重要。心理委员选拔及培训的主要目的是培养一支具有较高心理自助与助人能力的学生队伍，及时发现和上报同学的心理问题，同时配合学校和院里的各项心理工作。经济管理学院首先拟定心理委员的遴选标准与条件，其次通过竞聘演讲的方式甄选出班级和宿舍心理委员人选，最后统一对班级和宿舍心理委员开展培训工作，从心理委员的职责、班级和宿舍心理健康教育活动开展、大学生常见心理问题及调试等多方面进行培训。

（4）心理协会换届选举和纳新。大学生心理健康协会是在校生自愿组织的学生群体性团体，以"提高大学生心理素质，荡涤心灵尘埃，共享健康人生"为宗旨，旨在传播心理健康观念，普及心理健康知识，提高心理素质，为大学生健康愉快地学习和生活尽一份力。在活动方面，除协助校大学生心理健康中心开展心理健康知识的宣传和普及工作外，还定期组织心理讲座、心理电影、心理培训、心理话剧、心理交流会以及户外拓展等活动。

（5）"新生融入"和"自我成长"主题团训活动。为帮助新生更快地融入新环境，更好地适应大学生活，学院开展"新生融入"和"自我成长"主题团训活动。"新生融入"主题团训活动能够让新生更好地融入班级这个集体，促进班级成员间的进一步认识和了解，建立班级成员在班级内的个人安全感，并为以后的班级建设和团体活动打下基础。"自我成长"主题团训活动通过积极心理疗法挖掘同学积极的心理品质，培养同学们的积极情绪，启发同学们正确地自我认知和自我评价，以健康的心态面对人生，去迎接学习和生活的挑战，达到自我成长的目的。

新生团训

（6）结合专业特色，设计学院特色活动。学院结合经济类专业特色，开展了"说说我的专业"专业导入讲座，帮助同学们了解自己的专业特点、内容、就业方向等，为大学三年的学习生活明晰方向。针对经济类学生心思细腻、情绪易受影响的心理特点，开展心理主题电影观看活动和"情绪管理"主题活动，帮助同学们更好地进行情绪管理，更好地进行校园学习生活。

2. "5·25 大学生心理健康月"主题教育实践活动

为深入推进大连职业技术学院大学生心理健康教育工作，提高学生心理健康水平，构建和谐校园，大连职业技术学院已举办了十三届"5·25 大学生心理健康月"系列活动，每年主题紧贴"国家大学生心理健康月"主题内容，活动时间为每年 5~6 月。除常规工作外，各学院结合自身特色进行主题活动设计并实施。

（1）大型团体训练体验活动。学院开展系列主题团体训练活动，如"放飞心空·用心沟通"主题团训活动，引入专业心理咨询公司团训团队为学生进行团训，设有"组队展示""超音速""松鼠找大树""谁是狙击手"和"团体行走"五个项目。通过简单的拓展认知、热身训练等"破冰起航"后，每个团队全体成员被分成两队开始五个项目的挑战。在每个项目中，从目标的制定、方案的策划到具体的实施，每名学生都积极参与讨论，充分展示个人智慧，积极协作，共克难关。有的学生手磨流血了，有的学生衣服被扯破了，有的学生嗓子也喊哑了，每一名学生都充分挖掘自己的潜能，为完成团队的共同目标而积极努力，团队精神再次得到开发和提高。

（2）心理电影赏析活动。看电影是深受学生喜爱的一项娱乐活动，学生通过观看心理电影，更加关注心理健康，直面人生成长。在组织学生观看《心灵捕手》《伴你高飞》《南极大冒险》等电影后，心理健康辅导员进行电影赏析和互动讨论，大部分学生在观影后能够感受到影片带来的深意，如体会到"爱"这一主题、收获永不言败的毅力和战胜自己的决心、收获团结和团队的力量。

（3）心理健康板报设计大赛。学院每年举行不同主题的心理健康板报设计大赛，旨在强化学生对心理健康知识的深入理解，起到在校园里普及和宣传心理健康知识的效果。

（4）校园心理剧本征集互动和心理微电影大赛。学院以心理剧为切入点，开展心理剧本征集、心理剧大赛等活动，组织学生围绕学习生活中关于学习、亲情、友情和爱情引发的常见心理问题进行创作，生动形象地展示了大学生常见的适应性问题、人际交往问题、恋爱心理问题、畸形消费观引发校园贷问题等。同学们的表演独树一帜，惟妙惟肖，除了正常的肢体动作和语言对白，还运用舞蹈和歌唱的形式为心理剧的表演注入新的活力，在学生中引起了热议。

心理剧大赛

（5）主题心理征文比赛。写作作为化解内心矛盾的有效方法之一，是个体抒发情感、缓解情绪的常用手段。为帮助学生健康成长，为学生提供一个展示自己、感悟青春的舞台，学院开展了"沐浴心灵，润泽生命"等系列主题征文活动，鼓励学生用文字表达最真实的自己，敞开心扉，打破桎梏，拓展思维，挖掘潜能，规划并珍惜美好的大学时光。

（四）构建五级心理健康管理体制，打造健康心育体系

高校学生心理健康排查具有"五早"的特点，即早发现、早报告、早安排、早预防、早控制。心理健康排查就是为了做好预防工作，提早发现学生潜在的心理危机，保证学生生命安全，是维护校园稳定的一种机制。经济管理学院实行宿舍心理委员报告制度、班级心理委员报告制度、心理健康协会、心理健康教育辅导员报告制度和学校心理健康咨询中心心理老师五级工作制度，按月上报心理健康排查情况。

1. 宿舍心理委员和班级心理委员

基层的学生心理工作是最重要的，学生干部能在平时的学习生活、日常点滴中了解和观察每个同学的心理状况，随时掌握学生的心理状况，及时发现身边同学明显的异常行为或隐约的心理异常状况，将情况上报学生干部和辅导员。

2. 心理健康协会

作为院级社团和学院的心理健康中心机构，心理健康协会主要通过基础的心理健康知识宣传帮助学生掌握相关心理知识，提高心理危机排查意识。心理健康协会定期组织学生进行各项心理团体辅导、心理健康学生干部培训、心理健康教育主题活动等。在学院心理健康辅导员的指导下，做好学院每年新生入学心理普查、学生心理健康档案建立及管理，做到早预防、早发现、早处理。

3. 心理健康教育辅导员

辅导员需要和负责心理健康的学生干部及心理协会保持信息畅通，通过反馈上来的问题及时了解情况，掌握学生思想及心理动态，及时采取干预措施。对于出现心理问题的学生做好登记，运用心理咨询相关知识进行干预和调节；对于情况较为严重的心理问题，及时上报学校心理健康中心，联系家长，请专业老师或

专业人员进行干预。

4. 学校心理健康咨询中心

学院将无法疏导和帮助的心理健康问题学生推荐到学校心理健康中心,辅导员帮助预约和转介。学校心理健康中心通过专业的心理测试和谈话,采取相应的对策和措施,帮助学生解决心理健康问题。

(五)规范咨询服务,做好动态排查,提升心理预警能力

1. 入学伊始进行新生心理健康问题排查和建档

每年开展全体新生心理测评,建立心理档案,并根据问题类型及程度,有针对性地开展后续的个体咨询、团体咨询、跟踪监控和相应心理危机评估与风险防范措施;根据实际需要,不定期开展专项调研,加强对重点时期(新生适应期、就业期、期末考试期、春冬病灶期)及重点对象(经济困难学生、学习困难学生、突遭重挫学生)的关注,做好危机排查。

2. 开展学期初学生心理健康状况摸底排查和干预工作

每年的寒暑假过后,学生在调整身心之余也会养成一些不好的习惯,如在假期通宵玩游戏、玩手机等。一部分学生在开学返校后不能将自己调整到学校正常的学习生活当中,存在着厌学的心理状态。学院会就学生关注的热点问题、假期做了什么事情、对上学期学业成绩反应如何、重点学生心理状况、学生在学习和生活方面遇到的实际问题等方面进行思想动态调研,全面掌握假期学生返校后的思想动态。在调查过程中若发现有思想问题或心理隐患的学生,及时上报,并进行教育和疏导。

3. 关注毕业生离校前的心理状况

毕业生面临着严峻的就业压力,容易出现紧张、焦虑、悲观等心理问题。个别学生因为就业与期望不符,或者在招聘会上遭遇挫折,自尊心受到打击,对未来缺乏希望。辅导员应加强对毕业生就业观的教育和心理建设,帮助毕业生平稳顺利度过毕业离校阶段。

4. 坚持心理问题学生情况月报送制度

心理健康辅导员根据心理健康工作计划完成个体咨询辅导、团体心理咨询、团体辅导、团体训练、心理专干培训等工作。坚持学生心理状况月报送制度，重点关注和跟踪监控高危学生；加强与校心理健康中心的沟通，及时识别并有效处理学生心理危机事件，保证校园安全稳定。

5. 落实三项基本制度，规范教育主体职责

通过具体落实《大学生心理健康教育实施细则》《大学生心理健康问题预防方案》和《大学生心理危机干预预案》，规范程序，明确责任，及早预防、及时疏导、有效干预，点面结合。

（六）健全心理危机干预方案，做好危机应对

1. 心理危机干预的主要对象

心理危机干预的主要对象有：①遭遇突发事件而出现心理或行为异常的学生，如家庭发生重大变故、受到自然或社会意外刺激的学生；②患有严重心理疾病如抑郁症、狂躁症、强迫症、焦虑症等或者有家族史的学生；③既往有自杀未遂史或家族中有自杀者的学生；④身体患有严重疾病且久治不愈、家境贫困、经济负担重且深感自卑的学生；⑤个人感情受挫、人际关系失调或出现心理行为异常的学生；⑥因学习压力过大而出现的学习困难或严重环境适应不良导致心理行为异常的学生。

2. 常见的危机干预形式

（1）面甄及心理咨询。这种干预方式能够让干预人员和学生直接面对面交流，能相对快速详细、全面准确地了解学生的心理状况，从而及时和有针对性地实施疏导和干预。

（2）电话危机干预。这种干预方式是指处于紧急情绪障碍、精神崩溃或企图自杀的学生，通过拨通中心预约咨询电话，向中心咨询人员求助。这种方式具有快速、方便、经济和匿名等特点。

（3）网络书信指导。这是一种通过网络信函求助的方法。适合不愿意暴露

身份或针对有难以当面启齿的问题的学生。

3. 危机干预实施步骤

（1）危机评估。首先，对危机的严重程度进行评估，如是否出现危机行为、是否丧失原有社会角色的能力。其次，对学生情绪、认知、行为和躯体症状进行评估。再次，对学生家庭成员、朋友、同学等状况进行评估。最后，危机评估后建立高危人群干预档案。

（2）确定干预目标。要针对学生的具体问题和心理需求指定干预目标，同时还要考虑有关社会文化背景、社会生活习俗、家庭环境等因素。要在首次会谈中完成以上两项任务。

（3）干预实施。使用各种干预技术按既定实施目标进行干预，帮助学生学会并掌握解决危机所需要的技巧。干预所需时间取决于受助者面临的危机的性质、受助者自身的能力及干预的目标难易程度。

（4）干预终止。当受助者情绪症状缓解、认知能力改善、自我保护意识加强时可以考虑及时终止干预，并处理终止干预的有关问题。负责危机干预的心理辅导员不能有效干预危机时，应及时向校心理健康中心提出处理办法，对受助学生建议转介。

（七）提升专业化水平，建设高素质心理团队

1. 建设专兼结合的教师队伍和学生朋辈心理辅导员队伍

学校现有专职心理教师 6 人（其中 4 人以咨询和工作为主，2 人以授课为主），经济管理学院有心理辅导教师 1 人，学生工作队伍中取得心理咨询师资格的教师比例达到 80%。定期开展学生心理专干培训活动，提升其心理健康水平，发挥其朋辈辅导的作用。

2. 加强心理辅导教师培养，支持培训进修

学校重视心理健康教育教师的专业培训，大力支持教师职业成长。积极组织教师参加辽宁省高校心理健康教育研究会的历年年会，先后系统学习了认知行为治疗、焦点解决短期心理咨询、高级心理训练师资培训、沙盘游戏技能培训、心理危机干预技术与咨询督导、系统式家庭治疗培训、心理健康教育课程设计等，

共组织 26 名教师参加过培训；组织教师参加辽宁省督导点、大连理工大学的案例督导和专业培训共 18 人次，不断提升专业化水平。

3. 推行"五心"服务，营造和谐心理环境

注重把情感教育渗透落实到具体的帮扶工作中，充分发挥学生的自助能力。始终推行的"五心"服务是对待学生有爱心、接待学生有热心、指导学生有诚心、服务学生有耐心、咨询学生有同理心。

4. 以积极心理学为依据，组织实施体验式情商培养训练课程

自 2012 年以来，学校根据高职人才培养目标及学生未来职场能力结构，精心设计并组织实施了"体验式情商培养"的互动式连续训练项目。该项目在个体层面不仅有助于职业态度、职业情感等非智力因素的开发，更是对高职教育"人格本位"发展趋势的积极回应；在学校层面实现了育人目标与企业需求的无缝对接，使学生不仅有一技之长，学会做事，更有较高的情商智慧，学会做人。

项目以积极心理学为理论依据，跳离了传统教育侧重于研究消极的问题人格特质圈子，将视角定位致力于积极人格特质及影响人格形成的积极因素。基于积极人格特质框架中的 24 种人格力量，在价值维度上按照"积极优势—积极情绪—积极关系—积极成长"的逻辑顺序进行内容设计（见表 8-1）；各部分内容既自成体系，相互之间又相辅相成；运行载体丰富，以互动体验为主，培养目标循序渐进。

表 8-1　情商团训内容

阶段（学时）	价值维度		分解内容	培养目标
第一阶段 （6 学时）	积极优势 （个性与情商—— 自省情商）		我是谁——自我意识	积极个性认知与人格 养成
			"色"眼识人——识别性格色彩密码	
			遇见未知的自己——人格修炼	
第二阶段 （6 学时）	积极情绪 （情绪识别与应对—— 快乐情商）		庐山真面目——情绪的觉察与认知训练	积极情绪体验的丰富、 积极人格的养成与完善
			拨云见日自有方——情绪的调节与管理训练	
			不待扬鞭自奋蹄——自信与自我激励训练	
第三阶段 （18 学时）	积极 关系	组织与情商 （团队情商）	有缘相识——团队组建	积极关系的拥有、积极 人格的养成与完善
			我是重要一员——团队凝聚力	
			我的团长我的团——团队领导力与信任力	
			不讲如果，只讲结果——团队执行力	

续表

阶段（学时）	价值维度		分解内容	培养目标
第三阶段 （18学时）	积极 关系	人际中的情商 （沟通情商）	沉默是金——沟通中的倾听反应力训练	积极关系的拥有、积极 人格的养成与完善
			我知你心——沟通中的同感共情力训练	
			到什么山唱什么歌——沟通中的言语表达力训练	
			此时无声胜有声——沟通中的体语表现力训练	
			顺人又不失己——沟通中的和谐力训练	
第四阶段 （6学时）	积极成长 （目标抉择与行动—— 幸福情商）		凝神聚力 专注有为——专注力训练	积极幸福情商的成长
			选我所爱 爱我所选——决策力训练	

（八）全面提供心理咨询和团体训练服务

1. 多形式、多渠道提供咨询服务

把学生的发展性、适应性咨询和心理危机干预有机结合，采取电话、网络、当面咨询等多种形式的个体及团体咨询和训练形式。

2. 个性化心育活动菜单

针对人格的差异性、倾向性、发展性特点，以学生自愿申请、活动招募、"私人定制"等形式，开展多主题体验互动式团体辅导、心理沙龙等，如人际沟通、压力管理、性格色彩工作坊、镜像真我等。

3. 开发体现就业导向和生涯发展思路的心理素质提升项目

结合用人单位需求和个体生涯发展需要，基于个人职业心理素质的多个维度（职业兴趣明晰、人格优化、能力提升、价值观践行等），着眼于一生，成长在当下，开发了体验式核心能力训练团体训练包，内容重实用、强发展，方法重体验、强操作，评价重绩效、强过程，使学生在校能理性地从自我心理素质的认知与定位出发，确定职业指向性、稳定性及活动效率性，能动地设计和形成创造

能力的生长点；从长远角度指导他们进行合理规划，较早形成"职业锚"，从职业心理素质的深层次角度帮助其尽早实现职业预期。

（九）践行按年级、分主题、分层次的心育活动范式

根据高职学生心理特点，结合不同年级特点和需要，分阶段、分层次、有针对性地进行活动设计。

1. 自信教育系列活动

在具体实施过程中，校院点面结合，在各年级同步展开：一年级以了解自我为主，发现潜在优势，提升个体自信；二年级以了解专业需求为主，挖掘技能优势，提升专业自信；三年级以了解市场需求为主，寻找职业与能力结合点，提升就业自信。该项活动激发了同学的热情，让同学在活动中挖掘和感受到自身的特有实力，激发、提升了个体自信，培养了学生从相信自己的一次偶然变成一种期望、一种自信的思维习惯，从而促进人格健康发展。活动具体安排见表8-2。

表 8-2　自信主题教育活动安排

阶段目标	运行时间	对象	内容及程序	配套活动
发现优点	10~12 月	大一	"天生我材必有用"征文（院级） "认识自我　规划人生"主题活动 1. 认识自我 2. 了解专业 3. 三年学习生涯规划	技能大赛 才艺比拼
	4~6 月	大一、大二	"借我一双慧眼"班会 1. 小范围内互评——寻找优点 2. 制作书签——记录优点，每日强化 3. 班级中朗读——评选班级之星——制作"群星璀璨图"张贴班级中 4. 辅导员期末鉴定评语——寄给家长 "群星荟萃"展台 以学院为单位制作"群星璀璨耀职院展示台"——组织本学院学生参观 "今夜星光灿烂"汇演	

续表

阶段目标	运行时间	对象	内容及程序	配套活动
品尝成功	10～12 月	大二	"长风助我上云霄"主题班会 1. 小范围内朗读书签——回顾优点 2. 小范围内寻找优点带给成果 3. 班级中讲述成功经验——分享成功喜悦（课前3分钟）	院优秀大学生巡回演讲 自励自强学生标兵巡回演讲

2. 职业生涯规划与目标导学系列活动

一年级是认识自我，了解专业、确立职业目标，侧重心理素质测评，提高心理素质；二年级是形成职业能力、科学职业定位，侧重生涯设计，突出职业能力培养，优化心理素质；三年级是就业指导、职业导航教育，侧重就业技巧指导、心理素质实践（见表8-3）。

表8-3 大学生涯规划实施过程

时间	目标	内容	实践活动
一年级 第一学期	认识自我 了解专业 树立职业意识	心理健康指导课 专业思想教育	心理测试 人际交往训练 学习方法介绍 专业介绍 行业发展分析 企业参观/见习
一年级 第二学期	规划自我 确立职业目标	职业生涯规划课程	职业心理测评 职业生涯设计
二年级 第一学期	明确职业定位 提升职业素质 培养职业能力	职业素质拓展训练	职业生涯设计大赛
二年级 第二学期	寻找个性与职业的结合点 寻找最佳发展通道	职业市场调查与分析	优秀市场分析报告评比 暑期实习报告 职业技能大赛

续表

时间	目标	内容	实践活动
三年级 第一学期	了解就业政策 收集信息 决策职业方向 培养求职实践能力	就业指导课程 简历制作 面试技巧	模拟面试赛 优秀简历展 优秀毕业生报告会 创业设计大赛
三年级 第二学期	职业适应力 职业发展力	个别就业指导 心理调整 求职实践	职业辅导工作坊 见习、实习

第九章
高职经济类专业特殊学生管理

第一节 高职院校特殊学生概述

随着我国高职院校体制改革的不断深入，招生规模日益增大，高等教育"大众化"趋势明显，特殊学生问题随之凸显出来，成为高职院校教育和管理过程中不容忽视的重要问题。为数不少的特殊学生，因为在某些方面存在一定的缺陷，容易产生异常的思想和行为，不仅不利于他们自身的发展，在一定程度上也影响了高职院校教育的质量，对高职院校的和谐、稳定和发展也产生了一些不利的影响。因此，关注高职院校特殊学生，研究他们的思想和行为特点，有针对性地解决高职院校特殊学生存在的问题，是高职院校教育面临的一个十分紧迫的问题，也是高职院校和谐发展面临的重大课题，意义不容忽视。

一、高职院校特殊学生界定

高职院校特殊学生的教育和管理关系到人才培养的总体质量。结合学者的定义以及高职院校的实际情况，将高职大学生特殊群体概念界定如下：由于自身原因或家庭、社会等其他外界因素，在经济状况、受教育机会、适应社会、身心健康、自身素质与综合能力等一方面或多方面相对一般同学处于劣势，在教育资源分配和社会竞争中处于相对弱势地位，且呈现出某种不良共同心理特征和行为特征的学生。简言之，即在学习、生活、心理、生理、行为等方面存在一定问题从而束缚自身发展，可能引起不良后果甚至危及学校安全稳定的学生。

特殊学生在整个高职学生中所占比例不低，因此也是学生管理工作的重点和难点，加强对特殊学生的教育不但可以提高高职学生人才培养的总体质量，也是维护校园稳定的重要保证。

二、高职院校特殊学生类型与特点

（一）高职院校特殊学生的类型

依据对高职院校特殊学生的界定，我们把高职院校特殊学生划分为家庭经济困难学生、学习困难学生、家庭问题学生、心理生理问题学生、单独招生学生及其他特殊群体学生。各类特殊学生具有相应的特点，具体分类如下：

1. 家庭经济困难学生

虽然我国经济高速发展提高了我国人民的生活水平，但是由于各地区之间的经济水平有所差异，来自老区、少数民族地区、边疆、自然条件恶劣地区的学生相比普通同学经济基础较差。还有一部分学生由于家庭长期处于一种贫困落后的状况，生活窘迫而无力承担学费，造成学生成为经济困难特殊群体。此外，还有部分学生的家庭由于遭遇自然灾害、人祸而财产损失、家中主要经济收入者丧失劳动能力或死亡失去主要经济来源，这部分学生因而成为家庭经济困难学生。同时，随着高校学费的增加，那些收入相对低的家庭由于承担了较高的学费而成为贫困家庭。家庭经济困难的学生，虽然生活质量没有普通同学高，但他们大部分有较强的自立能力，而且能吃苦，平时会通过兼职等赚取生活费用，人际交往能力较强，当然其中也有少部分学生自己本身不努力。

2. 学习困难学生

随着高等教育的迅猛发展，高校扩招使"精英教育"逐步向"大众教育"推进，毛入学率的提高反映出越来越多的人可以跨进大学校门。这样一来，原本基础较弱的学生也上了大学，高职类院校亦是如此。部分学习基础差的同学，存在长期的学习压力，特别是高中阶段面临的高考压力，上大学后紧张的心态突然松弛下来，对学习产生了厌倦。有的学生对大学教育方式的适应能力差，或是大学期间的学习方法不当，效果不佳，对学习产生厌倦，不好好学习，逐渐落后，成为"学习困难户"。还有一部分高职学生由于高考志愿是调剂的，上了自己不喜欢的专业，或是不喜欢本专业的某些课程，对学习这些专业和课程有抵触情绪，难以完成大学期间的专业课程，不能顺利毕业，成为学习困难学生。此外，高职院校中好玩学生比重较大，大学的自主支配时间较多，因此旷课、上网通宵、上课睡觉、逃课等现象时有发生，学生最终考试不及格，不能正常完成学业。基于此，学习基础差、学习能力弱、考试不及格等是导致学生学业困难的关键因素。学业困难的学生虽然在学业方面较差，但是交友、沟通能力较强，性格较为开朗，社会适应能力较强。

3. 家庭问题学生

家庭是子女人生中第一所学校。据调查，许多特殊群体大学生都有相对"特殊"的家庭。家庭成员的一言一行都会对孩子的价值观、道德品质、行为作风造成潜移默化的影响，家长的教养方式也会对孩子今后性格和行为的养成产生深远影响。

有些家庭本身存在很多问题，家庭矛盾突出，父母单方或是双方均有一些不检点的言行，时常在孩子面前争吵，暴露了家长自身的缺点或不良习气，使学生"上行下效"，自身多少沾染了一些坏的习气。父母离异的家庭对学生的打击很大，使他们的心灵受到伤害。在潜意识里他们往往怨恨父母，话语上常带有偏激。单亲家庭的孩子由于失去父母一方的爱，性格上往往有缺陷，性情孤僻，不易与其他同学接近。父母双亡使学生成为孤儿，这些学生虽然是少数，但更应引起重视，他们失去父爱和母爱，在生活上经历了比他人更多的磨难，因而心理是复杂的。此外，不正确的家庭教育使学生的品行和世界观产生了偏差；家庭过于严厉使学生产生逆反心理，或过于溺爱使学生傲慢但心理脆弱、经不起打击。所以，父母关系不和、离异、单亲、孤儿等，这些不利的成长环境都会毒害孩子幼小的心灵，让孩子从小在不信任或高度紧张的环境下生活，缺乏关爱，从小就在内心中埋下了怨恨他人和社会的种子，以致易形成反社会人格特征，对家庭、社会形成巨大危机隐患。由家庭原因直接或间接导致高职院校特殊群体学生危机在各类危机中占有较大比重，这部分学生的思想工作难度较大，因此也应引起全社会的高度重视。

4. 心理生理问题学生

在我国应试教育的大环境下，老师与家长只关注学生应试能力的培养，忽视了对学生接受挫折能力的培养，这类心理脆弱的学生一旦在学校的学习成绩、情感方面受到挫折，往往会自暴自弃，做出一些偏激的行为。心理生理问题，可以分为心理障碍型和生理残缺型。心理障碍型是指患有心理疾病和精神疾病的学生，如畏惧、内向、自卑、逆反等心理表现突出的学生和心理脆弱、患有抑郁症的学生。生理残疾型的学生比例非常小，但绝对要关注。这部分学生能考上大学证明他们有顽强的毅力和生活能力，但身体的缺陷使他们经常暴露在大众异样的眼光中或是别人背后的议论中，有的可能成为别人取笑的对象，他们的心理往往承受着别人难以承受的压力。在传统意识里心理问题是一种较为明显的行为状态，表现明显，是可以关注到的。其实不然，心理问题包含的内容较多，具有隐匿性强的特点。因此，在学生管理工作过程中需要加大对这部分学生的关注力度。

5. 单独招生学生

单独招生是积极探索以国家统一考试录取为主、多元化考试评价并存的普通高校选拔录取模式改革的重大举措，是高考的一个重要组成部分。随着我国经济的高速发展，高校增加单独招生学生数量的趋势明显。从经济管理学院近年单独招生情况来看，学生数量有所增加，学生自身特点明显，对感兴趣、能展示特长的活动参与度高，对不感兴趣的活动参与度较低、情绪化较强。此外，部分学生学习基础较差，在有些科目的学习上较为吃力，产生自卑心理，更有甚者产生厌学心理，在传统的课堂学习上缺乏积极性和主动性。与统招学生相比，单独招生学生大多家庭经济条件比较优越，因此学生很容易产生物质上的攀比心理。众所周知，大学的学习氛围相对宽松自由，学生不用再像中学时代那样有严明制度和管理者的严格约束，单独招生学生本身自我管理能力较差，缺乏自我约束力，缺乏人生目标，自我认知不清晰，因此，在学生管理过程中应加强对单独招生学生的管理。

（二）特殊学生的特点

1. 普遍压力过大

不论是哪类群体的特殊学生，都表示自身的压力过大，有的已经接近甚至超过了自己的受压临界值。例如，经济困难的大学生承受着比一般大学生更大的经济和心理压力，尽管每学年的学费和生活费可以通过助学贷款等途径解决，但严峻的就业形势和低收入、高支出的职场前期生活使大学生难以对未来保持乐观，他们申请助学贷款的积极性并不高。又如，学习困难群体认为自身的压力主要来自个人成长所需要的知识、技能、个性、品德等都未获得充分发展，给未来的人生带来无法弥补的缺憾。

2. 戒备心较强

部分家庭结构缺损的大学生（单亲家庭大学生），因为家庭变故而表现出不敢与人交往，在交往中比较敏感多疑，见不得别人说悄悄话或者背后偷笑等的情况，这种强烈的戒备心使他们在交往中往往容易碰壁。有相当部分经济困难和家庭困难的学生也是如此。此外，还有部分学习困难群体学生，他们自以为是，一切以自我为中心，容不得别人一丝缺点，严格要求别人，却对自己较纵容宽松，这样的学生在人际交往中更是屡屡碰壁。

3. 隐秘性较强

要想全面掌握特殊群体学生的状况几乎是不可能的，其主要原因在于这个群体具有相当强的隐秘性。在与学生谈话的过程中，出于自尊，大部分谈话学生会否认自己作为特殊群体学生的身份。例如，部分贫困学生尽管家庭经济较为困难，但宁愿靠自身在课余时间外出家教、打工赚取生活费，也不愿申请学校的助学金以免暴露贫困身份；有些心理困难学生经心理测量后有较强的自杀倾向，而且本人也会到医院找专业心理医生进行治疗，但是在校期间与老师、同学们交流时一切都伪装得很好，从表面来看与普通同学没有任何差异，很难去发现他的心理问题。

4. 变动性较大

受学生主体的不稳定、学生自我改善与修复等因素影响，特殊群体变动性大，群体动态性强。首先，特殊群体学生的构成主体具有不稳定性，他们的年龄、家庭背景和身体心理差异等因素存在个体差异，这种差异决定了这个群体的不稳定性；其次，特殊群体学生容易受到环境的影响，这种环境包括社会环境和自然环境，在不同的时代、不同的时期、不同的环境中会有不同的表现形式；最后，特殊群体学生都具备一定的主动性和自我修复能力，加上外部环境的积极影响（如教师的格外关注等），他们会向积极的方向转变。总之，在某个范围内，大学生特殊群体的数量、类型和结构是不断变化的。

5. 影响高校安全稳定

高校的安全稳定除了硬件安全是关键之外，另外一个很重要的因素便是特殊群体学生的状况。从高校近几年发生的学生恶性事件影响高校稳定的情况来看，出现问题的学生多为特殊群体学生，从这个层面讲，特殊群体学生的情况决定了高校的安全稳定。例如，学习困难学生经常逃课旷课，影响了学校的学风建设；更严重的是，在学生出现恶性事故（如自杀）后，家长到校闹事索赔，高校要抽出大量人员陪同开导，学生之间更是传言、谣言满天飞，这些都将对学校的正常教学秩序和教学质量造成重大影响，直接影响学校的安全稳定和社会和谐。

三、高职院校特殊学生工作的重要意义

大学生是民族的希望，是祖国的未来，是实现民族复兴和国家富强的宝贵人才资源，把大学生培养成社会主义事业的合格建设者和可靠接班人，是高职院校必须履行的历史使命和义不容辞的责任。但是，如何加强高职院校特殊学生的工作是高职院校教育和谐发展必须面对的重大问题。高职院校必须站在全面协调可持续发展的战略高度，重视加强和改进特殊学生的思想政治教育工作。

（一）对高职院校发展具有重要的意义

高职院校特殊学生问题，是高职院校当前不容忽视的问题，不论是哪种类型的特殊学生，从所占的比例来看，都有相当的数量。高职院校特殊学生的存在，

是高职院校教育改革、发展面临的新问题，是摆在高职院校面前的一项新任务。目前，教育部提出了要积极构建和谐校园，但和谐校园氛围的营造必须实现包括特殊学生在内的全体学生的全面发展，这个任务完成得好，能促进高职院校教育的持续发展，有利于社会稳定，对坚持社会主义办学方向、贯彻落实以人为本的科学发展观和党的教育方针具有重大现实意义。

（二）是高职院校和谐校园建设的关键环节

高职院校和谐发展应确立教师与教师、教师与学生、学生与学生的平等共存、互信友爱、和谐相处的理念。"木桶理论"提示我们，水桶盛水的能力取决于水桶上最短的木板。所以，高职院校和谐发展也应特别关注处于"劣势"地位的特殊学生。如果高职院校无视特殊学生的存在，或者对他们在学习上、生活上、经济上不实施必要的援助，就有悖于社会主义制度，有悖于基本的人道主义，有悖于高职院校所承担的社会义务，更谈不上贯彻"以人为本"的科学发展观以及和谐校园建设。从这个意义上来说，特殊学生问题解决得好坏直接关系到和谐校园建设。

（三）促进每一个高职学生个体的全面发展

特殊学生由于长期受心理问题的困扰，自信心渐渐受到打击，严重影响到学业，为今后个体发展埋下了阴影。有的贫困学生与富裕家庭子弟长时间生活在一起，逐渐感受到贫富差距的悬殊，容易产生不良心态，抱怨社会的不公平，对社会未来发展产生疑虑，担心自己的学业、就业和未来发展。有的承受着贫困所带来的各种巨大压力，在没有得到思想上、经济上等多方面的帮教下，不少贫困生由生活困难发展成为心理障碍，专业学习和思想政治觉悟的提高都受到很大影响。由于专业学习受到影响，毕业时失去竞争力，从而就业困难。心理生理问题学生所反射出的不和谐现象更是显而易见，其中身体残疾的学生由于身体的缺陷，在学习的过程中面临多种不便。这些问题如果得不到及时解决，会影响到学生今后的就业和发展。

（四）有助于促进社会稳定

目前，高职院校特殊学生因为在某些方面存在一定的缺陷而处于劣势，容易产生异常的思想和行为，在一定程度上影响高校的和谐、稳定和发展，进而影响到社会的稳定与发展，这些特殊学生如果带着问题进入社会，会仇视社会，严重的会产生报复心理。只有他们健康地进入社会，才能为社会做贡献，起到稳定社会的作用。

第二节　高职院校特殊学生教育培养的实践与探索

特殊群体学生是高职院校学生的重要组成部分，是高职院校应该重点关注的对象，切实加强大学生特殊群体的教育管理工作，高度关注大学生特殊群体，及时、准确、系统地掌握他们的思想情况及行为特点，对于保证大学生健康发展、维持高校安全稳定具有重要意义。我们在多年的学生工作实践中遇到了多种多样的特殊学生，对于他们的教育和培养进行了一定的实践和尝试，并取得了一定的经验。

一、家庭经济困难学生工作的实践与探索

为了进一步加强和完善对经济困难学生的资助工作，切实解决家庭经济困难学生的就学问题，国家从 2007 年开始对家庭经济困难学生发放助学金，经济管理学院根据《国务院关于建立健全普通本科高校、高等职业学校和中等职业学校家庭经济困难学生资助政策体系的意见》和《教育部　财政部关于认真做好高等学校家庭经济困难学生认定工作的指导意见》的文件精神，结合学校经济困难学生的实际情况，制定了一套完善的经济困难资助政策体系，同时在生活、学习、思想三个层面提供全方位的帮助。

（一）生活层面的资助

1. 开通"绿色通道"

"绿色通道"面向被录取入学、经济困难的新生，经审核无法缴纳学杂费用的，批准暂缓缴纳学杂费，先进入学校学习，然后学校帮助这部分学生通过申请国家助学贷款、勤工助学等方式来解决经济困难。

在新生入学时，大连职业技术学院学生处、财务处及各二级学院专门设置

"绿色通道"接待服务,经济管理学院"绿色通道"负责人由主管学生工作的副书记和新生辅导员担任,对于报到当天不能正常缴纳学费的学生直接询问其家庭经济情况,初步判断学生家庭是否贫困,并讲解"绿色通道"的作用和意义。家庭经济困难学生填写《新生"绿色通道"审批表》,经学生处审核通过,学生可以只缴纳学杂费即可办理入学手续,对于特殊困难的学生和孤儿,由学院负责申请为学生减免行李费和校服费用,以保证每一个学生都能顺利入学。可以说,"绿色通道"是确保家庭经济困难新生顺利入学的最直接、最有效的措施。

2. 建立家庭经济困难学生档案

根据国家相关政策,大连职业技术学院对家庭经济困难学生建档,三年持续对学生进行资助。在新生录取时,大连职业技术学院招生办就在邮寄《录取通知书》的同时为学生邮寄《大连职业技术学院学生及家庭情况调查表》,使学生在报到前就能够到当地民政部门进行家庭经济困难认定,新生在入学时就将民政部门的认定表交到学院,以便作为家庭经济困难学生建档的依据。在家庭经济困难学生认定的过程中,高职院校也肩负重要的鉴定责任,因此我们不是简单地以民政部门的认定为依据,而是通过谈心谈话、家访等方法将工作做细,实现家庭经济困难学生精准建档、精准资助。在建档的过程中我们一般经过以下几个步骤:①新生开学初,家庭经济困难学生向本学院递交《大连职业技术学院学生及家庭情况调查表》。②辅导员要与每一名申报同学谈心谈话,了解学生家庭的真实经济状况。③班级民主评议。辅导员在班级中以匿名的方式将了解到的学生家庭情况向同学通报,同学根据困难程度打分。④我们根据多年的经验制定了《学生家庭经济情况测评指标体系及量化标准(参考方案)》(见表9-1),通过量化指标作为认定家庭经济困难情况的重要依据。⑤辅导员与各班班长、生活委员共同根据学生家庭和民主评议情况确定建档人员名单和困难程度。学生填写《大连职业技术学院家庭经济困难学生认定申请表》,困难程度一般分为三个等级:家庭经济特殊困难、家庭经济困难、家庭经济一般困难。⑥学院全体学生工作者开会讨论,审核并确定最终本年度家庭经济困难学生建档情况。⑦上报学生处审批,并在辽宁省高校资助网备案。

虽然国家下拨的国家励志奖学金和国家助学金的比例为学生数的18%,根据我们多年来工作的实际经验,高职家庭经济困难的学生数远不止这些,每年有近50%的新生来自当地政府认定的经济困难家庭,因此对我们高职院校的资助提出了更高的要求。如何能更好地将国家和学校的资助发给更困难的学生？我们主要采取以下对策：一是我们根据困难程度每年给相对更困难的学生建档数为18%～20%。二是我们每年要调整家庭经济困难学生建档，对原已建立"家庭经济困难学生档案"的学生，现因家境好转，不再需要资助的，则取消其建档资格；对原已建立"家庭经济困难学生档案"的学生，现因家庭经济困难程度发生变化的，则调整其困难程度；对原未建立"家庭经济困难学生档案"的学生，现因家庭经济临时出现变故而导致经济困难的，则新增其建档资格。三是对于建立"家庭经济困难学生档案"的学生，会在每学期随机进行家访，如发现弄虚作假的现象，一经核实，取消资助资格，收回资助资金。

3. 指导学生申请国家助学贷款

学校会为每名新生发放国家相关资助政策，同时我们每年也对新生进行国家资助政策的解读，指导家庭经济困难的学生到当地教育局及相关银行办理贷款，并为学生做好贷款的服务工作。

4. 设立校内勤工助学岗

为帮助家庭经济困难学生在校内就能勤工助学，学校各部门根据工作需要设定勤工助学岗位，每年10月会向学生发布勤工助学岗的岗位数量、工作职责、工作内容和招聘人数等，向各二级学院公开招聘，辅导员要及时向家庭经济困难学生宣传，鼓励学生主动报名应聘，同时也要根据岗位要求为各部门推荐优秀的学生，对获得岗位的学生进行相应的教育和指导，帮助他们顺利适应岗位要求。学生通过勤工助学岗不出校门就可以获得职场经验，并且每月可以获得300元的报酬，帮助他们解决生活困难问题。

5. 评选和发放国家助学金

国家助学金用于资助在校学生中家庭经济困难的学生，主要资助家庭经济困难学生的生活费用开支。国家每年下拨的国家助学金一般是一等助学金占学生总数的5%，每人4000元；二等助学金占12%，每人2500元。各学院每年根据已建档学生家庭信息情况，本着公开、公平、公正的原则进行国家助学金的评选和发放，根据每年新生健康和老生调档情况，特殊困难学生可获得国家一等助学金，一般困难学生可获得国家二等助学金，以确保建档学生能够顺利完成学业。

当然在这个过程中也会有一些特殊情况，如家庭经济困难学生不努力学习导致学习挂科、不遵守校规校纪获得处分、已经建档的学生平时有高消费行为，对于这样的情况我们一般停发当年的国家助学金。同时，为保证所有获得国家助学金的学生能够合理使用这些钱，我们还在发放奖助学金的同时通报学生家长，使家长了解并统筹安排学生的生活费，真正减轻家长的负担，也使学生能在家长的监控下合理安排支出。

6. "一元钱饭卡"

为帮助特困学生解决吃饭问题，我们学校设立了"一元钱饭卡"，学生可以每餐只花一元钱就能在食堂吃饱。为此学校每年拿出一定的经费补贴，保证每一个学生都能吃饱。每学年开学初，辅导员会通过细致入微的调查了解，将特殊困难的学生上报学生处，申请"一元钱饭卡"。通过此项工作，再困难的学生也能没有后顾之忧，安心学习。

7. 对家庭发生重大变故的学生给予补助

家庭经济困难的学生有的不仅是家庭收入低，且父母或家人有疾病，这样的家庭一旦发生重大变故就会影响学生的思想和学习。经济管理学院每学期开学初都会统计假期期间家庭发生重大变故的学生，对因家庭（家庭成员）突然发生变故、重大灾害或重大疾病而难以维持基本生活费用的学生发放补助金，补助金额视学生家里的具体情况分别为每人每年 500 ~ 3000 元不等。当家庭经济困难学生家人或本人发生重大疾病加重生活困难程度时，我们会及时向学校提出申请给予补助。每年我们发放的学生重大变故补助金在 5000 ~ 8000 元不等，使学生在家庭遭遇重大变故的时候能获得来自于学校和社会的关爱。

🐣 案例

> 经济管理学院 2011 级学生杨某，父母离异，自己与母亲生活，母亲在饭店打工时突发脑出血送去医院紧急抢救，学院辅导员得知这种情况后及时向学校申请了 2000 元补助金，但这解决不了根本问题，巨大的医药费压力使举目无亲的杨某无所适从，她甚至提出了"卖身救母"的想法，只要有爱心人士帮助她垫付医药费，她将退学为这个人免费打工，直到还完债为止。她的这

个情况也得到了学院同学的同情，辅导员和全院教师带头为她捐款共计2.3万元，再加上社会上爱心人士的资助，终于帮助她渡过了难关，虽然最终她的母亲还是去世了，但杨某在整个过程中不仅获得了物质上的支持，而且更重要的是从精神上获得了鼓励，她最终坚持完成了学业并找到了一份称心的工作，开启了她人生的新篇章。

表9-1　学生家庭经济情况测评指标体系及量化标准（参考方案）

一、学生家庭经济情况测评指标体系

一级指标		二级指标	
一级序号	指标内容	二级序号	指标内容
1	烈士子女（在50分基础上对3、4、5项相应项目进行累加）		
2	孤儿（在65分基础上对3、4.5、4.6、4.7、5项相应项目进行累加）		
3	学生生源地	1	地理位置
		2	地域性质
4	学生家庭情况	1	家庭双亲情况
		2	家庭经济类型
		3	父母身体状况
		4	父母年龄情况
		5	家庭赡养（外）祖父母情况
		6	家庭成员（兄弟姐妹）情况
		7	家庭成员（兄弟姐妹）身体状况
5	特殊情况	1	学生家庭遭受自然灾害，生活暂时困难
		2	学生及家庭成员患大病，正在治疗

二、经济困难学生家庭经济情况指标量化标准

一级指标	二级指标	主要观测点	参考权重	分值	备注
1. 烈士子女			50		
2. 孤儿			65		
3. 学生生源信息（20）	1. 地理位置（6）	东部及东南部沿海地区	2		
		中部地区	4		
		西北及西南地区	6		

续表

一级指标	二级指标	主要观测点			参考权重	分值	备注
3. 学生生源信息（20）	2. 地域性质（14）	国家级贫困县市		城市	10		
				农村	14		
		一般县市		城市	0		
				农村	5		
4. 学生家庭情况（80）	1. 家庭双亲情况（15）	双亲家庭			0		确认监护人应具备相关证明
		单亲家庭（因父母离异，供养人为父亲）			7		
		单亲家庭（因父母离异，供养人为母亲）			8		
		单亲家庭（因父母离异，供养人为其他人）			10		
		单亲家庭（因一方亡故，供养人为父亲）			12		
		单亲家庭（因一方亡故，供养人为母亲）			13		
		单亲家庭（因一方亡故，供养人为其他人）			15		
	2. 家庭经济类型（20）	农村	父母都有正式工作		0		下岗、就业确认需街道民政证明
			父母都在外地打工		8		
			父母都务农（无一人外出打工）		15		
			父母一方务农另一方工作		12		
			父母一方务农另一方在外打工		10		
			单亲，供养人务农		20		
			单亲，供养人在外地打工		15		
			单亲，供养人有正式工作		5		
		城市	父母都在岗工作，有固定收入		0		
			父母都退休，有退休金		4		
			父母双方下岗且都未再就业		15		
			父母一方无工作另一方工作（或再就业）		10		
			单亲，供养人在现岗工作		10		
			单亲，供养人退休		15		
			单亲，供养人下岗未再就业		20		
	3. 父母身体状况（25）	双亲家庭 有无病患	父母无大病身体状况良好		0		
			父母一方有病身体状况偏差		2		
			父母一方有重病身体状况极差，无劳动能力		5		

续表

一级指标	二级指标			主要观测点	参考权重	分值	备注
4. 学生家庭情况（80）	3. 父母身体状况（25）	双亲家庭	有无病患	父母双方均有病身体状况偏差	7		身体状况需医院证明
				父母双方都有重病身体状况极差，无劳动能力	10		
		双亲家庭	有无残疾	父母均无残疾	0		残疾情况需民政部门证明
				父母都是残疾人	15		
				父亲是残疾人	8		
				母亲是残疾人	7		
		单亲家庭	有无病患	父（母）无大病身体状况良好	0		
				父（母）有病身体状况偏差	5		
				父（母）有重病身体状况极差，无劳动能力	7		
			有无残疾	父（母）无残疾	0		
				父（母）残疾人	8		
	4. 父母年龄情况（4）	双亲家庭		父母年迈（父60岁以上且母55岁以上）	4		
				父母一方年迈（父60岁以上或母55岁以上）	2		
				父母壮年（父60岁以下且母55岁以下）	0		
		单亲家庭		父（母）年迈（父60岁以上或母55岁以上）	4		
				父（母）壮年（父60岁以下或母55岁以下）	2		
	5. 家庭赡养（外）祖父母情况（6）			赡养祖父	1		赡养情况需乡镇或街道证明。身体状况需医院证明（可多选）
				赡养祖母	1		
				赡养外祖父	1		
				赡养外祖母	1		
				（外）祖父（母）身体状况良好	0		
				（外）祖父（母）身体状况较差	2		
	6. 家庭成员（直系亲属关系的兄弟姐妹）(6)			兄弟姐妹中有 N 人正在接受义务教育（小、初中）	2 * N		6分封顶
				兄弟姐妹中有 N 人正在上高中	3 * N		
				兄弟姐妹中有 N 人正在上大学	1 * N		
	7. 其他家庭成员（兄弟姐妹）身体状况（4）			兄弟姐妹健康状况良好	0		
				兄弟姐妹中有一人身体状况较差（含残疾）（需民政证明）	2		
				兄弟姐妹中有多人身体状况较差（含残疾）（需民政证明）	4		

一级指标	二级指标	主要观测点	参考权重	分值	备注
5. 特殊情况（40）	1. 家庭遭受自然灾害（如地震、洪涝、旱灾、台风等）的影响程度，造成财产、经济损失的程度（20）	轻微影响	0 ~ 5		特殊情况为加分项目
		中度	5 ~ 10		
		严重	10 ~ 20		
	2. 本人或家庭成员中患大病的，正在治疗（20）	如癌症、白血病、尿毒症、严重烧伤等疾病（需县级以上医院证明，同时家庭成员必须为直系亲属）	5 ~ 20		特殊情况为加分项目
总分（X）					

（二）学习层面的辅助

从总体上来说，家庭经济困难学生肩负着一个贫困家庭的责任，他们大部分能够努力学习，遵守校规校纪，但由于他们从小接触的教育资源比较贫乏，在学习方法、学习基础等方面较弱，因此需要我们在学习上给予辅助。当然也存在部分家庭经济困难学生平时懒惰、不努力学习的状况，需要学生工作者和教师共同督促和引导。

1. 形式多样的思想教育鼓励家庭经济困难学生努力学习

客观上，家庭经济困难学生由于经济上的相对贫困，容易将自己的人生理想信念定在物质方面的成就上。因此，对家庭经济困难学生应该教会他们将目标放在学习上，通过学习改变命运。经济管理学院在新生入学时，为了使学生尽快了解学院、了解专业、了解和遵守各项规章制度，制定了完善的新生入学教育方案。在发挥家庭经济困难学生典型教育示范性和带动作用方面有着传统而有效的做法，即每年召开"经济管理学院评奖评优表彰大会"，通过学院微信公众平台推送先进集体和先进个人的优秀事迹，极大地鼓舞了家庭经济困难学生。同时，大连职业技术学院每年会通过"大学生标兵""自励自强标兵"先进事迹报告会进行先进事迹宣传，树立典型，以榜样的力量教育学生、激励学生，也引导广大家庭经济困难学生不怕困难，把困难当作激励自己的动力，使他们面对困难不畏惧，不断砥砺意志，塑造健全人格。

2. 励志奖学金评定引导家庭经济困难学生努力学习

为了更好地激励学生勤奋学习、努力进取、全面发展，突出职业教育特色，加强学风建设，根据《大连职业技术学院学生奖励办法》等相关规定，我校每一学年都进行评奖评优。在大连职业技术学院的评奖评优体系中包含先进集体和先进个人荣誉称号，如先进集体荣誉有：先进班集体、学风优良班、优秀学生团体、文明寝室；先进个人荣誉称号有：大学生标兵、自励自强标兵、三好学生、优秀学生干部、优秀毕业生、团体活动积极分子。另外，各二级学院也设定学院的奖学金，鼓励学习成绩优异、在某一方面表现突出的学生，尤其是国家的励志奖学金和学校的励志奖学金均是为家庭经济困难学生设立的，极大地调动了家庭经济困难学生学习的积极性。学校每年在家庭经济困难学生中评选自励自强标兵，并将他们的先进事迹广泛宣传，也为其他同学树立了榜样。

（三）思想层面的教育

成人与成才是大学生求学的任务，经济上的困难虽然在一定程度上影响大学生求学，但不是决定因素。决定因素在于自身是否树立远大理想信念，以及是否有为了理想和目标奋斗的精神。因此，要教育他们把自身的成人、成才与祖国的未来命运、家庭经济状况的改善、人生价值的实现紧密联系起来，把暂时贫困的不利因素转变成学习本领、摆脱贫困的动力。

1. 开展感恩教育

部分家庭经济困难的学生能够对国家、社会、学校的帮助心存感激并铭记于心，还会在自己有能力之后以实际行动回报曾经帮助过自己的人，或者遇到同样需要帮助的人时也能够毫不犹豫地伸出援助之手，以另一种形式回报社会、回报他人。不可否认，确实有一部分接受过资助的家庭经济困难学生缺乏感恩意识，他们认为自己家庭贫困就应该得到资助，对国家、社会和学校的资助有严重的依赖性。他们有的为获得国家励志奖学金向各科老师要成绩，有的会抢夺有限的资助名额，有的嫌资助金额太少，还有的在获得资助后不能把钱用于正常的学习和生活，而是请客吃饭、挥霍浪费。这些现象在我们的工作中也曾出现，因此我们迫切地意识到感恩教育对家庭经济困难学生的重要性和必要性。

我们把大学生感恩教育列入日常的思想政治教育内容，通过主题教育活动，如开展感恩讲座、主题班会、主题团日活动、演讲比赛等营造感恩氛围。开展以感恩为主题的系列活动，让学生时时刻刻感受到感恩文化的熏陶。创造环境方面，通过校园宣传栏、广播、网络等新媒体平台，把感恩教育融入德育思想政治教育体系中，广性地开展感恩的内涵和意义教育主题相关活动。

学院专门针对家庭经济困难学生开展感恩教育，设立自强社，所有资助的学生每学期都加入其中。自强社每学期要召开一次以团队训练和座谈会为主要内容的主题活动；每月开展一次公益劳动，劳动的内容由家庭经济困难学生自己联系，有为图书馆或实训室清扫、到养老院慰问老人、到山上和海边捡白色垃圾、开展"彩绘校园"活动美化校园井盖、新年装扮校园树木等。通过活动和劳动，他们能回报学校和社会，同时在奉献中获得快乐。

2. 注重人文关怀

根据经济管理学院工作传统，除在学生入学时新生辅导员会和家庭经济困难学生单独做一次谈心了解其家庭情况外，辅导员每年都要同家庭经济困难学生进行至少一次的谈心，谈心是辅导员与学生沟通的重要方式，面对面的交流更容易了解和把握学生的思想状况，还能让学生得到最直接的教育和帮助。辅导员与新生的谈话不仅了解了每一个同学的近期思想状况，也让每个同学感受到了辅导员的关爱，尤其对家庭经济困难学生，这种谈心更是辅导员对他们关怀和关注的体现，他们的许多困惑和问题得到了及时指点，班级的凝聚力、师生之间的信任度及感情都得到了加深。辅导员通过这种方式不仅能够把握学生的思想动态，及时给予指导，还能传达给学生一种积极的期望，让他们感觉到自己是受到老师特殊关爱的，会更加努力，可谓一举多得。

每年中秋节，学院还为学生举行中秋联谊会，为每一名学生准备一块月饼，让学生不仅感受到中秋佳节的美好，更感受到学院对学生的关爱，也让家庭经济困难学生感受到家的温暖。

3. 组织辅导员家访

　　家访是大连职业技术学院的学生管理工作的基础事务，是密切学校教育和家庭教育的有效手段，是维系学校、家庭与社会以及学生、老师与家长之间的纽带，是形成家校育人合力的重要途径，具有积极的现实意义。辽宁省教育厅"千名辅导员万家行"活动已经开展十年，这十年中，辅导员每个假期都要抽出固定的时间家访，平均每年要到近 30 名学生家中进行家访。近几年，学院的专任教师也都积极参与，很多老师自愿报名家访工作，家访的对象以家庭经济困难学生为主。通过家访，首先能够真正地了解学生家庭的实际困难，更好地了解学生的生活状态和精神状态；其次能给予家庭困难学生及其家人无限温情，家访让师生之间、老师与家长之间的感情更加贴近，交流也更无拘无束，由家访带来的正效应——相互信任也更加牢固；最后可以尽可能真实地了解学生的家庭经济情况，筛选出不符合家庭经济困难建档的学生。

案例

寒冬送温暖，家访献真情

　　今年是辽宁省"千名辅导员万家行"活动开展的第十年。十年家访路，经济管理学院以贫困生、学困生、心理问题和其他特殊问题学生为主要家访对象，家访足迹遍布全省，同时还包含部分外省的地区。家访过的几百户家庭中，2014 级物流管理专业的王同学，给我们的印象是最深的，影响也是最大的。

　　王同学自入学以来，性格有些内向，看上去总是很忧伤。作为一名有经验的老辅导员，刘海燕老师从开学不久后就关注了她，她找王同学谈心，作为新生的王同学也没有说出具体的缘由；找学生干部了解情况，同学们反映王同学平时经常回家，好像是妈妈生病，但具体什么病她也没对同学说过。于是在制订 2015 年的家访计划时，刘海燕和学院领导商量决定到王同学家中看一看。在 2015 年 1 月 17 日，寒风凛冽，学院石晓春书记、辅导员刘海燕老师、王楠老师带着牛奶、食用油等生活用品来到了王同学的家里。此时，我们才知道了让王潇潇忧伤的真正原因。

王同学的母亲看见我们一行人的到来，一时竟说不出话来。她在病床上，拉着辅导员刘海燕的手，还未开口，两行泪已经流下来。王同学的母亲哭着向我们讲述了王同学家庭的不幸：

王同学出生在一个农村家庭，小的时候家里做一点小生意，生活过得还算殷实。可是她的父亲嗜赌，败光了家里所有的积蓄。在她高二的时候，父母离婚了。她和妈妈租住一间房子。可是，在她高三的时候，母亲查出了宫颈癌，而且已经扩散到肺了。于是她白天去上学，晚上回家做饭做家务。进入大学以后，尽管学校离家很远，可王同学还是每周末用2个多小时从大连市区到开发区的家为母亲做点饭。

就在前几天，大夫告诉王同学，她母亲的病已经到晚期了。她的父亲已经完全不管她们母女，加之家庭经济条件窘迫，为了不再给孩子添负担，她妈妈决定放弃治疗。都说人生不如意之事十之八九，但是这样一连串的不幸，任谁都难以承受。王同学的妈妈在生命最后的时光里，唯一放心不下的就是女儿，她一直盼望着能和老师见一面，但因为身体状况不能到学校，没有想到的是，老师竟然亲自来了家里。王同学妈妈将她的女儿郑重托付给学校和老师，希望学校和老师能将她的女儿培养成才，在毕业之后找到一份合适的工作，唯有这样，她才能走得安心……一番话，我们都深深地感受到一个母亲无私的爱、深深的不舍和无限的牵挂，一时间，大家都控制不住自己的泪水。石书记和刘海燕老师也向王同学的母亲表示，希望她能放心，学校和老师会好好照顾王同学，尽可能帮助她解决困难，帮助她成长成才……

从王同学的家里出来已经夜幕低垂，天空中不知何时开始飘起雪花，正如我们一行人沉重的心情。一个月以后，王同学的母亲离开了人世。这对王同学来说是致命的打击，她在日记里写道："种种的伤痛、忧郁、彷徨像洪水猛兽般一起向我扑来。这是我生命中最特殊的一年、最伤痛的一年、最孤独的一年"。得知王同学母亲离世的消息，辅导员刘海燕老师在第一时间联系上了王同学，陪伴她渡过那一段最艰难的时光。

刘海燕老师将王同学的情况上报到学校,为她申请了家庭重大变故经济补助 2000 元,让她感受到来自学校、学院的关怀;帮助她安排了勤工助学岗位,解决了最基本的生活问题;同时鼓励她要努力学习,争取获得奖学金。家庭的变故使王同学受到了沉重的打击,同时也使她更加坚强和努力,尤其是辅导员的家访和刘海燕老师的谈心以及学校老师的关心,使她深刻感受到温暖和关爱,增强了她努力进取的动力。从此以后,她努力学习,连续两年专业成绩排名第一,并获得了辽宁省优秀毕业生、大连职业技术学院"自励自强标兵"等多项荣誉称号。

家访,是一个深入接触学生的机会,也是与家长深度沟通、交流,了解学生的家庭经济状况和成长环境的机会。家访是情感纽带,在辅导员与学生家庭的接触中,用爱实现学校教育与家庭教育的融合,逐渐形成教育的强大合力,是学校教育走出校园的有效形式;家访更是沟通桥梁,促进了辅导员深入了解学生家庭的实际情况,走进他们的生活,了解他们鲜为人知的一面,是辅导员有针对性地开展大学生思想政治教育工作的前提和保障。十年的家访历程使我们深刻认识到,辅导员深入社会、走进家庭、贴近学生,在增进与学生及其家庭感情的同时,可以有效提高思想政治素质和工作水平,提升工作能力。

4. 注重就业帮扶

由于受到自身物质条件的限制和社会的影响,家庭经济困难的毕业生在就业中处于相对弱势的地位。切实帮助学生解决就业困难,不仅关系到每一个学生的成功就业,也关系到学生背后贫困家庭的生活改善,因此对家庭经济困难学生进行就业帮扶也是学生管理工作中的一项重要内容。我们对家庭经济困难学生的就业帮扶主要采用"一对一"的方式,辅导员会对他们进行全程化的就业指导,帮助他们进行职业生涯规划,树立正确的就业观念,掌握择业的基本方法和技巧,选择适合自己的就业岗位。在学生出现就业困难时,辅导员会及时了解学生情况,主动与相关企业沟通或者为他们介绍新的就业岗位,保证每一个家庭经济困难学生都能成功就业。

二、学习困难学生工作的实践与探索

当前我国已经进入高等教育大众化时期，因此学苗素质更加参差不齐。虽然经济管理学院的高考分数接近本科分数线，但总体来说高职学生的高考分数低，主要是因为学习兴趣不浓、自律性差、学习方法不得当等，因此高职学生中学习困难学生比率相对较大，每年因为不能完成学业而流失的学生不在少数。关注高职学习困难学生，有效预防和改善大学生的学业困难状况，不仅可以帮助他们顺利完成大学学业，提高大学生的整体素质，而且对于高职院校为国家培养高技能应用型人才任务的完成具有重要的意义。

（一）教师全员联动

每年新生入学，我们即启动"新生助跑计划"，旨在从思想上、生活上、学习上全方位帮助学生尽快适应大学生活，树立理想信念，培养他们自主学习的习惯，修正如"高三苦一年，考上大学就轻松""60分万岁"等错误观念。针对大一学生还没有形成良好的学习习惯，我们采取了严格管理的方式，要求学生参加早、晚自习，强化课堂纪律，培养学生养成良好的生活、学习习惯，在这个过程中可以发现哪些学生自律性差，并把他们作为工作重点。

每学期期中，我们召开全体任课老师与辅导员共同参加的座谈会，任课老师反映各班级课堂出现的问题以及学习困难学生的学习状态和需要关注的地方，辅导员会针对任课老师的反馈有针对性地进行关注与记录，通过与学生、班委、家长的沟通，共同关注学习困难学生，帮助学习困难学生解决学习问题，确保其顺利完成学业。平时辅导员也会经常与任课老师沟通，共同研究如何改进学习困难学生的学习状况。通过教师全员联动，形成合力，共同促进学习困难学生的学习。

（二）建立警示制度

努力让每一个学生都能毕业是我们的工作目标，但这并不意味着要降低学生的学习标准，只不过是把工作做在平时。根据《大连职业技术学院纪律管理规定》，对于学分未修够，但还未达到跟班试读、降级重修、开除学籍等的同学，要给予降级警示，目的在于让学生、家长和教师都能高度重视，防止出现不可逆转的结果。每学期结束后，辅导员会统计好本年级学生未过科目及学分，假期时与学生联系，督促其复习，把握补考机会。对于补考未能通过的学生，记录好其未修够学分，同时与班委会沟通，帮助较多学分未过的同学，同时与学生家长及时沟通，通过学校与家庭的共同力量督促孩子顺利完成学业，并做好与家长的联系记录。

（三）党员"一对一"帮扶

学院高度重视党建工作，尤其充分发挥党员的先锋模范作用和基层党组织的战斗堡垒作用，多年来坚持党员"五个一"活动，要求教师党员和学生党员至少同一名学困生结对子，平时经常与学生沟通，了解学生的学习状态和精神面貌，并给予学生必要的提醒和鼓励；还要根据学生的学习情况，帮助他们制订学习计划，激发他们的学习动机，帮助他们解决学习困难，辅助其完成学业。

（四）组建学习兴趣小组

学习困难学生大多在学习上缺乏信心和兴趣，有的甚至自暴自弃，因此帮助他们找到自身的"闪光点"，找到成功的体验，树立学习的信心至关重要。例如，市场营销2012级学生王某不喜欢学习，但文体特长特别突出，在学生中非常有影响力，于是辅导员充分调动他的文体活动积极性，让他牵头组织"唱响青春"演唱会，演出的策划、组织、演员排练、宣传和售票等都由学生负责，他在组织的过程中遇到了很多困难，但是在学院的帮助下活动取得了圆满的成功，王某也发现专业教师在课堂中讲的如何写策划案、如何组织营销活动等内容在实际工作和活动中如此有用，通过这件事他端正了学习态度，提高了学习积极性。

一些学生学习困难则是因为基础差、学习方法欠缺等，因此每年学院组织各类学习经验座谈会、学长课堂、学风建设主题班会、学业生涯规划等活动，同时各班都组建学习兴趣小组，学习好的同学自愿做小老师组织集体学习，实现对学困生的朋辈辅导，督促和帮助他们最终走出学习困境地。

三、家庭问题学生管理实践

我们都知道，家庭是孩子的第一课堂，家长是孩子的第一任老师，因此家庭教育在学生的人格发展过程中起着至关重要的作用。父母陷入严重的婚姻危机、家庭处于低略的社会地位、父母长期在外打工、父母离婚或分居重新组建家庭等家庭应激事件，都会给孩子带来不同程度的创伤，尤其是婚姻变故对青少年的影响最为严重。有家庭问题的学生可能在价值观、人际交往、沟通、合作、情绪等诸多方面存在问题。

在《快乐人生》一书中，卡耐基告诫说："事业成功只有15%取决于你的智力因素，85%取决于你的意志、机遇、人际协调、社会组织能力，也就是情绪智慧。"在所有的情商技能中，与人相处的能力对一个人事业的成败和生活质量的高低起决定作用。经济类学生未来的就业岗位更多是与人打交道，因此培养良好的情商显得尤为重要。学院针对家庭问题学生主要从生活、交往等层面进行帮扶，教会他们抛弃自己的不良情绪，善于与人交往，努力做到一个完美的自我，实现自我价值。

（一）建立和谐的寝室关系

寝室关系在学校这个特定的场所里是最基本的人际交往，普通而平凡，每天都会遇到，也是大学生活中不可缺少的一部分，处理得好，寝室关系和谐，相处不当，寝室关系紧张。从新生入学开始，我们就开展寝室文化建设，通过让寝室同学共同美化寝室环境、开展文化活动，增加同学之间的了解与合作，提高寝室凝聚力。同时，我们开展寝室人际关系讲座、主题班会等活动，教给学生寝室同学相处之道，引导他们正确处理寝室矛盾。对于家庭问题学生，辅导员会经常与其沟通，向其传递交往过程中的重要因素。只有在寝室交往中学会分享与包容，才能使寝室关系更加和谐。

（二）建立融洽的同学关系

首先，要打造班级团队凝聚力，通过丰富多彩的班级活动增加同学之间的沟通和交流，用友情弥补亲情，用理解和友情来加深心与心的交流。其次，家庭问题学生内心其实更加脆弱，更加需要关爱理解，辅导员要经常同他们谈心，鼓励他们多与同学沟通，多参与丰富多彩的校园文化活动，切实融入班级集体中。最后，遇到有争议时，应该耐心地把利弊关系分析给他们听，然后给他们自由选择的机会。这样，他们以良好的人际关系充实和滋润自己的人生，始终保持奋发向上的精神状态，从而走出家庭问题的阴霾。

（三）建立和睦的家庭关系

学院在每年新生报到时都召开家长会，主要向家长介绍学院、专业、学生未来成长路径、大学期间需注意的事项等，其中，如何与学生沟通、家庭教育与学校教育如何配合做好学生的培养工作十分重要。每年母亲节我们开展"感恩母亲节"活动，还通过主题班会、"给妈妈的一封信"、新年制作感恩母亲贺卡，寒暑假开展"我为妈妈做点事"等活动，加深学生与母亲的感情，促进建立和睦的家庭关系。

四、心理问题学生管理实践

特殊学生最主要的问题就是心理问题，其他问题多是由心理问题引发的，因此，解决心理问题是重中之重。解决好了心理问题，其他问题就会迎刃而解。目前，心理问题不但是特殊学生存在的主要问题，也是大学生普遍存在的问题。因此，高校都在加强对大学生的心理健康教育，以期提高大学生的心理健康水平，虽然各高校都成立了心理健康咨询中心，有组织、有计划地对大学生进行心理辅导，但是作为与学生关系最密切的辅导员，在发现心理问题、解决心理问题的过程中具有不可替代的作用。

（一）制定普查方案，组织心理测量

每年新生入学后，学院都对全体新生进行心理健康普测，根据测试结果建立学生心理健康档案，辅导员对所有测试为Ⅰ类和Ⅱ类的学生进行谈话，由于经济管理学院所有辅导员都通过培训并获得二级心理咨询师证书，因此可确保谈话的专业性。

（二）心理健康教育

每年"5·25大学生心理健康月"，我们都通过课程、讲座、团体训练等形式传授心理健康知识，教育学生树立健康意识，优化心理品质，增强心理调适和适应学校、社会生活的能力，防御和缓解心理问题。

指导大学生心理健康协会在学生中开展心理健康知识宣传工作，提高学生助人自助的能力。通过学院微信公众平台、主题班会、心理健康月主题活动等宣传心理健康知识，使学生认识自我、完善自我、悦纳自我。

（三）四级心理健康教育与危机干预网络

构建"校—院—班级—宿舍"——学校心理咨询中心、学院心理健康协会、班级心理委员、宿舍心理信息员四级心理健康教育与危机干预网络，通过四级联动工作机制，切实发挥信息上传下达及朋辈沟通、关怀支持功能，有效增加心理危机防御的覆盖面和辐射力。

（四）定期谈心谈话

辅导员密切关注心理问题学生，做到每两个月至少谈心谈话一次，由于我们的辅导员都是心理咨询师，因此可以将谈心谈话与心理咨询有效融合，既能做到对他们的心理状况了如指掌，又能定期给他们减压和咨询，确保学生的心理问题能够及时疏导。如果发现学生心理问题严重，辅导员也会建议学生到学校心理咨询中心进行专业咨询。一旦学生出现心理问题，学院会根据学校心理危机干预预案，严格按照程序同家长和学校心理咨询中心共同处理。

五、单独招生学生管理实践

单独招生是教育部在招生改革精神指引下施行的新的高职院校招考方式。经济管理学院根据对单招学生特点和专业特点的分析，探索出具有专业特色的适应学情特点的单独招生学生与统招学生混合编班管理模式，使班级差别明显减弱，彼此的优势特长得以发挥，增强单独招生学生的自信心，同时为提升单独招升学生管理实效性奠定基础。

（一）加强德育教育

多数单独招生学生由于进入大学前没有养成很好的学习与生活习惯，到大学后一如既往的散漫。学院在新生入学后，通过举办党团知识竞赛将学习社会主义核心价值观的理论成果转化为实际行动，让广大共青团员更加深入地了解党、团的相关知识，树立集体意识和大局观念，不断坚定中国特色社会主义的理想信念，激发团员青年实现"中国梦"的青春活力。同时，通过社会实践活动、理想信念演讲比赛、树立先进集体和先进个人等，引导学生认识理想信念，自觉担负时代赋予的使命，将个人理想和国家前途、民族命运紧密结合在一起，让大学生更加生动形象地科学理解和准确把握社会主义核心价值体系，更加自觉地践行社会主义核心价值体系，成为引领校园思潮的生力军。

（二）营造浓厚的学习氛围

学院高度重视单招学生班级的学风建设，辅导员和专业老师配合好，将学生平时的学习成绩、迟到、早退、旷课等量化考核，纳入学生素质学分，引导单招学生们形成一个有良好班风和学风的班集体；并将学生参加学院文化建设和社会实践活动的情况以及德育成绩进行期末综合考评。辅导员定期组织学生召开以自律性为主题的班会，让学生意识到自律是每个人必备的一种积极行为，不仅对他们现在的学业有益，在几年以后对他们的工作和生活也都有着巨大的作用。要让学生们有意识地去培养这种能力，使他们能更加主动积极地投入到大学生活、学习中。

（三）建立合理的管理体制

建立合理的单招学生管理体制应从学生教育过程入手。首先，强调辅导员和专业教师对班级管理的主体地位，将素质学分和平时成绩纳入班级管理当中。辅导员深入课堂，了解学生学习状况，有针对性地加强教育引导，严格执行请销假制度；任课老师要加强课堂管理与考勤，发现问题及时解决。针对单招学生的行为习惯，要加强纪律的检查力度，养成良好的安全守纪习惯。其次，要探索党员干部、中级以上职称教师担任单招学生的学习生活导师的教育管理模式，通过"一对一"的教育引导，帮助他们养成良好的行为习惯，提升学习积极性与学习能力。通过学院、辅导员、专任教师多个层面的教育引导，让单招学生在日常生活、学习中逐渐养成自我管理、自我教育的习惯，提升自觉学习的主动性。

（四）关注学生心理健康

对待单招学生，不仅要看到他们在文化基础、学习方式等外在方面的特点，还要考虑到他们的心理特点。与统招生相比，单招生更加敏感，所以在对单招学生进行教育时更要强调心理教育。首先，新生报到时，除了做好新生心理排查外，学院高度重视单招学生的心理健康问题，通过建立四级心理健康管理机制，时时关注单招学生心理问题，同时设置相关的心理健康教育课程，帮助学生正确认识自己，树立正确的世界观、人生观和价值观。其次，学院在平时教育中积极向学生灌输正确的高职教育观，引导学生重新认识高职教育、认识自己，帮助学生设置自己的事业规划和人生规划。最后，学院辅导员设立心理咨询室，一方面可以方便心理有困惑的学生进行咨询，另一方面能够对单招学生进行针对性比较强的心理健康辅导，为学生提供相关的帮助。

六、其他特殊群体学生管理实践

大连职业技术学院从 2011 年开始组建新疆民族班，总数累计达 80 人，已毕业 42 人，现有在校学生 38 名。经济管理学院市场营销专业每年都录取新疆等地的少数民族学生，在学生管理的过程中形成了具有专业特色的管理方式。针对少数民族学生，尤其是新疆等地的少数民族学生，每名少数民族学生配备一名导师，发挥教师的教书育人职能，影响、帮助、鼓励和引导少数民族学生融入大学生活，重点从以下五个方面入手：

（一）坚持"一个标准"，注重思想教育

在教育管理上各民族学生坚持一个标准。"严在当严处"，政治上严明纪律，行为上严格管理，思想上严格要求。将学生日常行为与民族、宗教问题区别开来，以问题自身性质作判断，以法律为准绳做处理。在服务上尊重各民族风俗习惯。"爱在细微中"，切实把党和国家的关心、关爱落实到每名学生身上。

辅导员以真诚交流和谈心为主，重点关注学生的思想动态，引导和培育拥护党、拥护社会主义、掌握现代科技文化知识的少数民族学生；鼓励少数民族学生争做推进社会主义现代化建设、促进民族团结、维护社会稳定的积极分子；开展每月一次的谈话沟通活动，对思想上的困惑和社会上存在的普遍问题予以分析和疏导，培养积极进取的精神面貌。

（二）实行"两个混合"，建立少数民族班级管理制度

混合编班是经济管理学院统筹考虑学生民族、生源地、学习成绩等因素，在同专业、同年级内采取均衡分散编班；混合分寝是经济管理学院改变按照学生地域、民族划分寝室的做法，在同年级、同专业内部采取不同民族混合寝居的

模式。

　　学院虽然每年的新疆少数民族学生只有4～10名，但还是单独指派一名辅导员作为少数民族学生的班主任，负责民族班日常事务的管理。教师以积极督导和帮助为主，及时掌握新疆少数民族学生的学习情况和思想动态。学院每学期召开两次座谈会，了解他们的思想动态，同时也要加强对少数民族生的管理，教育他们严格遵守学校的各项规章制度，将照顾与严格管理相结合，完善班级管理制度，确保新疆少数民族班的安全与稳定。

　　（三）组建"三支队伍"，加强学习上的帮助辅导

　　为增强内地民族班教育、管理与服务工作的责任感和使命感，学校建立健全"校—院—班"三级组织网络。一是设有校级民族学生教育管理机构，在主管学生工作校领导的指导下，由学生处处长主管，学生处副处长分管，学工专干主抓同时兼任新疆民族班的班主任；二是设有院级教育管理机构，各二级学院主管学生工作的书记（副书记）牵头，并设一名辅导员作为本学院民族事务负责人，统一负责本学院的民族事务工作，学生处定期给予培训；三是成立新疆民族班班委会和团支部，加强民族学生自我管理能力的培养，班委会定期向班主任和本学院负责老师汇报工作。学院通过这三级组织网络，切实加强对少数民族学生的服务与管理，构建全员育人机制，对少数民族学生做到民族工作横向到边、纵向到底、不留死角。

　　经济管理学院大部分的少数民族学生是民考汉考生，在语言上没有障碍，但当他们同汉族学生一起学习专业课时，却有一定的难度，因此我们通过多种方式帮助他们更好地完成学习任务，如成立学习小组，将少数民族学生组成小组，安排党员和学生干部定期为他们辅导；组织教师党员和学生党员与少数民族学生"结对子"，帮助少数民族学生明确学习目标，端正学习态度，制订专业学习计划，并督促实施，提高他们学习的主动性、自觉性。

　　（四）重视"四个管理"，建立多平台沟通渠道

　　首先，重视安全教育管理。每年新生入学，校院开展安全教育讲座。在关键时间和敏感时期，摸查学生思想动态情况，进行思想教育和安全教育，做到工作有针对性和实效性。其次，重视思想教育管理。每学期开学初和期末召开座谈会；在国内外重大事件和敏感时期召开会议，及时摸底，了解学生当前思想动

态，发现问题及时果断处理。再次，重视心理教育管理。注重心理和行为上的引导，对新疆民族班学生每学期至少谈心一次。对一些家庭条件困难、跟不上学习进度或有其他严重思想波动的学生，学生处、二级学院及时干预，确保学生顺利完成学业。最后，重视学业教育管理。针对学生汉语功底差、自主学习能力差等情况，各学院形成党员一对一帮扶策略，尽全力弥补学生教育基础相对薄弱的劣势，满足他们对科学知识的渴求。

新媒体时代，为了能够让新疆少数民族生更快地融入校园生活，学院建立多种交流平台，如 QQ、微信、微博，全方位地关注新疆少数民族生，全面了解学生需求，从需求出发了解他们的思想动态，使他们在最短的时间内融入大学的生活，融入大学生的集体中。同时，尊重民族生的民族文化，保护民族生的合法权益。为了让学生能够更加喜欢校园生活，学校每年都会为新疆维吾尔族的学生过古尔邦节，以解学生的思乡之苦。此外，多平台的沟通有意识地引导少数民族生积极参与各项活动，增强其主人翁的责任感，提高他们与各类学生的沟通和交际能力；鼓励少数民族生参与学校各类活动，培养他们的竞争意识，锻炼其研究能力、组织能力、协调能力等。

（五）落实"三个制度"，形成少数民族学生培养的长效机制

一是制定《新疆民族班学生管理办法（试行）》。通过此项管理办法的落实，加强对学生的日常管理，做到有据可依。二是形成建档制度。建立新疆民族班学生档案，完善学生信息，档案包含学生基本信息、家庭基本信息、以往奖惩记录等，对全部在校民族生做到底数清、情况明。三是坚持周报制度。建立内外周报制度，注重信息反馈，切实关注新疆籍少数民族生的生活学习状况。

在学生工作管理过程中，少数民族生的实习和就业问题也是重中之重。由于新疆少数民族学生在语言上同汉族学生相比还有一定的差距，因此很多企业不愿意接受市场营销的少数民族生实习，学院在每年的实习中都要单独为他们联系合适的实习单位和岗位，同时辅导员关注少数民族生的就业情况，积极为他们联系就业单位，对于希望回家乡就业的新疆少数民族生，如果没有合适就业单位，辅导员都会建议其参加西部计划，因为西部计划不仅能够让毕业生回到家乡，也能够让学生有一个好的工作岗位。

与民族生一起欢度古尔邦节

参考文献

［1］王宝德，刘凯，刘雪梅．“以人为本”学生工作理念初探［N］．山东省青年管理干部学院学报，2004－07－04．

［2］蔡国春．高校学生事务管理概念的界定——中美两国高校学生工作术语之比较［J］．扬州大学学报，2000（02）：56－57．

［3］张蓓蓓．高校“发展性”学生工作理念研究［D］．淮北师范大学硕士学位论文，2010．

［4］坚定不移沿着中国特色社会主义道路前进　为全面建成小康社会而奋斗［EB/OL］．人民网，2017－06－02．

［5］马新建．人力资源开发管理［M］．北京：石油工业出版社，2003：135．

［6］郑俊乾．中等职业学校职业技能教学方法的研究［D］．天津大学硕士学位论文，2004．

［7］职业技能概念定义［EB/OL］．http：//www.doc88.com/p－8806140807809.html．

［8］习近平总书记深情阐述“中国梦”［N］．人民日报，2012－11－30．